诺贝尔经济学奖得主著作译丛

货币的祸害

——货币史片段

〔美〕米尔顿·弗里德曼 著
安佳 译

商务印书馆
创于1897 The Commercial Press

Milton Friedman

MONEY MISCHIEF

Episodes in Monetary History

Published by arrangement with HarperCollins Publishers

本书根据 Harcourt Brace & Company 出版公司 1994 年英文版译出

作者签名照

献给罗丝·弗里德曼

以及我们半个多世纪的爱的合作

目　　录

前言…………………………………………………………… 1

第一章　石币岛…………………………………………………… 7

第二章　货币之谜 …………………………………………… 12

第三章　1873 年之罪行 …………………………………… 53

第四章　一个反事实的检验:对 1873 年后继续

　　　　复本位制的效应的估算 ………………………… 81

第五章　威廉·詹宁斯·布赖恩以及氰化法………………… 103

第六章　复本位制再检讨……………………………………… 123

第七章　富兰克林·罗斯福、白银以及中国 …………… 152

第八章　通货膨胀的原因与治理……………………………… 183

第九章　智利与以色列:相同的政策,相反的结果………… 226

第十章　纸币不兑现条件下的货币政策……………………… 239

第十一章　跋………………………………………………… 249

参考文献……………………………………………………… 253

索引…………………………………………………………… 263

译后记………………………………………………………… 273

前　　言 ix

研究货币现象几十年，我一再注意到，货币制度中有些看似微不足道的变化，常常会引出一些任何时候都会出现但却无法预料的结果。

我在早先出版的《最优货币数量》(*The Optimum Quantity of Money*)一书的前言中说过："货币理论就像一座日本式花园。其审美的整体性来源于多样性；表面的简单之中隐藏着复杂的实在；厚重的景观则叠化在表象之下。如果从各个不同的角度进行观察，如果从容但深入地进行研究，我们就能充分领会这两个方面的妙处。复杂与简单两个方面都有一些可以独立于整体之外让人欣赏的东西，但对它们有了充分的认知，也只不过是对整体的部分了解罢了。"

货币的构成，从一个角度看，显得有些怪异，如果从另一个角度看，只不过是我们不常见但又视为理所当然的构成形式，就好像它们是自然界的组成部分一样。本书的第一章就是一个鲜明的例证：石币与金币是如此之相似，你甚至可以在同一个砂石场找到它们。

我希望，我能在短短的第一章中，用例证来说明，通过表象来 x
讨论货币现象颇具误导性，以期能引发读者阅读本书的兴趣。第二章则用简单的术语概述了货币理论的精髓。这一章为我们领会随后阐述的一些历史事件提供了理论背景。

接下来我用三章讲述了一些看似微不足道的小事，但这些区区小事却在历史上具有深远的影响及完全意想不到的效应。第三章讲铸币法中删掉的一句看似简单的话，是怎样对美国几十年的政治和经济产生了重大的影响。第四章则为这些结论提供了经验支持。第五章说的是两个默默无闻的苏格兰化学家的工作，如何毁掉了 19 世纪最引人注目但最少受人称赞的政治家威廉·詹宁斯·布赖恩(William Jennings Bryan)的总统前程。

分析完这些历史片段之后，第六章研究的是一个大问题，即在第三章、第四章和第五章描述的事件中扮演主要角色的复本位制问题。最近有位学者说过，复本位制引发了“19 世纪 60 年代中期到 90 年代中期经济学家中最激烈的理论讨论，以及‘文明世界’中对经济政策的最尖锐的辩论”(Roccas，1987，第 1 页)。

我在第六章中指出，对作为货币体系的复本位制之优缺点的传统认识，有很严重的错误。我的重点集中在对复本位制与单一本位制的比较。我在这里并**不是**主张，在当前的条件下，美国或其他任何国家应该设法建立复本位制。实际上，这样的尝试完全
xi 与我的信仰相冲突，(正如沃尔特·白芝浩在一个多世纪前所指出的)货币体系像托普西* 一样生长，也在发展，它们无法、也不可能重新(*de novo*)构建一次。但是，正如“1873 年之罪行”这一

---

* 托普西(Topsy)，美国小说《汤姆叔叔的小屋》中的黑奴小女孩，她没有父母，有人问她时，她答道：“我想，我是自己长出来的。”——译注

例证所说明的那样，我们可以通过不同的方式，用审慎的行动来改变或影响它，这就是为什么对货币现象的理解具有极高的潜在价值的原因。

接下来的四章都是从不同的角度对许多相同的事件进行的讨论。

第七章返回来讨论一个特殊的历史事件，美国20世纪30年代白银收购法案的后果。这里让人难以置信的是，富兰克林·德拉诺·罗斯福（Franklin Delano Roosevelt）总统为了安抚西部几个州的参议员做出的决定，竟然以一种可以检测的方式，对遥远中国的共产主义运动的胜利做出了贡献。但这一系列事件本身的先后顺序是清楚的，而且不会遭人误解。对于那些对基本的货币理论有所了解的当代观察者来说，早期采取的步骤也很明白。

美国白银政策的最终结果就是恶性通货膨胀（hyperinflation），这是在过去千年的发展过程中，毁掉了无数国家的一种极端形式的弊病。第八章研究的是通货膨胀的原因及对策，我在这一章中使用了从许多国家收集来的历史数据，我用这些数据阐明一个核心观点：通货膨胀永远是而且在任何地方都是一种货币现象。

第九章是对货币变动效应的偶然作用（role of chance）的一个证明。在美国发生的事情——完全在智利和以色列政策制定者的影响范围之外——使某些国家的政策制定者成了反面人物，但在另一些国家又使另一些政策制定者成了英雄。

第十章对世界范围内的现行货币体系，即一种史无前例的货币体系的可能后果进行了分析。自理查德·尼克松（Richard Nixon）总统在1971年中止了美元与黄金的最后一丝脆弱的联系 xii

之后，历史上第一次出现了没有任何一种主要货币与商品有任何联系的现象。现在，每一种货币都成了不兑现货币，货币所依赖的，只是政府的权威或认可。

最后一章是跋。我在跋中根据前面数章对货币史上种种事件的研究，总结出了几条教训。

本书只是稍微窥视了货币这个广袤无垠而又神奇迷人的花园。自从人类发现，人类非常有必要将买和卖的行为分别开来之后，在几千年的发展过程中，这座花园花开花落，盛衰交替。而且，自从有人认为，为了某种东西而出售产品和服务更为可靠之后，这件东西，即他并不打算消费或在生产中使用，只打算作为一种手段，作为买卖想要消费或想要在生产中使用的产品或服务的手段的这件东西，就成了我们称之为货币的“东西”。这件东西有数不清的物质形式，有石头、羽毛、烟叶、贝壳，还有铜、白银，以及黄金和纸张及会计账簿。谁又知道未来的货币是什么呢？会是计算机字节吗？

本书的某些章节原来曾经发表过：第三章和第四章曾经刊登在《政治经济学杂志》(*Journal of Political Economy*，1990 年 12 月号)上，第六章刊登在《经济展望杂志》(*Journal of Economic Perspectives*，1990 年秋季号)上，第七章刊载在《政治经济学杂
xiii 志》(1992 年 2 月号)上，第十章则发表在《日本银行货币与经济研究》(1985 年 9 月号)上。我非常感谢这些杂志慨允我再次发表这些文章。第八章则是我与罗丝 · 弗里德曼(Rose D. Friedman)合著的《自由选择》(*Free to Choose*，1980)第九章的修订本。为了避免章节之间的重复，也为了使章节之间具有连贯性，同时还考

虑到社会对已出版文字的反应，我对早先的文字也稍微做了一些改动。

我从许多朋友的知识与建议中受益颇丰。我已在相关章节的注释中，就他们对这些章节的贡献，一一致谢。我尤其要感谢安娜·雅各布森·施瓦茨（Anna Jacobson Schwartz），她是我研究货币问题的长期合作伙伴，无论何时何地，只要我有需要，她总是对我伸出援手。我还要感谢一直担任我秘书和助手的格洛丽娅·瓦伦丁（Gloria Valentine），她对我所使用的原始资料做过无法估价的背景研究，她耐心地为我打字，再打字，一遍遍地修订文稿，以保证所有的参考文献都准确无误，而且无论我什么时候需要她的帮助，哪怕是下班之后，她总是随叫随到。

之前，威廉·乔瓦诺维奇（William Jovanovich）曾经对我另外两本书贡献良多，一本是我和我夫人合著的《自由选择》，一本是《现状的暴政》（*The Tyranny of the Status Quo*），对后一本书他尤其倾注了大量的心血。另外，我和读者们都要感谢本书的责任编辑马丽安娜·李（Marianna Lee），还有那位老练的文字编辑，他纠正了文稿中的许多用词不当之处。

胡佛研究所在前后两任所长 W. 格伦·坎贝尔（W. Glenn Campbell）和约翰·雷西安（John Raisian）的领导下，为我提供了称心如意的工作时间安排，给了我最大限度的自由让我研究自己感兴趣的课题，并尽可能为我的研究提供了一切条件。

我把自己最为真挚的感谢放到了最后。除了我的梦想之外，
我有幸找到了我的伴侣罗丝·迪瑞克特·弗里德曼，自从五十九 xiv
年前我们初次相识以来，她一直使我生活得充实而多彩。我无法

说清她为本书所做出的种种努力,一如她为我的其他个人事务和智性活动所做的努力。

米尔顿·弗里德曼

1991年7月5日

于加利福尼亚州斯坦福

第一章　石币岛 3

1899 年到 1919 年，太平洋上密克罗尼西亚的加罗林群岛还是德国的殖民地。群岛的最西端是瓦普岛，或称为雅浦岛，当时，这个岛上的人口大约为 5000 到 6000 人。

1903 年，一位名叫威廉・亨利・福内斯三世（William Henry Furness Ⅲ）的美国人类学家到这个岛上住了几个月，后来他根据岛上居民的风俗和习惯，写了一本引人入胜的书。他肯定是对这些岛民所实行的货币体系印象深刻，所以他给自己的书起名叫《石币岛》（*The Island of Stone Money*，1910），我也按照他的书名，给我的第一章起了这个名字。

> 因为该岛不出产金属，他们的资源就是石头，他们的劳动都耗费在搬动石头和磨制石头上了，石头就像文明社会里的开采和铸造的钱币一样，是劳动的代表物。
>
> 他们把自己的这种交换媒介称为费（*Fei*），费是由大而坚硬、厚重的石轮组成，石轮的直径从 1 英尺到 12 英尺不等，石轮的中央有一个孔，这个孔的大小随石轮直径大小的不同而不同，人们可以在孔中插入一根杆，这根杆要符合孔的大小，而且要结实，这样才能负得起石轮的重量，便利搬运。这些石头“硬币”（是在离这个岛 400 英里远的另一个岛上找到的石 4

灰岩石),最初是由一些敢于冒险的当地探险人,在这个岛上开采并打制,然后再用独木舟和木筏运回雅浦岛的……

这种石币值得说道之处在于——石币的拥有者完全没有必要把石币归于自己所有。在做成一笔交易之后,如果这笔交易涉及的费太大,大到无法便利地搬动石币的地步,石币的所有者会很乐意接受单纯的所有权认可,他们甚至都不愿意费力去做个标记来表明这种交换,石币仍然静静地躺在以前那位拥有者的地头。

我有一位值得信赖的老朋友,名叫法图玛(Fatumak),他曾经肯定地告诉我,他们附近的村子有一户人家,这家的财富是不容置疑的——也就是说,他家的财富得到了每个人的认可——然而,没有一个人甚至这家人自己,亲眼看见过或触摸过这笔财富。这笔财富是一块巨大的费,这块费的大小是通过传说而众所周知的,而这个传说已经传了两三代人了。从那时一直到现在,这笔财富一直躺在海底!很多年以前,这家人的一位先祖,在探险寻找费之后,获得了这块大得出奇且极其值钱的石头。这块石头后来被搬到了木筏上,准备运回家来。木筏行到半途中,海上起了风暴,为了拯救自己的生命,这群人砍断了木筏的缆绳,任其漂流,石头也因此沉入海底,从人们的视线中消失了。这些人回家后,所有的人都证明说,费的体积极其巨大,质地尤其优良,石币的丢失也不能怪罪于拥有者。于是从那时开始,所有的人都从心底里承认,石头落入海中只是一个意外事故,这事故太小,小得值不当一提,离岸几百英尺的海水影响不了石币的买卖价值,因为石头已经

> 凿制成适当的形式了。因此，这块石头的购买力依然存在，就像人们眼见它明晃晃地躺在拥有者的家里一样……
>
> 雅浦岛上没有带轮子的交通工具，因此，岛上没有可以行车的道路，但一直有几条清晰可辨的道路连接着各个居住点。1898 年，德国政府从西班牙人手中买下了加罗林群岛后，获得了这个群岛的所有权，当时，岛上的这些道路或公路的状况非常差，有几个地区的首领得到通知，让他们必须把道路修好，而且要维护好。但是，用大块的珊瑚胡乱铺就的道路对赤脚走路的当地人来说，非常适宜。所以，这个命令反复重申了多次，仍然没有人在意。最后，德国统治者决定向抗拒命令的地方首领征收罚金。但是，用什么形式来体现这笔罚金呢？后来，德国人想出了一个巧妙的办法，他们派出了一个人，走遍了抗命地区的每一家棚屋（*Failu*）和公共聚会场所（*Pabai*），去收取罚金。到那儿之后，这个人只需在一批最有价值的费上用黑色画一个十字，表明这块石头已经被政府征收了。这个办法真的很神，那些愁苦的贫苦民众马上就修好了连接岛屿两端的道路，而且修得很齐整。现在，这些道路看起来就像公园里的车道一样。然后，当局派出了几位办事人员，擦掉了画在石头上的十字。一眨眼的工夫，罚金抵消了，幸福的“棚屋人”又重新获得了他们的资本所有权，并尽情享受着自己的财富。（第 93 页、第 96—100 页）

跟我一样，普通读者对此事的反应一定是：“这些人真傻，怎么这么莫名其妙？”然而，在我们尖刻地批评这些天真的雅浦岛民之前，我们可以思考一下美国历史上的一个事件。对于这个事件，岛上的居民们可能也会做出与我们相同的反应。1932—1933 年，法兰西银行害怕美国不再钉住金本位，不再按一盎司黄金兑换 20.67 美元的传统价格兑换黄金。于是，法兰西银行要求纽约联邦储备银行将它存在美国的大部分美元资产转换成黄金。为了避免将黄金装船从海上运走，法兰西银行要求联邦储备银行把黄金
6 存到法兰西银行的会计账簿上。作为一种回应，联邦储备银行的官员来到了金库，将与那笔资产等量的金锭放入了另外几个抽屉中，并且在这几个抽屉上贴了标签或是做了记号，以表明这个抽屉里的东西是法国的财产。这样，这些抽屉就像德国人在石头上做标记一样，也有可能“用黑色画一个十字”来标记。

后来的结果是，财经报纸用头条报道了有关“黄金的损失”、对美国金融体系的威胁等诸如此类的消息。美国的黄金储备开始减少，法国的黄金储备则在增加。市场认为美元走软，法郎走强。这种因法国向美国兑换黄金而造成的所谓黄金流失，是最终导致 1933 年银行业恐慌的众多因素之一。

联邦储备银行的看法，即由于在自己的地下室里的抽屉上做了一些标记，美元就处于一个疲软的货币地位，与雅浦岛民的看法，即由于别人在他们的石币上做了一些记号，他们就变得比以前穷了，不是异曲而同工吗？或者说，在法兰西银行的看法与雅浦岛的家庭的信念之间，即由于 3000 多英里以外的一个地下室里数个抽屉上的标记，法国的货币地位即增强了，与由于数百英里以外的水底下的一块石头，雅浦岛的家庭就富裕了的看法之间，有什么真正的区别吗？就此而言，有多少人会对我们认为构成自己财富的大多数东西，具有实实在在的确切的把握？我们所拥有的多数似

乎是财富的东西都记录在银行账簿上，财产要由一张称为股票的纸来确定。

雅浦岛民将他们在遥远的岛屿上开采出来，经过打制并运回 7
自己居住岛屿的石头，视作自己财富的具体表现形式。一百多年以来，文明社会则把从地底深处开采出来，花大力气进行冶炼，再经过长距离的转运，再次埋进精心设计的地下金库中的金块，视作自己财富的具体形式。

这两个例证（我们还可以另外举出一大批例证）所阐明的是，既定的无可置疑的信念，一些重要的现象或错觉或“神话”，是如何成为货币问题的。我们自己的货币，即伴随我们长大的货币，以及管理货币的体制，在我们看来，显得那么“真实”而且“合理”。但是其他国家的货币，就算是单位购买力很高的货币，我们也常常视之为一张纸，或不值钱的金属而已。

8 第二章　货币之谜

货币这一术语在大众的话语中有两个极为不同的含义。在我们谈到某人“正在挣钱”时，我们真正的意思是，他(她)正在获取一笔收入。我们的意思不是说，他(她)家的地下室里有台印刷机，他们正在拼命地印制绿背纸张。如果我们是这种用法，货币就是收入或进项的同义词，它涉及的是一笔流量，是每周或每年的收入或进项。我们还会谈到某人的腰包里，或是保险箱里，或是银行存款账上，有一笔钱。如果我们是这种用法，与货币相关联的就是一笔资产，就是某人全部财富的一个组成部分。我们现在说一下其中的区别，在第一种用法中，货币是与盈利和损失状况相关的一个术语，在第二种用法中，货币则是与资产负债表相关的术语。

在本书中我意图在第二种含义上使用货币一词，即我把货币仅仅看成是与资产负债表相关的术语。我之所以说是“意图”，其原因在于，这一术语作为收入或进项的同义词的用法是如此之普遍，我根本不能保证就连我这种数十年来一直把这两种用法的重要区别弄得清清楚楚的人，不会偶尔也下意识地在第一种含义上使用这一术语。

货币之所以在很多人眼里具有神秘性，其中一个原因就是神
9 话、虚构或习俗的作用。我这本书的第一章之所以讨论石头货币，

就是为了说明这一点。为了把这一点说得更清楚，我用与我们大多数人的日常体验更为相关的方式复述一遍。我们可以比较一下两张相同尺寸的长方形纸片，其中一张纸片的背面大部分是绿色，正面有一幅亚伯拉罕·林肯的头像，这张纸片的每一个角上都有一个数目字“5”，同时还有一些别的图案。人们可以用这张纸片换到一定量的食物、衣服或是其他物品。人们都愿意做这种交易。

第二张纸片或许是从一本印刷精美的杂志上剪下来的，它的正面可能也有一幅头像、一些数目字和其他图案。背面也可能是绿色的。但它却只能用来点火。

这里的区别在哪里呢？5美元钞票上印制的图案解答不了这个问题。5美元钞票上仅仅是印着“联邦储备银行券/美利坚合众国/5美元”字样，还有一些小一点的字是“本券为法定货币，可用以偿付一切公私债务”。没有多少年之前，在“美利坚合众国”和“5美元”之间，还有“可兑付”字样。那么，这是不是说，政府会用某种实实在在的东西来换你手上的这张纸呢？根本不会。这里的意思只不过是，如果你到联邦储备银行，要求出纳员兑现，他将给你5张同样的纸片，只不过上面的数目字从“5”换成了“1”，亚伯拉罕·林肯的头像换成了乔治·华盛顿的头像。如果你从这5张纸片中再拿出一张，要求出纳员兑现这张1美元钞票，他会给你一些硬币。如果你把这些硬币熔化掉（尽管这样做是非法的），并把它当作金属卖掉，你肯定卖不出1美元。现在钞票上不再有“可兑付” 10
字样了，尽管同样也不说明什么问题，但至少更加坦率了。

“法定货币”的含义是，政府将接受这张纸作为偿债和纳税之用，法院也将认可这张纸可以清偿按美元计算的债务。那么，为什么私人在进行货物和劳务交易的时候，也会接受这张纸呢？

简单的答案——也是正确的答案——是，私人之所以接受这些纸张，是因为他们相信，别人也会接受这些纸张。这些绿色的纸张之所以有价值，是因为每个人都认为这些纸张有价值。每个人之所以认为这些纸张有价值，是因为每个人的经验告诉他们，这些纸张有价值。这个道理同样适用于第一章谈到的石币。要是没有这种大家共同且普遍接受的交易媒介（或是这种媒介的数量不够），美国经济就几乎不能运行，但大家共同并普遍接受的交易媒介的存在，依赖的却是约定俗成的力量，也就是说，我们整个货币体系依赖的是人们相互接受的（从某种观点来看不过是）一种推定。

这种推定倒不是一种脆弱的东西。相反，拥有一种共同货币的信念价值非常之大，以致人们在受到极为严重的挑战之时，也固执于这种推定而死抱着不放手。但我们也不能说这种推定是坚不可摧的："一钱不值"(not worth a Continental)这一说法，就使人想起大陆会议为了支持美国独立战争而过量发行大陆币这件事，是如何摧毁了这一推定。

纵观历史上无数的通货膨胀——无论是最近在美国、英国和其他发达国家发生的适度通货膨胀，还是刚刚在南美洲和中美洲国家发生的通货膨胀，还是第一和第二次世界大战后的恶性通货
11 膨胀，或古罗马时代的通货膨胀——都说明了推定的力量，并间接地表明了推定力量的作用。在人们停止使用明显在膨胀的那种货币之前，人们将面临极高的通货膨胀——持续数年按两位数上升的通货膨胀率。就算他们对推定的东西丧失了信心，他们也不会

恢复到直接的以货易货贸易。他们不会这么干，但他们会采用替代货币。历史上大多数通货膨胀过程中经常使用的替代货币有黄金、白银、铜。在美国独立战争中，还使用过外国硬币作为替代货币。更有甚者，人们也不会完全放弃使用纸币，他们会转而使用那种没有过量发行的纸币。

两个多世纪之前的美国独立战争和 1918 年的俄国革命为我们提供了两个发人深省的例证。美国独立战争时期大陆币发行过量，其结果是纸币允诺的清偿力没有相等的信用，因此人们只有在枪口指着的时候才肯接受大陆币。另一方面，原来的 13 个殖民州中，有几个州发行过自己的纸币，这些纸币的发行数量有限，因此，人们在使用外国硬币的同时，也仍然使用这些纸币。另一个更突出的例子则是 1918 年的俄国革命，革命过后紧跟而来的是比美国独立战争时的通货膨胀强度更大的恶性通货膨胀。1924 年通货膨胀结束，一种新的货币发行时，一个新的切尔逢涅茨卢布要兑换 500 亿个旧卢布！这些旧卢布是新的苏维埃政府发行的。同时旧沙皇时代的纸币卢布仍然存在。因为民间还存有一点小小的期望，期望沙皇会回来兑现印刷在沙皇卢布上的承诺，这里值得注意的是，沙皇卢布仍然作为替代货币为人们所接受，而且继续保持着 12
自己的购买力。沙皇卢布之所以能严格地保持着原有的价值，是因为并没有出现新的沙皇卢布，因此流通中使用的量是固定的。

第一次世界大战后，德国出现了恶性通货膨胀，在此期间所使用的替代货币就是外国货币。第二次世界大战后，盟军占领当局充分执行了严格控制货币事务的政策，在实施价格与工资管制的过程中，人们很难使用外国货币。然而，使用替代货币的压力仍然很大，以致香烟和科涅克上等白兰地都成了替代货币，并获得了远远超过它们作为纯粹用于消费的商品时所具有的经济价值。

1950 年，我本人就体验了一次将香烟作为货币使用的经历。当时，德国刚刚恢复了货币稳定，德国马克纸币再次成为通用的流通媒介。我那时是马歇尔计划美国工作处的顾问，所以在巴黎住了几个月。我们从巴黎出发前往法兰克福，即当时新确立的德国临时首都，同时也是美国占领当局的基地。我开的是一辆小型的雷诺汽车。行驶途中，我不得不停下来给车加油，碰巧，我没有带马克，因为我到达法兰克福后，他们会给我一笔经费。而现在，我只有美元、法郎和英镑。那位给我加油的德国妇女，不肯接受这些货币作汽油钱，她说这是非法的。但她接下来又问我："你有什么商品吗？"我给了她一条烟，事情就友好地解决了。这条烟是我在
13 巴黎的陆军消费合作社买的，花了 1 美元——这是很久以前的事了。我用这条烟与她交换了按德国官方汇率价值 4 美元的汽油，但这些汽油我用 1 美元可以在美军陆军消费合作社买到。对她来说，她得到了价值 4 美元的香烟，卖给我了价值 4 美元的汽油。对我来说，我得到了价值 1 美元的汽油，付给了她价值 1 美元的香烟。我们双方都很高兴。但是，正如我常常问学生的那样，另外的 3 美元哪儿去了？

这里我要多说几句，比这还早几年的时候，即 1948 年路德维希·艾哈德(Ludwig Erhard)的货币改革(众人皆知的德国战后复兴的第一步)之前，一条香烟值一大笔德国马克，比现在这个数目，也就是比我当时购买汽油时的 4 美元官方汇率高了很多。当时，香烟作为货币，通常是按包算，有时甚至是按根来做交易。不像现

在要用整条香烟做交易。对大多数买卖来说,用整条香烟做交易,交易额太大。外国人常常感到奇怪,德国人对美国香烟特别上瘾,因为他们为香烟支付的价格太高了。德国人通常的回答是:“香烟不是用来抽的,是用来做交易的。”

正如香烟(或白兰地)的例子所揭示的,历史上各个不同时期中,有很多东西都被当作货币使用过。“金钱”(pecuniary)这个词就来源于拉丁文的 *pecus*,意思是“牲畜”,牲畜是曾经作为货币使用的东西中的一种。其他的东西还包括盐、丝、毛皮、鱼干、烟草甚至羽毛,还有我们在第一章见过的石头。珠子、闪光贝及其他贝壳,如美国印第安人的贝壳串珠,一直是使用最广泛的原始货币。在纸张和簿记用笔取得胜利之前,诸如黄金、白银、铜、铁、锡这样的金属,一直是较为先进的国家所广泛使用的货币(尽管在一千多 14
年以前,中国就有短暂的用纸当作货币的例证)。

是什么决定了某种具体的物品能作为货币使用呢?对这一简单的问题我们给不出让人满意的一般性答案。但我们都知道,将一种物品或另一种物品作为货币使用,是出于一种习惯,这是一种终身具有的习惯,而且,这一习惯就像托普西一样只是往上猛长。正如19世纪的英国期刊《经济学人》的编辑沃尔特·白芝浩在他的杰作《伦巴第街》(*Lombard Street*)中所说:“信用是一种力量,它能够自然成长,但不能人为构建”(Bagehot,1873,第69页)。如果我们用“记账单位”或“货币”替代“信用”一词,这句话也可以用来解释我们正在使用的这个词的含义。

我们已经快要为下面这个问题给出一个合理的一般性答案了,这个问题与上述问题略有不同,但本质上更重要:是什么决定了作为货币被人们所接受的那些物品和服务的价值?

只要大多数货币是这类东西,如白银、黄金或某种具有非货币用途的其他物品,或可以强制应许对这类物品支付一个具体数额的物品,就会出现“金属货币论者”的谬论,如“货币在逻辑上必须由某种商品构成,或由某种商品‘予以担保’,因此,货币的交换价值或购买力的逻辑根源,就是这种商品的交换价值或购买力,这里我们不用考虑其货币作用”(Schumpeter,1954,第288页)。我们在前面给出的雅浦岛之石币的例证,“二战”之后德国香烟的例证,以及现在流行的纸币的例证,都清楚地说明,“金属货币论者”的观点是荒谬的。物品的消费用途或其他非货币用途,可能在它们获取货币地位的过程中起了一定的作用(尽管雅浦岛之石币的例证说明,情况并不总是这样)。但是,一旦这些物品获得了货币地位,很明显,其他因素也会影响到它们的交换价值。一件物品的非货币价值从来就不是一个固定的量。一盎司黄金能交换几蒲式耳小麦,几双鞋或几小时劳动,也不是一直恒定的。它还取决于品味、偏好以及相对的量。也就是说,黄金作为货币的使用,趋向于改变适用于其他用途的黄金的量,并因此而改变了一盎司黄金能够交换的商品的量。在第三章中,我们将分析1873年美国禁止白银流通的后果,这样我们就能明白,对作为货币使用的物品的非货币需求,将对这一物品的货币价值具有重要的影响,但与此相同,对物品的货币需求,也影响到物品的非货币价值。

就我们当前的目的来说,我们可以通过对货币安排的重点讨论,简化解析货币神秘性的努力。历史上有一个特殊的例证说明了当前的普遍规则:纯纸币作为一种商品,实际上本身并没有价值。这种货币安排只是在理查德·M. 尼克松(Richard M. Nixon)总统于1971年8月15日“关闭黄金窗口”后，也就是说，在终止了美国在布雷顿森林会议上保证的，以一盎司黄金兑换35美元的固定价格，并将外国货币当局所持有的美元兑换成黄金的责任之后才成为普遍原则。

从远古直到1971年，每种主要货币都直接间接地与一种商品相关联。偶尔也会出现与固定关联相脱离的事情，但那通常都只是在危机时期。1911年，欧文·费雪(Irving Fisher)在对过去这类事件进行过评价之后，这样写道：“不可兑换的纸币几乎无一例 16
外被证明是使用它的那个国家的祸根”(Fisher，1929，第131页)。因此，我们预计得到这类事件的发生，这类事件也是暂时的。但纸币与商品的这一连续削弱的联系，直到尼克松总统采取的行动才最终消除。自那以后，再没有哪一种主要货币与商品有任何联系。虽然各国央行包括美国联邦储备体系，仍然在其会计账簿上以一个固定的名义价格为黄金保留了一个账上名目，但它只是已消失的咧嘴傻笑的柴郡猫的微笑而已*。

那么，到底是什么决定了我们从一开始就谈到的这张绿色的5美元纸币所能购买的量呢？与每一个价格一样，这里的决定因素也是供给与需求。但这种回答是在回避问题。要完整地回答这一问题，我们还必须问：是什么决定了货币的供给？是什么决定了货币的需求？具体地说，“货币”到底是什么？

货币的抽象概念很清楚，货币是人们普遍接受的无论何处都

---

* 源出英国文学作品《艾丽丝漫游奇境记》。——译注

可用以交换商品和服务的东西。可接受性不是指它是一个可用于消费的物品,而是指一种代表能用于购买其他商品和服务的购买力的临时载体的物品。但这一抽象概念的实际对应物却远非清楚可言。数个世纪以来,在黄金和白银充当主要的交易媒介的时候,经济学家和其他人都只把硬币当成货币。后来又根据黄金或银币的需求增加了不兑现银行券。再后来,即一个多世纪之前,他们又
17 承认到期银行存款以及可转让支票为货币。现在在美国,大量的定期存款总额都被联邦储备银行统称为“L”。①

为了避开这种理论性较强的问题,我们可以考虑一个假想的世界,在这个世界里,唯一的流通媒介就是类似 5 美元钞票的纸币。为了符合我们现在的情况,我们假定,美元这种流通中的货币的数量,是由政府货币当局决定的(在美国,是由联邦储备体系决定的)。

货币供给

在我们的假想世界里和当前的现实世界中,货币供给的分析,尤其是货币供给变动的分析,在理论上非常简单,但实际上却非常复杂。之所以理论上非常简单,是因为全部的货币供给,都是由货币当局决定的;之所以实际上非常复杂,是因为货币当局的决定取决于数不清的因素。这些因素包括:权力部门的官僚主义需求、主

① 对货币定义的充分讨论,参见弗里德曼与施瓦茨(Friedman and Schwartz, 1970,第一部分)。

管人士的个人信仰与价值观、当前的或预期的经济发展、当局者会遭受的政治压力，以及不能一一列举的诸如此类的因素。这就是今天我们面对的情况。当然，这种情况与历史情况大为不同，因为承诺用硬币兑付政府或银行发行的货币，意味着物质生产条件起着重要的作用。在后面的章节里，我们将详细探讨承诺兑付的后果。

我们简简单单地就能讲明货币供给是如何受到高度集中控制 18
的，但我们很难让人相信这一点。我也观察到，没有经济学家会相信，19 个人中有 12 个人——其中无一人是由公众选举出来的——围坐在华盛顿宪法大道雄伟的希腊神殿式大楼中的一张桌子旁，就具有了一种令人敬畏的合法权力，他们就可以让这个国家的整个货币数量翻倍或减半。他们如何使用这一权力，取决于我在前面所列举的所有复杂压力。但这并不能改变这一事实，即他们和他们每个人就有专断的权力，决定经济学家称为是基础货币或高能货币的货币数量（基础货币或高能货币是指，现钞加上在联邦储备银行的银行存款，或现钞加上银行储蓄）。流动性资产的完整结构，包括银行存款、货币市场基金、债券等，构成了依赖于顶层高能货币数量的倒置金字塔。

那么这 19 个人是些什么人呢？19 个人中有 7 名是联邦储备委员会的成员，这 7 名成员由美国总统提名任命，任期 14 年，不能连任。另外 12 个人是联邦储备银行的总裁，这 12 名总裁分别由各家银行董事会提名，并经联邦储备委员会投票决定。这 19 名成员组成了联邦储备体系公开市场委员会，但其中只有 5 位银行总裁在委员会中拥有表决权（这是为了确保委员会的 7 名成员拥有最终的权威)。

行使这样的专断权力有时候也会有些益处,但在我看来,这种专断权力的危害性更大。1913 年,联邦储备体系由国会批准建立,并于 1914 年开始运行。在联邦储备体系的管辖之下,第一次世界
19 大战期间和战后,(贴现)价格上涨了一倍多。联邦储备体系的过分反应引发了随后而来的 1920—1921 年的急剧萧条。在 20 世纪 20 年代短暂的相对稳定阶段过去之后,联邦储备体系又极大地强化了自己的行动,并因此而延长了 1929—1933 年的大萧条周期。再近的 70 年代,加速的通货膨胀也与联邦储备体系的行动有关——这里只引用了几个例子来说明联邦储备体系是如何运用其权力的。①

货币需求

联邦储备委员会可以决定货币的数量,即公众手中的美元数量。但是,是什么决定了公众愿意不多不少地持有这个量呢?

---

① 更充分的讨论请参见弗里德曼与施瓦茨(1963)。一个比较好笑的例子是,有些小的个人关切也可以进入这一庄严机构的活动,比如 1935 年在华盛顿为这一管理机构更名。更名之前的名称为"联邦储备委员会",更名之后的名称为"联邦储备体系理事会"。为什么要用这么一个累赘的名称替换原来那个更简洁的名称呢?这里的原因与威望有关。在中央银行的历史上,央行的首脑一直被称为理事(governor)。这是一个权威的称谓。1929 年以前,12 位独立储备银行的首脑就称为理事,这是一种符合创始人意愿的地域性去中心化的体系。就联邦储备委员会来说,只有储备局主席称为理事,其余 6 位成员就只简单地称为储备局成员。1935 年的银行法案,将各个独立的联邦储备银行的首脑重新命名为总裁(presidents),联邦储备体系的中央机构则重新命名为联邦储备体系理事会,这样,联邦储备体系理事会的每个成员就都成了理事!这件事情非常小,但却是一个信号,它表明,真正的权力已经从各家独立的银行转到了华盛顿手中。

要对这一问题做出回答，关键在于对名义货币量（美元的数量）和真实货币量（名义货币量能够买卖的商品和服务的量）加以区别。美联储决定的是前者，公众则通过自己对货币的需求，决定后者。

我们可以用许多方式来表示真实货币量。一种极有意义的方 20
式就是用与现金余额相对应的收入流量来表述。比如说，我们考虑一位每年有一笔 2 万美元收入的个人。如果这位人士通常持有 2000 美元现金，那么他的现金余额相当于年收入的 1/10，或者 5.2 个周的收入：也就是说，他的现金余额是他可以用 5.2 个周的收入来购买商品和服务的量。

收入是一个流量，可以用每单位时间的美元数量来量度。货币的数量是一个存量，它不是指交易所里交易的股权，指的是商品或存货（inventory）的存储，与流量形成对比。名义货币余额可以在一个时点上用美元加以量度，如 1990 年 7 月 31 日下午 4：00，美金 2000 元。真实货币余额则如我们刚才所定义的，可以用单位时间如 5.2 个周加以量度，这里并不计入“美元”。①

作为一名货币持有人，你很自然就会相信，重要的是你持有的美元数额，即你的名义货币余额。但这只不过是因为你把美元价格即决定你收入的价格和你所购买的东西的价格，视作为天经地义的东西。我相信经过考虑，你会赞同说，真正重要的应该是你的

---

① 通常，用价格指数除以名义余额，以此来定义真实现金余额更现实一些。价格指数本身通常代表的是一标准篮子商品在不同时期的估算成本（消费者价格指数通常指一名消费者的预算，它包括多少个面包、多少磅黄油、几双鞋，如此等等）。根据这一定义，真实现金余额具有名义现金余额能够购买的商品篮子数目的特征。

真实现金余额，即名义余额能够购买的东西。比如说，如果我们用
21 分而不是用元来表示名义量，那么，名义收入和名义现金余额都会乘以 100，但真实现金余额却不会受到影响，这一点对任何人（除了那些必须以更大的数字记账的人）来说都是这样。

同样，你可以试着想想每一个价格，包括决定你收入的价格，一夜之间乘以了 100，或者除以了 100，与此相应，你的现金余额、名义债券及名义资产都同样乘以 100 或除以 100，这里没有发生什么真正的变化。当然，这不是通常发生的那种货币数量或价格变动的方式，货币数量或价格变动的方式为货币分析提出了真正的难题。但它却是一国政府在通货膨胀过程中或通货膨胀之后，宣布用一种货币单位取代另一种货币单位的所谓货币改革中常常出现的事情。比如说，1960 年 1 月 1 日，法国的夏尔·戴高乐（Charles de Gaulle）将军就这样干了，当时，他只是简单地把按旧的法郎计算出的数字划去两个零，就用新法郎替换了当时的旧法郎。换句话说，1 个新法郎等于 100 个旧法郎。虽然这种单位的变化并没有什么影响，但戴高乐所做的这一点变动却是他那具有重大影响的庞大的货币与财政改革的一部分。但是，这一事件能让人深深记住公众对货币的态度。从那以后的几十年里，许多法国人仍然用旧法郎来表示价格并进行货币计算，只是在用新法郎付款时，划掉最后的两个零罢了。

1985 年，阿根廷政府用奥斯特拉尔（austral）替代比塞塔时，就是采用了这种改变货币单位的做法，并结合有表面上的货币与财政的改变。这些改变至多也只有极为短暂和极小的效果，因为它们本身都没有改动真实的量。

我们知道，至关重要的是真实货币量而不是名义货币量，那 22
么，是什么决定了人们是愿意持有约为 5 个周收入的现金余额（事实上在很多国家，人们持有更长时间的收入），还是只持有大约为 3 天或 4 天的收入？比如，就像 1975 年的智利那样。①

有两个因素决定了人们意愿持有多少现金余额：(1)现金余额作为暂时的购买力载体的作用；(2)持有现金余额的成本。

(1)作用。现金余额的作用在于，它能使一个个人将自己的购买行为与出售行为分离开来。在一个没有货币的世界里，交易不得不采用以货易货的形式。你自己要出售的是物品 A，但你想要的是物品 B，为了获得物品 B，你必须找到一个出售物品 B，并且想要物品 A 的人。然后，你们才能做成这笔双方都能接受的交易——这就是教科书上所说的"易货交易的双重巧合"(the double coincidence of barter)。在一个货币经济体中，你可以把商品 A 出售给任何一个想要商品 A 并拥有购买力的人，换回他的货币或广义购买力。然后你可以用货币向任何一个出售商品 B 的人购买商品 B，你根本不用考虑商品 B 的出售者想要买的是什么商品。将买与卖的行为分离就是货币的基本生产功能。

持有货币的另一个原因是将货币作为应对未来紧急事件的储备。货币是众多资产中唯一具有这种功能的资产，但货币在某些时候在某些人眼里或许是一种更合意的资产。

货币的这种用途能有多大的作用，还取决于许多因素。比如 23

① 选择这些数字来进行说明，符合货币之为硬通货的认定，同时也具有现实性。就更宽泛的总额来说，比如美国的 M2，持有现金余额的数目会更大一些。在美国，人们通常持有大约为 9 个月的收入。

说，在一个由大量的自给自足的小农户组成的欠发达经济体中，每一种生产的进行多半都是为了自己的消费，货币交易相对来说就不那么重要。随着社会的发展以及货币交易范围的扩大，现金余额的增长要快于收入的增长，这样，作为时间收入的真实现金余额也会增长。这种发展通常是与城市化一起出现的，城市化也具有与货币相同的作用，因为城市化意味着，出现了个人与个人之间的大量零碎的交易。地方小杂货店中的记账也无法消除收支之间的差异。

从另一个极端来说，在一个金融高度发达和复杂的社会中，比如今天的美国，大量的资产都可以多多少少方便地作为暂时的购买力载体使用。这些资产从我们口袋中的现金到通常可通过保付支票而转让的银行存款，以及一大堆让人眼花缭乱的货币市场基金、信用卡账户、短期证券，等等，减少了我们对狭义真实现金余额比如现钞的需求，但增加了我们对更广义的真实现金余额的需求。这种增加通过不同的资产和债务便捷的转换，才使得暂时的购买力载体更为有用。①

(2)成本。现金余额就其本身而论是一种资产，是一种相对于
24 其他资产的替代品，比如说相对于其他名义资产，如抵押债券、储蓄账户、短期证券，以及债券和实物资产，如通过权益而直接或间接拥有的土地、房屋、机械或商品存货等实物资产。累积一笔资产需要进行储蓄，也就是说，要节制消费。一旦这笔资产累积起来，比如说具体的存货，就一定要耗费某种成本来维护这笔资产，这笔

① 实际情况正是这样，在第二次世界大战之后的多数时间里，在美国的作用更大，因此，我们通常定义的 M2 的变动数据达到了 9 个月，而且大多数是对持有现金余额成本的变化的反应。

资产也会以一笔收入流的形式为我们带来回报，比如一笔抵押债券或债券上的利息，或股票红利。

说到现金余额，重要的是要对一笔资产的名义回报和真实回报进行区分。比如说，如果你投资在一笔债券上的每一美元获得10美分的回报，那么，在一般性价格比如一年上升6%的情况下，每一美元的真实回报只有4美分，因为你必须在每一元上再投资6美分，才能使你的投资在年底具有如年初同样的购买力。实际上，因为还必须考虑税收效应，所以情况更加复杂。名义回报是10%，真实回报是4%。同样，如果价格下跌，真实回报将根据价格下跌的比例而超过名义回报。

最终，重要的是真实量值而不是名义量值。因此，在一个超长期间内，资产的名义回报，如债券的回报，会有调整，以使真实回报大致相同。然而，由于人们适应变化了的环境需要花费时间，所以短期内的情况就完全不是这样。

对现金余额来说，还有一个成本是利息回报，即货币研究文献中一直在讨论的成本。这是一种持有现金而不是“储蓄”有息资产 25
的牺牲，比如说，我们可以用每一美元的美国政府债券所获得的利息，来与每一美元现金余额所获得的利息（如果有的话）相比较（对现钞来说利息为零）。

另一种成本或者回报就是1美元真实价值的变化（尽管这种情况非常重要，但很少有人讨论）。如果价格以每年6 %的速率上升，也就是说，1美元在年底的时候所能购买的东西是年初时用0.94美元就能买到的东西，要想保持你的现金余额的真实价值不变，你必须在年底比年初多持有6美分的现金余额。平均来说，价格上涨会使你在这一年中所持有的每一美元都耗费 6 美分。相反，如果价格一年之内下降 6 美分，你实际上在这一年中所持有的每一美元上获取了 6 美分的回报。很显然，相对于价格下降的时期，在价格上升期内，现金是一个不大吸引人的资产。

对名义资产来说，由于我们已经提及的原因，牺牲的名义利率及购买力的变动不能相加，因为名义利率受价格变动率的影响，所以已经包括了对它的抵补。对真实资产来说，持有 1 美元的成本分为两个部分，由于价格的上升或下降引致的购买力的损失或收益，再加上在替代资产上牺牲的真实回报。

长期内，各类资产的真实回报趋向于均等。但在任一个时点上，不同类别资产的真实回报可能相差极大。而且，获得资产并期望从资产上获得收入（预期收入），与资产持有人事实上获得的收入（实际收入），会有很大的差别。

26 图 2－1 是一个突出的例证。它标出的是一百多年中一批长期证券每年的观察名义收益率，以及 1875—1975 年一个世纪中每年的实际真实收益率和平均真实收益率。从图上看，这一时期多数时候名义收益率相当稳定，但实际真实收益率在整个时期都在波动。很显然，人们购买这类资产并没有预计到有这样大的收益差。通常，人们购买这类资产都是为了长期持有，这样，对持有这些资产的人来说，实际收益率的变动事实上比图上显示的一年一年计算出的结果要小得多。实际上，相对稳定的名义收益率意味着证券持有人期望的是平均为零的通货膨胀。第二次世界大战之前，持有人的期望都没有错：1939 年美国的价格水平与 1839 年的价格水平大致相同。

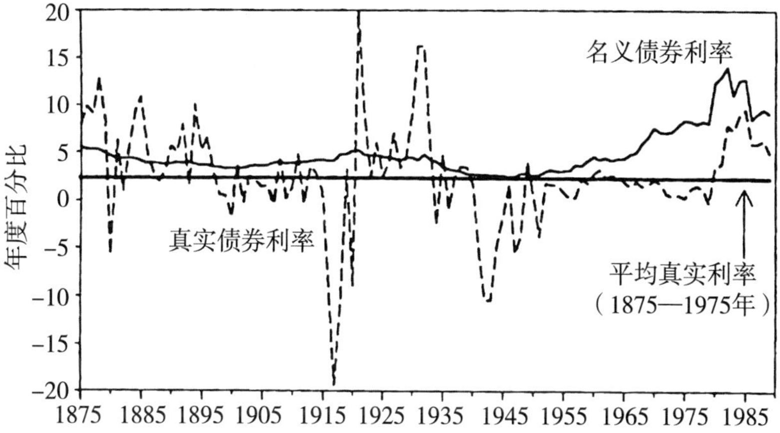

图 2-1 1875—1989 年每年的名义债券利率和真实债券利率

第二次世界大战之后，随着公众渐渐认识到，通货膨胀是一种暂时的现象，图上的线条也渐渐发生了变化。名义收益率的上升 27 就体现了这种认识，真实收益率则渐渐稳定，并趋向于长期平均，但在 20 世纪 80 年代却突然上升。

鉴于作为持有货币的替代品的资产范围广泛，谈论持有货币的成本是很大的简化。事实上，根据我们所考虑的具体替代方案，还存在一个成本向量问题。但这仍然过于简化了。就算是一个单个资产，也会在名义收益率和真实收益率两方面存在一个可能的收益率范围。所选择资产的名义收益率的不确定性，也是持有货币的一个原因——资产的名义收益率几乎不存在不确定性。但货币的真实收益率依然存在着不确定性。经验上，高通货膨胀率比低通货膨胀率具有更大的不稳定性。因此，通货膨胀的水平和不稳定性都使人不愿持有货币。这就是为什么在通货膨胀率既高且充满不确定性的时期，如 1975 年的智利，真实现金余额的持有率下降到如此之地步，以致极大地增加了交易的成本。

协调供给与需求

从我们最初提出那个简单的问题——是什么决定了我们用一张 5 美元的纸币能买到多少东西——到现在，我们已经作了很多的讨论。现在，我们要把货币剪刀的双刃，即供给与需求，合到一起，再回到这个问题上来。

在我们那个假想的世界里，纸币是唯一的流通媒介。现在我们首先考虑一个静止的环境，在这一环境里，货币的数量是长期固定的，当然这里也还有其他条件。社会的每个成员都会面临很多
28 不确定性，因此他们发现，用现金余额来对付收与支之间无法预见的差异非常有用。但这些不确定性平均下来就不存在了，因此这一社会从总体上讲，愿意持有一笔相等于一年收入的 1/10 的量作为现金余额。

在这种条件下，很显然价格水平是由这里存在多少货币决定的，也就是由不同面额的许多纸张决定的。如果货币的数量确定为假定水平的一半，那么，每一美元的价格将会减半，如果货币的数量确定为假定水平的一倍，每一美元的价格也会翻倍。但相对价格不会发生变化。

这是一种假想的、不现实的情况，但我们可以立即从这里揭示出货币的一个特征：货币对作为一个整体的社会的有用性，并不取决于这一社会有多少货币。对几乎所有的商品和服务来说，其效用取决于这些商品和服务，具体是取决于单位的数量。对货币来

说，情况就不是这样。翻倍或减半美元的数量只不过意味着写在价签上的数目字翻了倍或减了半。在黄金是主要货币的条件下，有很多人在讨论是否有足够的黄金作为货币储备的问题，实际上这是一个错误的问题。从理论上讲，一盎司黄金就足矣。黄金实际上并不流通，多数金本位条件下黄金都不流通，但你可以基于这一盎司黄金发行许多小面额货币，比如说，一盎司黄金分成 10 亿份，这很方便。

说上面讨论是否有足够的黄金作为货币来使用的问题实际上是一个错误的问题，因为在供需固定的假设条件下，这不是一个重要的或有意思的货币理论问题。正如大卫·休谟（David Hume）在两个多世纪之前说过的"货币的数量是多还是少，不会对一个国家的福祉产生什么重要的影响"（Hume，[1742]1804b， 29
第 305 页）。他还说过，重要的是货币数量的变化，以及货币需求的状况。

现在让我们假设，有一天，一架直升机飞过这一假想的长期静止的社会，并且从天上撒下一笔钱，这笔钱的数量等同于这一社会流通领域中已经存在的数量，比如说，每位年收入 20000 美元的代表性人士 2000 美元。① 当然，这笔钱马上就会被这个社会的成员收集来。让我们进一步假设，每个人都确信，这一事件是独一无二的，今后不会再出现。

如果每个人都只是决定把这些多出来的现金扣在手里，就不会出现什么事情。价格仍然与之前的价格一样，个人的收入仍然

---

①　直升机的例子以及本章的其余部分，出自于弗里德曼（Friedman，1969，第一章）。

是每年 20000 美元。但社会的现金余额将是 10.4 个周而不是之前的 5.2 个周的收入。

但人们并不会那样做。对他们来说,没有什么比想到现在已经持有了比以前更多的现金余额更让人高兴的事了。而且我们之前已经给定了假设,即每个人都确信,直升机的奇迹不可能再出现(如果没有这一假设,那么,直升机的出现或许会增加这个社会成员预期的不确定性程度,这会使真实现金余额需求发生变化)。

考虑作为这一社会之代表的个人,他之前是以现金形式持有 5.2 个周的收入,现在持有的是 10.4 个周的收入。如果他想要的话,他以前也可以持有 10.4 个周的收入,那样他在一个足够长的时间内,花费的钱比收入的钱要少。在他以现金形式持有 5.2 个
30 周的收入的时候,他并不认为他从增加的 1 美元现金余额中获得的东西,与他每年减少 1 美元带来的消费损失价值相等,或者说,他从增加的 1 美元现金余额中获得的东西,与他在 10 年中每年减少 10 美分带来的损失相等。现在,为什么他以现金形式持有了 10.4 个周的收入以后,他就认为值这个牺牲了呢? 他以前处于一种稳定均衡的假定,意味着他现在想增加自己的消费,减少自己的现金余额,直到两者恢复到以前的水平。只有在这一水平上,较低的消费损失才会与从持有相应较高的现金余额中所获得的相平衡。

需要记住的是,个人要作出两个决定:

1. 在什么水平上他才想减少自己暂时扩大了的现金余额? 因为,直升机的出现并没有改变他的真实收入或任何其他基本情况,

我们可以非常明确地回答说，在以前的水平上他才想减少自己暂时扩大了的现金余额。

2. 他想返回到以前水平的想法有多急迫？我们无法回答这一问题。对这一问题的回答取决于他的偏好特征，而他的偏好特征在静止均衡状态下并无反映。

我们现在只是知道，每个个人都将按某种比率减少自己的现金余额。他将通过支出更多的收入做到这一点。但是，一个人的支出就是另一个人的收入。整个社会成员的支出不能多于整个社会的收入。个人现金余额总额等于现金的持有量。作为一个整体中的个人，不能“花光”余额，只能转移余额。一个个人的支出可以多于收入，但这只是因为他使另一个人的收入多于支出。事实上，31
他们两人玩的是随乐声抢椅子游戏（Musical Chairs）*。

我们很容易就能看出最后将会是什么情景。人们想比他们的收入更多地支出的意图最终会失败，但在这一过程中，这一意图将会哄抬商品和服务的名义价值。增加的这些纸张并没有改变这个社会的基本情况。他们没有创造出更多的生产力，没有改变偏好。他们既没有改变表面上的也没有改变事实上的消费者希望用一个商品替代另一个商品的速度，或者说，他们也没有改变生产者意欲在生产中用一个商品替代另一个商品的速度。因此，最终与以前相同的真实商品和服务流达成均衡的，将是每个个体的 40000 美元名义收入，而不是 20000 美元。

---

* 随乐声抢椅子游戏规则是，椅子数比游戏者少一，游戏者随音乐围着椅子绕圈，乐声停止时没有抢到椅子的人就被游戏淘汰，并同时减少一把椅子。——译注

讨论这种转变过程更加困难。一开始,有的生产者可能会对调整自己的价格反应迟钝,会以损害资源的非市场用途为代价,为市场生产更多的产品。其他人也可能从生产中抽个空子,去花费增加的收入。因此,在转变过程中,一开始量度收入的时候,名义价格也有可能上升,也有可能下降。同样,有的价格也有可能比另一些价格的调整速度要快捷一些,因此也会影响到相对价格与数量。所以,最终可能会出现一个过头的周期性调整模式。简而言之,没有对反应模式做更详细的说明,我们几乎无法对转变过程进行预测。转变过程或许从头至尾完全不同,有的情况下会出现突然的调整,所有的价格一夜之间翻了倍,有的情况下会出现无限漫长的调整过程,市场价格和产量会出现无数次的上下波动。

32 我们现在可以提出一个假设,即每一个人刚好捡到了与他以前所拥有的现金量相等的一笔现金。我们让每一个人捡到这笔钱,纯粹是一件偶然的事情,这才会引出初始的分配效应。在转变过程中,有的人会消费得多一些,有的人会消费得少一些。但最终的情况还是相同。

但是,初始分配效应的存在却有一个非常现实的意义:即这一转变过程不可能太长,就算是一种理论上的可能性,就算是立刻出现波动,转变过程也不可能太长,因为它涉及的不仅仅是抬高物价的问题。现在我们让价格一夜之间成倍上涨,其结果仍然是一种非均衡状态。那些捡到现金的数量多于原来的现金数量的人,现在有了超过他们意愿持有的更多的真实现金余额。他们愿意花掉这笔多出来的钱,但不是马上使用,而是在一个较长的时间里使用。另一方面，那些捡到现金的数额少于他们原先持有数额的人，他们手上的真实现金余额少于他们意愿持有的现金余额。但他们却不能立刻就储存自己的现金余额，因为他们的收入是按一个既定的时速在流动。

这种分析立刻就将分析过程从名义现金数量的变化转到了相对于现金偏好的彻底变化上了。现在我们让个人平均来说决定持有同样是一半的现金，那么，最终的结果将使价格水平翻一倍，现在与最初 2000 美元的现金相对应的是一年 40000 美元的名义收入。

这一简单的例子体现出货币理论中的大多数基本原则：

1. **名义**货币量与**真实**货币量之区别的主要作用。

2. 选择对个人进行分析与选择对作为一个整体的社会进行分 33
析之区别的同样重要的作用。

3. 在预期的和实际的区别中所总结的意图的重要意义。在增加的现金被人捡起的那一刻，希望支出超过预期收入（预期，支出超过收入），实际上，支出与收入两者必须相等。但是，个人愿意支出多于收入的意图，尽管注定会使人失望，但具有提高全部名义支出（和收入）的效应。

现在，我们把例子再弄复杂一些，我们假设这种货币从天而降不是唯一的一桩奇迹，而是一个连续发生的过程，这一连续发生的过程或许会在一段间歇之后，被每一个人充分预期到。下雨一样从天而降的货币现在正在稳定地增加，即以年 10％的速率从天而降。

个人也会对这种稳定的货币雨流做出反应，就像他们最终这样做并永久性地让货币量翻了一倍一样，也就是说，使他们的真实余额不发生变化。如果他们是这样，而且是立刻做出反应，并且没有摩擦，所有的真实现金的量值也不会发生变化。价格则会准确地按照与名义货币存量相同的方式，以年 10%的速率上升。

另一方面，在人们能够以这种方式行事的时候，他们却不会以这种方式行事。在直升机到来之前，我们的代表人物可以花掉他所有的收入，并且不增加自己的现金余额，但现金余额仍然等同于 5.2 个周的收入。由于价格不变，他们仍然持有与名义现金余额一样固定不变的真实现金余额。存储成本与折旧成本一如既往，都是零。

现在，这位代表人物拿到了从直升机上抛下来的现金，如果他
34 仅仅是把所有增加的现金加到自己的名义余额中，以防止价格上升，他还是可以保持自己的真实现金余额，即从服务销售中得到的 5.2 个周的收入。然而，从天而降的货币似乎是一种可以使他过得更好的财源。如果他在一年中减少 1 美元的现金余额，他每年可以增加消费 1.10 美元，在此之前，他一年只能增加 1 美元的消费。因为他以前刚好接近这个范围，所以现在他将会超过这一范围。存储成本和折旧成本现在是每年每美元 10 美分，而不是零，所以，他将持有更小的一笔真实货币量。具体而言，假设价格一年上升 10%，他意欲持有的现金余额为 1/12，而不是从销售服务中所获得的一年收入的 1/10，也就是说，他现在持有 $4\frac{1}{3}$ 个周的收入，而不是 5.2 个周的收入。

现在我们回到原来的问题上。对每一个人来说，问题似乎是，如果他能减少自己的现金余额，看起来也就能消费更多的东西。

但社会作为一个整体却不能这么做。再者，直升机没有改变真实的量值，没有给这个社会增加真正的资源，也没有改变任何实际的机会。个人减少自己现金余额的意图只不过意味着价格和收入进一步的上升，其结果只是使名义货币存货量等于一年收入的 1/12，而不是 1/10。只要出现了这种事情，价格一年将上升 10%，以和增长的货币量保持一致。由于价格和名义收入一年都会上升 10%，所以真实收入将固定不变。又因为名义货币量一年也上升了 10%，所以它仍然与收入保持一个固定比率，即等于从服务销售收入中所获得一年收入的 $4\frac{1}{3}$ 个周的收入。

要踏上这一路径需要两种价格增长：(1)在每年持有现金的每 35
1 美元成本是 10 美分的时候，为了减少真实现金余额至所期望的水平，价格将永久性上升 20%。(2)为了使真实现金余额固定于新的水平，每年将有通货膨胀率为 10%的持续性通胀。

转变过程中的某些事情可以说已经明确了。在转变过程中，通货膨胀率一定平均超过 10%。因此，通货膨胀必定超出它的长期均衡水平。通货膨胀一定表现出一种周期反应模式。在图 2-2 中，水平实线是通货膨胀的最终均衡路径。从 t_0 开始出现三条虚线曲线，t_0 是货币量开始增加的时间，它表明可供选择的可能转变路径：曲线 A 表示一次性超常上涨后渐渐回到其固有的位置；曲线 B 和曲线 C 表示最初的上涨不足，然后则是超常上涨，随后而来的要么是渐渐的回归(如曲线 B)，要么是逐渐平复的周期性调整(如曲线 C)。

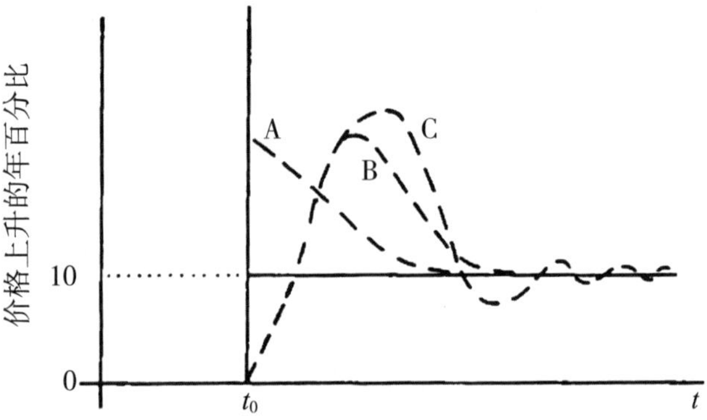

图 2-2

我相信，在价格变动与收入变动中，超常上涨的必要性（尽管
36 从价格水平或收入水平上并没有这种必要性）在于，这是商业周期货币理论中的关键因素。实际上，超常上涨的趋势是通过最初的上涨不足而增强的（如曲线 B 和 C 所示）。当直升机开始按一种稳定的流量丢下货币的时候，或者说，更普遍地丢下货币的时候，当货币量开始出人预料地急剧上升的时候，人们需要花费一定的时间来理解正在发生的事情。最初，他们会让真实现金余额超过长期所需的现金余额，他们这样做部分是出于惰性；部分是因为，他们把最初的价格上升视作为随后价格下降的前兆，因此是一种提高所需现金余额的预期；部分还因为，增加的货币余额最初可能影响的是产量，而不是影响价格，这就会进一步提高所需现金余额的数量。这样，正如人们所理解的那样，价格一定会暂时出现大幅度提升，以使真实现金余额的最初增加和随之出现的长期性的下降恢复原状。

转变过程的这一特征非常清楚，如果对这一社会成员的反应模式没有更准确的说明，如果对这一社会成员形成自己的价格运动预期的过程没有更准确的说明，我们无法对这一特征进行详细的讨论。

最后还有一个重要的细节。毫无疑问，我们一直将真实的服务流量视作其最终均衡轨迹与最初均衡轨迹相同的量。这一错误有两个原因。首先（这一点对我们研究的目的不太重要），这里或许存在永久性分配效应。其次（这一点更重要），真实现金余额至少是生产要素的一个部分。我们举一个普普通通的例子。一名零售商可以雇一个供差遣的男孩，专门为用大额钞票付款的客人跑腿，去街边的银行为客人兑换零钱，这样就可以充分利用自己的平均现金余额。一旦零售商持有额外1美元现金就会每年耗费零售商10美分的成本，而不是什么成本也没有，零售商就有雇用跑腿男孩的更大的动机，这就是说，零售商用其他生产资源替代了现 37
金。这将意味着既定生产资源的真实服务流动降低，以及生产结构的变动，因为不同的生产活动有不同的现金密集度，就像它们在劳动密集度或土地密集度上有所不同一样。

我们用一个假想的直升机的例子弄清楚了一个现象——有的人称为悖论——一个在事务的实际发展过程中极为重要的现象。对每一个个人来说，从天而降的货币似乎是一种幸运，一笔真正的意外之财。然而，在社会适应了这一事情后，每一个人的情况会在两个方面更糟糕：(1)这位代表性人物更穷了，因为他现在为应付突发事件而进行的储蓄只等同于$4\frac{1}{3}$个周的收入，而不是以前5.2个周的收入；(2)他的真实收入降低了，因为人们已经用现金余额替代了生产资源，这就提高了相对于生产服务价格的消费价格。这种个别现象与社会现实之间的差别，就是大多数货币之祸害的基本原因。

著名的货币数量方程

以上讨论可以用一个方程式来进行总结，这是几个世纪前由学者们设想出的一个方程式，这一方程式在 19 世纪末期由一位享誉世界的美国天文学家兼经济学家西蒙·纽科姆(Simon Newcomb)做了精审而准确的表述，后来，又由美国有史以来最伟大的经济学家欧文·费雪做了进一步的发展和普及。按费雪的说法，这个方程式是：

38

$$MV = PT$$

式中，M 是名义货币量。如我们所知，在美国，名义货币量通常是由联邦储备体系决定的。V 是流通速度，即在一特定时间内用于交易的每一美元的平均周转次数。如果我们把交易限定为最终产品和服务，如果公众如我们的例子中一样持有 5.2 个周的现金收入，那么，流通速度就是每年 10 次，因为一年的收入是货币数量的 10 倍[①](等于包括储蓄在内的一年的最终商品和服务的交易)。如我们所知，V 是公众根据现金余额的有用性以及持有现金余额的成本决定的。方程式的左边，即 M 与 V 的乘积，是总支出或总收入。

---

① 我再次提醒大家，这一数字只对定义为通货或基础货币的货币来说是合理的。最近数年中，基础货币的流通速度高于早前的数据，大约为 15 或 20 次。但对当前美国的 M2 来说，流通速度却要低很多，一年大约为 1.3 次。

方程式的右边，P 是商品和服务交易的平均价格，或平均价格指数。T 则代表交易（transactions），可以理解为商品和服务交易总量的指数。费雪最初是用 T 表示所有的交易，即最终商品和服务的买卖（类似由最终消费者购买的面包）、中间交易（比如由面包商人购买的面粉）以及资本交易（房屋或股票的买卖）。现在通行的用法只是用 T 表示最终商品和服务的交易，符号标记也相应作了改变，用 y 替换了 T，以与真实收入相符。

$MV=PT$ 这一方程式是一个恒等式，是不言而喻的。我们 39
知道，每一笔买卖都可以从两个方面看：支出的货币数量和所交易的商品和服务的量乘以所支付的价格。将货币数量代入方程式左边，量和价格代入右边，然后将所有的交易加总，我们就得到了一个标准的会计复式记账账簿。与一般的复式账簿相同，这一自明之理极其有用。

我们再来考虑一下我们最初提出的问题：是什么决定了我们用5美元钞票能购买多少数量的东西？**除非方程式里的另外一个或另外几个变量发生了变动，没有什么能对 P 产生影响。**比如说，股票市场的一次暴涨，能改变你用这张美钞所能购买的商品数量吗？它只有在促使美联储创造更多货币（增加 M）的条件下，才能减少你所购买的量（提高了 P），或者说，它会诱使人们持有更低的真实现金余额，这里的原因或许是，公众认为这样的选择渐渐变得更有吸引力（加快了 V），或者说，会减少用于交易的商品和服务的量，这里的原因或许是，工人们更少关注自己的工作，更多关注股市行情表（减少了 T）。只有在股票市场具有反效应的条件下，股票市场的繁荣才能增加你所能购买的量（降低了 P），很显然，这里存在各种各样可能的组合。

正如这一极其简单的例子所阐明的，要分析一定条件下变化的效应，这个方程是一个非常有用的分析方法。简而言之，费雪的方程式在货币理论中所起的基石作用与爱因斯坦的 $E = mc^2$ 方程在物理学中的作用相同。

40 货币数量的变化

在现实世界中，货币不会从直升机上落到地上来。在绝大部分货币还是由有形商品如黄金和白银构成的时间里，新的发现和技术进步是货币数量变化的主要原因。第三章讨论的就是 19 世纪发现黄金和白银的后果，黄金和白银发现过程中最引人注目的事情是 1849 年加利福尼亚的黄金发现和 50 年代澳大利亚的黄金发现，以及 1859 年对康姆斯托克金银矿脉(Comstock Lode)的开采，还有 19 世纪末阿拉斯加和南非的黄金发现。第五章讨论的是从低品位矿石中提取黄金的氰化法的技术改变和完善，对威廉·詹宁斯·布赖恩政治生涯的影响。

我们可以根据我们直升机的寓言来思考 19 世纪 50 年代从加利福尼亚和澳大利亚汹涌而来的黄金潮。与那些最先捡拾到直升机抛撒下来的钱的人一样，最先提炼出黄金的人显然也富裕了起来。我在访问澳大利亚重要的金矿镇时，获得了一个我最为欣赏的例证。这个镇子现在已经当成一个旅游胜地保存了下来。镇上的陈列品中有一份古老的文件，文件是一张出售瓦尔登湖冰块的广告。冰块是冬天的时候从马萨诸塞州的瓦尔登湖里切割下来的，再裹上木屑装到船舱里，然后再航行绕过南美洲的顶端，跨越太平洋来到墨尔本（大约有 1 万 5 千海里），到墨尔本后再把冰块卸下船，装上马车，马再拉着马车颠簸数百英里路来到采矿人聚集的地区，以满足那些一夜暴富的金矿主们喝冰镇冷饮的需求！

从加利福尼亚和澳大利亚开采出来的黄金首先是在开采地花
费，由于这种花费抬高了商品价格，因而吸引了从世界各地蜂拥而 41
来的人群和商品（比如冰块）。随着这一过程的出现，黄金被分散到了世界各地，最终以提高了所有金本位制国家的商品价格而告终。就像我们在虚构的直升机故事里说的一样，人们要花很长一段时间才能弄明白发现黄金的后果。当他们弄明白事情之后，价格差异将会缩小。

与虚构的故事相同的是，对各个个人的影响与对社会大多数人的影响是极不相同的。第一批提炼出黄金的幸运人士显然已经致富。但社会大多数人又怎么样呢？在这一过程结束的时候，社会将更加糟糕。包括几次淘金热在内的碰大运意味着，花费在从地里挖出黄金的资源，将这些黄金转运到遥远地方的资源，将黄金铸造成金币的资源，以及将这些金币藏进银行的金库里的资源，绝对大大地超过了这些新黄金的价值。毫无疑问，有的新黄金会被用于珠宝店、黄金制品以及诸如此类的东西上。至少，这一部分提供的是一种持续的效用资源。但是其余的黄金，其余的作为货币的黄金，通常仅仅意味着它们的价格要高于它们应该具有的价格。正如大卫·休谟在 1742 年说过的，“增加（货币数量），除了能提高劳动和商品的价格之外，别无其他作用——在这一变化过程中，增加货币数量可能可以刺激产业，因而对产业有些许影响，但在价格稳定下来之后……就没有什么影响了”(Hume,1804a,第 314 页)。“刺激产业”可能会使产出有所增长,但人们很难相信,这种增长可以抵偿增加货币所耗费资源的哪怕一个微小的部分。

黄金发现的福利效应基本上是副效应,**但我们并不因此就认
42 为金本位制的存在——或者更一般地说,商品本位制的存在——就是一种错误,而且对社会有大害**。实际上,这种本位制涉及为了将从世界的这一个地方挖出的黄金,埋入世界的另一个地方而耗费的成本。但是,我们已经明白,拥有一种为人们广泛接受的交换媒介,对任何功能复杂的社会来说,都是至关重要的事情。除非货币的名义数量被限制在一定范围之内,否则没有哪种货币能起到这种作用。数千年以来,对货币数量的唯一有效的限制,是通过货币与商品之间的联系达成的。这种联系为价格水平定了一个锚。用欧文·费雪的话说,拔锚起航“对相关国家是一个祸害”。如我们较早时候所说,并在后面第十章中将详细讨论的是,现在这个世界正忙于一项伟大的试验,想看看能否设计出一种不同的锚。在我现在写下这行字的时候,这项试验进行了还不到二十年——短于个人的时间尺度,更别提历史时间尺度了。我们还远远不能据此就对不兑现货币是否比商品货币的成本低给出定论(参见 Friedman,1987,1986)。

现在,我转过来讨论历史上货币数量变动的其他一些重要原因,以及自 1971 年以来唯一的一种原因,即政府的行为。自古以来,政府就在货币体系中扮演着重要角色。这种角色的一个任务就是力图垄断货币铸造,其目的部分是为了保证货币的量度标准。打在金属硬币上的君主印记,就是为了证明硬币的重量与纯度,这

样，这种硬币就能凭借上面的数字而不是凭借其重量在交易中使用，因此可以减少交易成本。另一个目的就是赚取铸币税，即把金 43
块铸造成硬币的费用。

通过数字而不是重量进行支付极大地促进了商业的发展。①但也鼓励了这样一些活动如剪边（从硬币的边缘剪下薄薄的银片）和磨损（将很多硬币放在一个皮袋里猛力摇动，然后将磨损下来的金属粉末收集起来）。在这种情况下，较轻的硬币也能按照币面的价值流通。格雷欣法则（在劣币与良币的交换比率相同时，“劣币驱逐良币”）就在这种情况下开始生效，那些分量重、品相好的硬币被人们留了下来，那些分量轻的硬币则用于流通。硬币越来越轻，价格则越来越高。然后，大宗的交易重新开始按重量支付，重铸新币的压力越来越大。

将硬币轧出一个凸边（就是在硬币的周边轧上一圈我们认为当然该有的锯齿边），有效地结束了剪边和磨损的行为，这种方法1663年首次使用，随之而来的是1696年到1698年英国的重铸运动（Great Recoinage），这次运动产生了同质性更强的货币。

一个更严重的问题是，统治集团意图从铸币垄断中获益。在这个方面，希腊和罗马的经验为我们提供了一个有意思的对照。梭伦于公元前594年当选为雅典的执政官后，便着手开始降低货币的成色，在接下来的四百年中（直到希腊被合并入罗马帝国），雅典的德拉克马*的白银含量差不多都是恒定的（亚历山大之前含

① 本章的其余部分多出自于弗里德曼（Friedman，1974）。

* drachma，古希腊银币。——译注

纯银67格令，亚历山大之后，含纯银65格令)。这一铸币在希腊
44 及亚细亚大多数地区成了标准的贸易硬币，在欧洲也是这样，甚至在罗马统治时期，人们仍然继续铸造德拉克马，并广泛使用。

罗马的经验则极不相同。在公元前269年引入仿造希腊德拉克马图案的银币第纳尔后不久，早先的铜币(阿斯或镑)开始贬值，至罗马帝国的早期，铜币的重量已经从原来的1磅缩减到半盎司。在不断地摆弄铸币的情况下，银币第纳尔和约公元前87年推行的金币奥里斯(*aureus*)到了尼禄时代(公元54年)也有了些微贬值。金币和银币中的贵金属含量不断减少，合金的比例增加到了3/4，甚至占了硬币重量的绝大部分。在长达三个世纪的贬值过程结束时，原来几乎是纯银的银币第纳尔，已经贬损到仅仅是一枚铜币，只不过早先镀了一层银，后来改成了镀锡。这里我插上一句，美国只花了不到一个世纪的时间，10美分的硬币(dime)、25美分的硬币(quarter)以及50美分的硬币(half dollar)就走完了同样的周期，我们确实有进步。

罗马的货币贬值一如既往地反映了一个政府通过直接税收来为自己的支出筹措资金的无能或无奈。但贬值反过来又损害了罗马的经济状况，并毫无疑问地推动了罗马帝国的崩溃。

贬值必然是一个缓慢的过程，这一过程涉及不断地重新铸造硬币，并最终受制于劣质金属的真实成本。18世纪和19世纪早期，纸币的流行加快了这一过程。绝大部分使用中的货币不再是真真实实的黄金或白银，而是信用货币——承诺可以兑付特定数
45 量的黄金或白银。这种承诺最初是由私人或公司以银行券的形式或被称为存款的账簿记账的形式发生的。但是渐渐地，国家发挥

了更大的作用。

从承诺兑付黄金或白银的信用纸币开始，人们向不兑现货币迈出了小小的一步。不兑现纸币是依靠君主的命令发行的票据，具体是指没有承诺兑付任何东西的作为法定货币的美元、法郎和日元。西方国家第一次大规模发行不兑现货币出现在18世纪早期的法国（尽管有报道说，中国在一千多年前就有了纸币）。后来，法国革命政府在1789年到1796年间又以指券（*assignats*）的形式发行了纸币。美洲殖民者及后来的大陆会议也发行过能够用于支付的信用票据（bill of credit）。这些早期的实验让不兑现纸币获得了它应得的坏名声。过多地发行货币，价格就会迅猛地上涨，直到货币变得毫无价值，或者，用金属货币按其最初价值的一小部分兑换（或承诺兑付金属货币）。

接下来的19世纪，在主要国家发行不兑现纸币只不过是暂时偏离了金属本位制而已。比如说，英国在拿破仑战争期间（1797—1816年）就暂停用黄金兑付已发行的银行券。因此，金币和金块相对于纸币就更昂贵一些。同样，美国在独立战争期间也暂时停止了联合币（绿背纸币）与硬币的兑换，直到1879年才重新开始兑换。在1864年战争最激烈之时，20美元金币的价格大大超过了50美元绿背纸币的价格。

货币需求的变化 46

如我们前面所指出的，货币需求的变化与货币数量的变化具有相同的效应。然而，说到货币需求的变化，对下面两种情况进行明确的区分非常重要,即由现金余额效用引出的变化,比如货币化的推行或者说金融工具的增加,与由现金余额成本引出的变化,比如名义利率的变化和价格比率的变化相区别。用经济学行话来说,我们必须区分需求曲线的移动和因现金余额而引致的需求曲线的变动。

这种区分之所以重要,是因为效用的变化是一个缓慢而且渐进的过程。成本方面的许多变化也很缓慢,但在这些变化非常剧烈之时,尤其在利率和价格变动率的变化非常剧烈之时,这种变化通常都是早先货币供给变化实施之后的结果。美国最近就有一个例证,20 世纪 70 年代通货膨胀率与利率都在急剧上升,随之而来的是 80 年代的急剧下降。

我们的结论是,价格与名义收入的实质性变动基本上总是名义货币供给变动的结果,很少会是货币需求变动的结果。(第八章将较为详细地讨论通货膨胀的情况。)

结论[①]

数个世纪以来,人们一直在广泛地研究货币现象,对这些研究所得出的一般性经验成果进行总结,或许能帮助我们明确本章的
47 讨论。

1. 从长期和短期来说,货币数量增长率与名义收入增长率之间有一种牢固的但并不严格的关系。如果货币数量急剧增长,名

① 结论大部分取自弗里德曼(Friedman,1987)。

义收入也会急剧增长,反之亦然。这种关系在长期内比在短期内更为紧密。

2. 在一个过短的时期内,货币增长与名义收入增长的关系常常难以发现,个中原因部分是短期内两者的关系不如长期内的关系那么紧密,但多半却是货币增长的变动要影响到收入,需要花费一定的时间。需花费多长时间要看它本身的变动程度。现在的收入增长与货币增长之间的关系就不那么紧密,它要取决于过去在货币问题上发生的事情。现在在货币问题上发生的事情将会影响到未来在货币问题上会发生的事情。

3. 就多数主要西方国家来说,货币增长率的变化引致名义收入增长率的变化大约在 6 个月或 9 个月之后。这是一个平均数,并非每一个国家都是这样。有时候,滞后时间会稍长些,有时候,滞后时间会短些。尤其是,在货币增长率既高且又是剧烈波动及高通货膨胀条件下,滞后时间就会更短一些。

4. 考虑到时滞问题,在周期性发生的事件中,名义收入的反应比货币增长变化的幅度更大。

5. 名义收入增长率的变动通常首先在产出上显示出来,而且几乎不会在价格上有所显示。如果货币增长率上升或下降,大约 6 个月或 9 个月之后,名义收入增长率以及实物产出也会上升或下降。但价格上涨率受影响很小。 48

6. 对价格的影响就像对收入和产出的影响一样,也会随时间的推移而分散,但它会延至 12 个月或 18 个月之后,这样,货币增长变动与通货膨胀率变动之间的全部滞后,平均来说约为两年左右。这就是通货膨胀发生之后,很难将它停止下来的原因。通货膨胀不可能在一夜之间平复。

7. 即使考虑到了货币增长的滞后效应，这一关系也远不是那么绝对。在过短的时期内，货币变动与收入变动的关系也很难说是十拿九稳地如我们所说那般变化。

8. 在短期内，即大约三到十年的时间内，货币的变动首先影响的是产出。另一方面，在几十年的时间内，货币增长率首先影响的是价格。产出会有什么变化还取决于一些实际因素：人的进取心、善于创造发明及勤奋、节俭的程度、产业结构与政府以及国家之间的关系，等等。

9. 一个重要的研究成果与严重的萧条有关。强有力的证据表明，与货币数量急剧减少有关的货币危机，是大范围萧条的必要且充分条件。货币增长的波动也经常与经济的轻微波动有关，但不像其他因素那样起着决定性的作用。正如我和安娜·施瓦茨所指出的："货币存量的变动是……货币收入与价格变动的结果，也是货币收入与价格变动的独立原因，尽管货币存量一旦发生变动，这些变动又会对收入和价格产生进一步的影响。货币变动与收入和价格变动相互影响，但在长期波动及重大的周期波动中，货币明显
49 起着主导作用(senior partner)，而在短期和较温和的波动中，货币收入和价格所起作用几乎相当(equal partner)——这就是我们的证据所显示出的一般性结论"(Friedman and Schwartz，1963，第695页)。

10. 一个重要但尚未解决的问题是，名义收入变化在产出和价格之间的短期分配问题(the short run division)。这种分配在空间和时间上都极不相同，也不存在可以将这种不同的诸种因素单

独分离开来的让人满意的理论。

11.我们从这些陈述中可以得出这样一个结论,**通货膨胀无论在何时何地都是一种货币现象**,即在一定意义上,通货膨胀是而且也只能是由货币数量的急剧增加引发的,不是由于产出的增长引致。许多现象都能引起通货膨胀的暂时性波动,但只有在影响到货币增长的情况下,这些现象才能对通货膨胀产生持续性的影响。然而,引起货币增长的可能原因林林总总,其中包括黄金的发现,政府的财政开支、私人支出,等等。因此,这些结论只能是对通货膨胀产生原因及应对方法的初始答案。更深层次的问题是,产生过度货币增长的原因(参见第八章)。

12.货币增长的变动首先从一个方面对利率产生影响,但稍后又会从另一个方面对利率产生影响。急速的货币增长首先会趋向于压低利率,但稍后,支出会加速,再往后,通货膨胀会使贷款需求上升,贷款需求的上升会提高利率。另外,较高的通货膨胀会拉大真实利率与名义利率之差。随着贷款人和借款人逐渐预期到通货膨胀的来临,贷款人要求提高名义利率以抵消预期的通货膨胀,借款人也愿意给予更高的名义利率。这就是那些货币数量以及价格 50
增长速度最快的国家,如巴西、阿根廷、智利、以色列及韩国等,利率为什么也是最高的原因。从另一方面来看,较低的货币增长一开始也会提升利率,但稍后,随着支出的速度以及通货膨胀的降低,利率也随之降低。这就是那些利率最低的国家,如瑞士、德国以及日本,货币数量的增长速度也是最低的原因。

13.在主要的西方国家,直到第二次世界大战之后的某个时候,与黄金的联系以及由此产生的对价格水平的长期可预见性,意味着利率的运动就像人们对价格稳定的预期一样，人们既不预期通货膨胀，也不预期通货紧缩，名义资产相对于名义回报相对稳定，与此同时，真实回报却显出高度的不稳定性，并吸收了差不多全部的通货膨胀与通货紧缩（如图 2－1 所示）。

14. 20 世纪 60 年代，尤其在 1971 年布雷顿森林体系终结之后，利率开始与通货膨胀率平行运行。名义资产名义回报的波动性增大，名义资产真实回报的波动性减小。

第三章　1873年之罪行[①]

我相信，历史将记录下[1873年铸币法案]这件事，这是由立法产生的最大一桩罪行，一桩最惊人的阴谋，是与美国人民和欧洲人民的福祉背道而驰的事情。我们在当今或其他任何时代都能对此作出证明。

参议员约翰·H.里根(1890)

[废止银币流通]……是19世纪的罪行。

参议员威廉·M.斯图尔特(1889)

对1873年[废止银币流通]法案的法律认可，是1853年法案的直接后果。

詹姆斯·劳伦斯·劳格林(1886)

---

① 我很感谢下列人士对我的初稿给予了十分有益的评论，他们是：米切尔·D.波尔多(Michael D. Bordo)、康拉德·布朗(Conrad Braun)、菲利普·卡甘(Phillip Cagan)、乔·科布(Joe Cobb)、哈罗德·霍夫(Harold Hough)、戴维·莱德勒(David Laidler)、休·罗科夫(Hugh Rockoff)以及我总是而且特别感谢的安娜·J.施瓦茨。另外，戴维·D.弗里德曼(David D. Friedman)以及《政治经济学杂志》匿名评审人都对此稿提了很多建设性的意见。

52 你不能把荆棘王冠扣在工人的脑门上，你不能把人类钉在金十字架上。

威廉·詹宁斯·布赖恩(1896)

1873年法案带来了好运，它拯救了我们的财政信用体系，维护了国家的荣誉，是我们现在无论怎样心存感激都不为过的立法成就。

詹姆斯·劳伦斯·劳格林(1886)

上面的这些引文所提到的《1873年铸币法案》经过漫长的、但却是表面文章的听证和议会辩论，在美国众议院以110票对13票，在参议院以36票对14票通过。当时这项法案几乎没有引起人们的注意，甚至国会中那些投票赞成、后来又用尖刻的语言攻击这一法案的人(包括参议员斯图尔特)也没有对它予以更多的关注，他们后来用以攻击这一法案的措辞有："严重的错误"、"腐败交易"实施的"阴谋"、"比犯罪更严重的大错"、"重大立法欺诈"，最后是"1873年之罪行"(参见Barnett，1964，第178—181页)。①

这样一个显然无关紧要的立法措施怎么会在如此长的一段时间内引起众多一流学者、工商界人士以及政治家如此强烈且截然不同的反应呢？这一法案通过之后二十多年，怎么又成了

① 按照保罗·M.奥利里的说法(Paul M. O'Leary 1960，第390页)，"第一个使用'罪行'一词的人是乔治·M.韦斯顿(George M. Westen)，即1870年美国货币委员会秘书，……语出委员会报告的附件，他的特别报告中"，该报告于1877年出版。巴尼特(Barnett，1964，第180页)认为，"1873年之罪行"这一完整提法，首先见于1890年7月10日科罗拉多参议员亨利·M.特勒。

总统大选中讨论的话题呢？（第五章讲的就是这件事。）这是否是一个在任何意义上都可以称为罪行的法案？它的实际后果如 53
何？要回答这些问题，我们还需要某种货币史和货币理论方面的背景资料。

背景

美国宪法赋予国会“铸造货币，调节货币价值，以及外国铸币价值”的权力，并禁止各州将“除了金币与银币之外的任何东西”作为偿还债务的货币。在一开始履行这一权力的时候，国会采纳了亚历山大·汉密尔顿的建议，通过了1792年4月2日的铸币法案。这一法案将美国的基本货币单位规定为美元(dollar)，硬辅币则规定为十进位币制，即美分，“5美分银币”(half disme)，后来改为5美分镍币(nickel)，角[disme，一角硬币；后来改为10美分镍币(dime)]，以及25美分硬币，等等。法案进一步规定，一美元等于371.25格令纯银，24.75格令纯金，并授权造币厂可按指定的15∶1的金银比率自由铸币，而且明确规定了硬币铸造中要与纯金属一起使用的合金的比重。①

① 法案表述为：“应该对送来[按法定比率进行铸造的]金块银块进行检测，一经接收之后，应尽快铸成硬币，此条款同样适用于那些送金块银块来铸币的个人或群体，并免收加工费用”(Jastram，1981，第63页)。从这里我们可以看出，自由铸币的自由(free)有双重含义：铸币数量无限制，并免收加工费用。

对铸造货币免收费用的条款比较特殊。通常都有一笔针对铸币耗费的少量费用，称为铸币税(seignorage)。但是，这笔所谓的铸币税有时候也被人们用于其他目的，而不是抵补铸币的成本，比如古代的领主(lords)将其作为收入来源，富兰克林·罗斯福总统将它作为限定银价的手段(见第七章)。

我对理解“1873 年之罪行”至为关键的两个词标了着重符。**自由铸币**之所以关键，是因为它规定了硬币本位制的具体内容，即它规定的政府铸币会将私人拿来铸币的硬币兑换成已知等量金属
54 的称为美元的法币（最初只有硬币形式，后来也使用纸币）。这几个字之所以关键，还因为它有效地建立了美国的复本位制，也就是说，因为授权自由铸币而认可将两种金属即黄金或白银作为货币使用。这两个条款等于是说，美国政府将按每金衡盎司纯银 1.2929 美元的价格，和每金衡盎司纯金 19.3939 美元的价格，购买所有出售给它的白银和黄金，换句话说，在黄金与白银的比价为 15∶1 的条件下，1 盎司黄金价格是 1 盎司白银价格的 15 倍。①

虽然从法律上讲，黄金或白银都能当作货币来使用，但实际上，直到 1834 年，只有白银具有货币用途。其原因很简单，在铸币之外还一直存在一个白银和黄金市场——用白银和黄金做首饰、工业用途以及由别的国家买去铸币。1792 年，黄金的市场价格和白银的市场价格确确实实如汉密尔顿建议的比价一样，就是 15∶1。但此后不久，世界价格比就超过了 15∶1，并一直就这样了（参见 Jastram，1981，第 63—69 页）。因此，任何想拿黄金兑换货币的人，都会认为最好是先到市场上按市场价格把黄金兑换成白银，然后再把白银拿到铸币厂，而不是直接就把黄金拿到铸币厂。

① 十进位制上升（0.2929……，0.3939……）是因为 1 金衡盎司等于 480 格令。已知 1 美元等于 371.25 格令纯银或 24.75 格令纯金，1 盎司银就等于 371.25 除以 480，或 1.2929 美元除以 480……，1 金衡盎司黄金就值 19.3939 美元除以 480……。

我们再用另外一种方式来表述，我们将铸币厂看成是 15∶1 比价的双向道路(two way street)。一个明显可以致富的方案就 55
是将 15 盎司的白银送到铸币厂与 1 盎司的黄金兑换，然后再到市场上出售这 1 盎司黄金，并用出售的收入买来多于 15 盎司的白银，你把赚头收好，再继续上述交易过程。很显然，铸币厂不久就充满了超量流入的白银，但却没有了黄金。这就是为什么在复本位制条件下，铸币厂只承诺买入白银和黄金(也就是说自由铸币)，尽管它也能按自己的意愿出售(兑付)其中一种或另一种，甚至出售白银和黄金两种。最终的结果是，从 1792 年到 1834 年，美国实际实行的是银本位制。黄金作为货币只能高价使用，不能平价使用。黄金太贵重了。格雷欣法则在这里极其有效：廉价货币(cheap money)赶走了高价货币(dear money)。①

1834 年，由于意识到黄金与白银价格比的变化，新的铸币立法出台，当时，世界市场上的金银价格比约为 15.625∶1。1832 年至 1834 年，众议院铸币特别委员会多次建议采用这一比例，据称是希望"为黄金做点什么"，因为最近在弗吉尼亚州、北卡罗来纳州、南卡罗来纳州和佐治亚州发现了黄金，所以，这"对南部四个州来说变得非常重要"(O'Leary，1937 年，第 83 页)。然而，特别委员会突然将其建议改为 16∶1 的比率，这一做法不是为黄金做点什么——尽管确实做了——而是针对尼古拉斯·比德尔的第二合

① 正如罗尔尼克和韦伯(1986)指出的那样，这一"法则"要表述得更加具体才准确。

56 众国银行采取的行动。① 这就是安德鲁·杰克逊总统(Andrew Jackson)与尼古拉斯·比德尔(Nicholas Biddle)之间著名的“银行之战”,这一争论使比德尔的银行想要获得新的特许证的努力最终失败,而比德尔原先的联邦特许证已在1836年到期。正如保罗·M.奥利里(O'Leary,1937,第84页)所指出的,16∶1的比价“是杰克逊及其追随者利用黄金俱乐部,攻击他们仇视的敌人,即银行”的武器。钞票无法让人满意的状况——美国银币与外国银币混合使用,以及州立银行发行的质量令人怀疑的纸币——使比德尔银行发行的银行券成了受人欢迎的交换媒介。1834年法案就是希望使金币成为银行券的有效替代品,从而削弱银行的地位。

这段历史中有两点值得人们特别注意。第一点,1834年提出16∶1比价的是黄金俱乐部,19世纪90年代提出16∶1比价的是白银俱乐部。第二点,在这两件事情上,俱乐部都被大致相同的政治利益团体操纵着,用以对抗大致类似的政治利益团体,即,1834年安德鲁·杰克逊的支持者和1896年威廉·詹宁斯·布赖恩的支持者,大部分是那些农村小经营者、南方和西部的下层支持者,他们反对的是银行家、金融家、大食利者,以及东部和东北部的城市上层阶级。

① 上面所说的16∶1的比价是一个近似值。在1834年法案中,1美元金币的重量规定为23.2格令纯金,这使黄金白银比价略高于16∶1。1837年又对这一法案作了修改,将1美元金币的重量改为23.22,又使金银比价略为低于16∶1。这一变动的原因是为了使铸造硬币时的合金比例精确为10%。关于早期美国铸币法的资料,可以到国家白银管理委员会文件中查找(1890),也可以参见美国黄金委员会关于黄金的作用的文件(1982,第一卷,第二章)。

不管怎样，16∶1 比价的通过使每盎司黄金的官方价格达到了 20.671835 美元（=480/23.22），从而结束了银币盛行的局面。从那时直到南北战争时期，银铸币的使用几乎完全局限在辅币范围之内。在 1853 年国会投票决定减少银币的白银含量之前，银币 57
的价值也超过了新的法定比例。但是黄金与白银硬币的价差过小，而且许多都分量不足，以致不值得熔化掉［至少在南北战争的绿背通胀（greenback inflation）前是这样（Carothers，1930，第 98—101 页）］。金币从 1834 年开始进入流通，黄金成了事实上的本位货币。尽管对黄金的货币使用需求增加了，但在 19 世纪 40 年代与 50 年代加利福尼亚和澳大利亚发现黄金之后，金银的市场价格却在下降。黄金似乎获得的是廉价货币的地位。

南北战争暂时结束了黄金盛行的局面。为战争筹款的迫切要求导致了纸币的使用，即发行了一种既没有黄金或白银做基础，也没有承诺可用这两种金属赎回的绿背纸币。① 纸币因此实至名归地成了廉价货币。然而，黄金还在继续流通，特别是在西海岸流通，但与绿背纸币当然不是按 1∶1 的比价进行兑换。这种情况下，出现了一个自由市场，在这一市场中，“黄金的绿背纸币价格”上升到官方法定价格之上，事实上，在极端情况下，是官方价格的

① 关于绿背纸币的一个有趣的细节是：1862 年首次发行绿背纸币时，萨尔蒙·P. 蔡斯（Salmon P. Chase）是财政部长。八年后，他成了最高法院的首席大法官，其时，正是最高法院决定就著名的绿背纸币案首次质询其发行的合宪性之时。蔡斯不仅没有回避这个案子，而且利用自己首席大法官的资格，与最高法院的多数人在一起，宣布他在作为财政部长期间所做的事情违宪！一年之后不久，也就是最高法院的两个空缺职位有人之后，在绿背纸币案的第二次审议中，情况又完全不同了，这一次，蔡斯作为首席大法官又成了对判决持异议的人士之一。

两倍多。政府要求用黄金支付关税及某些债务，银行也为客户分别提供黄金和绿背纸币存款账户。总之，在由市场确定的浮动汇
58 率制度下，黄金与绿背纸币一起流通，尽管在大多数地区在多数情况下，绿背纸币才是主要货币。

现在，我们就要谈到 1873 年事件了。这时候，结束绿背纸币这段历史并恢复硬币本位的运动一直在进行着。国会也在这时开始整理铸币立法。这样，《1873 年铸币法案》列出了将要铸造的硬币。这一名单包括金币和银辅币，但删去了原有的纯银 371.25 金衡格令的标准银元。1874 年又开始了进一步的清理工作。[1] 紧接着是《1875 年恢复硬币支付法案》，以及 1879 年 1 月以黄金本位为基础成功地恢复了硬币本位制。[2]

1879 年恢复硬币支付这一事件的结束与六十多年前英国发生的事情经过极为相似，英国 1797 年之前实行的是复本位制，接下来在 1816 年通过实施不兑现纸币本位，不再把白银作为货币，1821 年以黄金为基础恢复硬币支付（如果没有 1816 年的立法，恢复硬币支付将是采用白银为货币）。[3] 这种一致性并不只是一种

---

① 1873 年法案包括铸造重磅银币“贸易币”的条款，“贸易币”专用于与墨西哥和远东的交易，这些国家和地区当时是银本位制。贸易币具有法定货币的地位，但 1874 年 6 月贸易币被取消，当时，国会通过的修订条款规定，除了 5 美元的银币外，银币不能作为法定货币，同时，也不准外国铸币作为法定货币使用（参见 Barnett，1964，第 178 页）。

按照纽金特（Nugent，1968，第 98、134 页）的说法，铸币法最先在 1868 年由参议员约翰·谢尔曼（John Sherman）提出，实际通过的法案是在 1869 年起草的（尽管很明显后来有些改动），1870 年 4 月首次在参议院提出讨论。

② 对绿背纸币时期及恢复硬币支付的详细讨论，可参见弗里德曼和施瓦茨（Friedman and Schwartz，1963，第二章）。

③ 1819 年，黄金价格已下跌到法定价格，但英格兰银行直到 1821 年才正式准许用黄金兑换银行券。

巧合。在第一阶段,可兑换性的中止与纸币本位的采用,就是这两个国家对因战争而引发的财政压力的一种反应。① 与美国一 59
样,英国恢复硬币本位的决定反映出对健全货币(sound money)的要求,这一要求是在金融界与政府债券持有人的愤怒中显示出来的。这群人中还有因为背离硬币本位产生了通货膨胀而感到愤怒的经济学家,尽管当时的通货膨胀按当代标准衡量极其温和,最多一年也就是 5%到 10%。英国选择用黄金替代白银基本是一个偶然,但却成为美国在六十年后做出相同选择的主要原因。②

如果美国的恢复硬币支付出现在南北战争前的铸币法条件之下,那么,就如 1875 年发生的事情一样,在金银比价上升至大大高于 16∶1 的情况下,白银将会成为廉价货币。在这种条件下,白银的生产者会发现,将白银送至铸币厂,而不是送到市场,要划得来得多,金币的所有者也会发现,将金币熔化掉,并将黄金拿到市场出售,比按金币的名义币面价值将黄金作为货币使用,要 60

① 这并不是唯一可能的反应,尽管有许多历史学家认为所发生的事就是不得不发生的。法国的财政压力比英国更大,但是,“经过二十年对抗半个欧洲的战争,[拿破仑]从来都没有允许采用……不兑现纸币”(Walker,1896b,第 87 页)。第六章将更详细地讨论这一历史片段。

② 大卫·李嘉图是最有影响的恢复硬币支付的提议者,他一开始偏向于白银本位而不是复本位制(Ricardo,[1816]1951,第 63 页)。在随后 1819 年在议会作证时,李嘉图又转向了金本位制,因为“我已经了解到,机械特别适用于银矿,因此非常容易导致这种金属量的增加,并因此而使其价值发生变动,而相同的事情似乎不会在黄金身上发生”(Ricardo,[1819a]1952,第 390—391 页,亦可参见[1819b]1952,第 427 页)。这种看法与许多根据技术“专家”的观点提出的看法一样,证明是一个广泛讨论的问题。第六章将对这一历史片段作充分的讨论。

划得来得多。[1]

实际上，无论是将硬币在铸币厂折算成现钞，还是将金币或银币熔化掉，都不是无成本的。一般来说，铸币厂要收少量的硬币铸造税以弥补铸造成本，而熔化金银币也涉及一定的耗费。另外，由于在铸币厂中的时间耽搁，也会损失一些利息，而将金银送到市场出售，也会涉及交易成本，反之亦然。因此，倾向于将法定比价看成一个精确的数字，由此认为在一个时间里只有一种金属流通，完全是一种谬见。“黄金输送点”允许两个金本位制国家货币的汇率在一定范围内波动，而不会产生黄金的输送；同样，在复本位制条件下，“金银比价输送点”也允许这一比价在一定范围内波动，并且不会出现要么在一种金属上产生溢价，要么一种金属完全被另一种金属替代的现象。[2]

《1873 年铸币法案》中删掉了标准银元，结束了美国复本位制的法定地位。如果法案中没有删掉这一行重要的词语，1879 年恢
61 复硬币支付几乎肯定是白银本位，而不是黄金本位。这就是在白银支持者眼中的“1873 年之罪行”。

---

① 实际上，既不往铸造厂送黄金，也不送白银才划得来。因为这两种金属都已被更廉价的货币——纸币替代了。但是，会计账簿上仍然标有官方价格（白银价格为 1.2929 美元，黄金价格为 42.22 美元）。美国政府持有的黄金仍然按官方价格标在会计账簿上。但是，没有人会幻想按照铸币的名义价值，比如一个冲压着 1 美元标记的银币或冲压着 20 美元标记的金币的这些币面价值来使用这些铸币。这些硬币已成了钱币学上的货币，分别价值 8 美元和 475 美元。我在这里非常感谢康拉德·J. 布劳恩，他对金币与银币的流行市场价值作了大致的估算。

② 这是 1803 年到 1873 年法国的情况。在这段时间里，尽管市场上的金银比价已经偏离了法国官方的比价 15.5∶1，但黄金与白银仍然同时流通，但有时候白银倾向于替代黄金，有时候，黄金又倾向于替代白银（Walker，1896b，第四、五章，尤其参见第 121 页）。第六章中有对复本位制的充分讨论。

这一事件给我们提出了两个问题。不太重要也易于回答的问题是：从真正意义上讲，存在这样一桩“罪行”吗？更重要但又更难以回答的问题是：包含这一重要词语会有什么后果呢？

存在这样一桩“罪行”吗？

1877年，“《国家周刊》(*The Nation*)上有篇社论，部分内容如下：‘1873年，一位工于心计的硬币论者及外国债券持有人，欧内斯特·塞德(Ernest Seyd)先生从伦敦来到美国，通过与国会头面人物和政府官员的不道德交易，引致政府抛出了白银非货币化方案。’据说，他还随身携带了50万美元贿赂国会的某些议员以及货币监理官”(引自Barnett，1964，第178页)。如果报道属实，那么无论从何种意义上说，这都是一桩罪行。但是，人们一直也没有拿出证据来说明这段新闻确有其事。事实上，塞德不过就是个“工于心计的硬币论者”。他是英国的复本位制论者，并且强烈反对美国的白银非货币化方案(Nugent，1968，第153、166页)。人们一直没有拿出贿赂的证据，更别提拿出证明文件来攻击与《1873年铸币法案》的通过有关联的国会议员或政府官员。这项法案在委员会和国会议员中经过长时间的讨论，而且是由绝大多数人公开投票通过的，尽管后来批评者们声称，他们所反对的关键条款根本没 62
有提及，也没有在议员中进行过更多的讨论。[①] 在词典中，罪行一

① 他们甚至引用了一名对手的说法来支持自己：“正如劳格林教授所说……参议院主要把时间都耗费在硬币铸币税与磨损问题上了，众议院则把时间耗在官员们的薪水上了”(国家白银管理委员会，1890，第22页)。

词的含义是:“由法规所禁止,或危害公众福祉,并由法律予以惩罚的行为。”据此,1873 年法案不存在罪行。

另一方面,用词典所说的对这一术语的“更一般”的用法来说,“一种恶的或造成伤害的行为,即是一种罪行,一种罪孽”。[1] 一项罪行的存在是一个看法问题。没有公开质询的问题是,标准银元在准备铸造的硬币名单上被删掉,是故意的,因为在完全了解删掉标准银元的后果的情况下,在认定这些结果是有利的结果的情况下,这种删掉就是故意的。这一点在 1873 年法案通过不久,H. R. 林德曼(H. R. Linderman)出版的书中论述得非常清楚,林德曼即是法案通过之时的美国铸币委员会主任(Linderman,1877,第九章)。1872 年 11 月,铸币法案还在国会审议之时,他在写给财政部长的报告中说:“在过去的一百年中,金银相对价值的波动并不大,但有几个引发波动的原因仍然在起作用,所有的原因几乎都是白银的供给超过白银的需求,其结果就是贬值”(引自 Linderman,1877,第 48 页)。

林德曼对法案后果的看法是:“《1873 年铸币法案》一经颁布,
63 金元随之就成了价值单位,加上在法案条款中将银元从铸币中删除,美国货币体系遂成了单一金本位制……欧洲和美国的大多数观点都反对维持以任何金属为基础的复本位制的可行性,都偏向于单一金本位制”(第 44 页)。

在后面一章他又说:“主张恢复旧银元的人……似乎认为,这里的谬误在于,没有继续将银元作为硬币使用,如果不说是一种错

---

① 定义来源于《牛津英语词典》(*OED*)。

误的话，他们期望纠正过来但又不愿涉及这一问题，即在 1879 年恢复硬币支付之后，人们是否能维持住黄金与白银的共同流通”（第 100—101 页）。

此外，在沃尔特·纽金特（Walter Nugent）所提供的大量证明文件中，参议院财政委员会主席约翰·谢尔曼参议员至少在 1867 年就决定要白银非货币化，他已经准备好了一个议案，并打算在 1869 年底生效。从那时开始，参议员谢尔曼、林德曼、约翰·杰伊·诺克斯（John Jay Knox，时任通货管理委员会副主任，后来任主任）以及财政部长乔治·鲍特韦尔（George Boutwell）一起推动包括白银非货币化在内的铸币法提案的通过（Nugent，1968，第 80、88、99、103、105 页）。纽金特想知道，“诺克斯、林德曼、鲍特韦尔、谢尔曼以及其他人，在计划贬弃银元时，知道他们正在干什么吗？”他又说，“不可思议的是，他们不知道自己在干什么……他们极力主张白银非货币化是因为害怕白银价格的下跌吗？没有人对此作出明确的表述，但毫无疑问，情况就是这样”（第 137 页）。

此外，正如二十年之后弗朗西斯·沃克所说：“完全没有人注意到，这项议案就这么获得了通过，一两年之后，贬弃白银的实情才为众人所知晓。”沃克又在脚注中补充道：“1873 年，作者是耶鲁 64
大学政治经济学教授，事实上所讲授的就是货币问题。而且他还是一名非常忠实的报刊读者，由于这种身份再加上一些私交，作者与相邻城市纽约的商界人士和银行业人士相交甚好。但也是在 1873 年法案通过很长一段时间之后，才第一次了解到对银元的贬弃”（Walker，1893，第 170—171 页）。

保罗·奥利里（Paul O’Leary）对这些证据进行过总结：“看来

唯一合理的结论是,没能在《1873 年铸币法案》中将标准银元条款包括进去,并不是基于对当时经济事实的认识,而是对作为货币本位一部分的白银的蓄意仇视。法案预期到了未来。在制定出大部分法案并使其在国会顺利通过的人(按照纽金特的说法,是人们)的心里,这一法案是有针对性的,而且经过深思熟虑。从这个意义上说,主张银本位制度的人所认定的,这一法案是'蓄意预谋'(malice aforethought)的结果,完全没错。人们预期它能达成而且确定达成的结果,远远超过整顿铸币法和铸币过程的结果。"

奥利里继续说道:"在接下来的二十七年中,白银问题一直困扰着美国的政治和金融。白银从来没有赢回如果 1873 年法案将标准银元铸币条款包括进去后它理应拥有的地位。不废除自由地、无限制地铸造银元硬币可能会使随之而来的美国财政、经济和政治生活出现极不相同的局面。但是,这要另当别论了"(O'Leary,1960,第 392 页)。①

我们现在就转而叙述另一种情况。

---

① 在一篇饶有趣味的文章中,休·罗克夫(Rockoff,1990)很有说服力地表明,弗兰克·鲍姆(Frank Baum)的《盎司国的巫师》(*The Wonderful Wizard of Oz*,又译《绿野仙踪》)"不仅仅是一部童话,也是对平民主义时代(Populist Era)的政治经济辩论所做的精当的评论"(第 739 页),也就是对由所谓 1873 年之罪行所引发的有关白银的激烈争论所做的评论。按照罗克夫的说法,"'盎司之地'(The land of Oz)在东方,[在那里]金本位极度盛行,1 盎司(即 Oz)黄金具有近乎神秘的含义"(第 745 页)。罗克夫一直将东方邪恶的巫师等同于民主党领袖格罗弗·克利夫兰(Grover Cleveland),他"[成功地]撤销了《1893 年谢尔曼白银购买法案》"(第 746 页)。

同样,罗克夫在文中可能也将许多其他地方、人物和许多行为等同于自由白银运动最后几年中起了重要作用的地方、人物以及事件。

《1873 年铸币法案》的后果 65

由于林德曼所述的一个核心事实，废除银元的自由铸币就有了重要的后果：世界市场上银价相对于金价可能会下跌。既然白银与黄金的比价没有下跌——或者，如我们通常所说的，黄金与白银的比价没有上升——那么，不论那句关键的句子包括在 1873 年法案中还是从 1873 年法案中删掉，都与金银比价不相关。不管是哪种情况，如果美国恢复了硬币支付，一种适应于前南北战争(pre-Civil War)条件的金本位制仍然会继续下去。

但是，实际上，在国会通过 1873 年法案之前，金银比价已经开始上升了，而且在 1879 年美国恢复硬币支付的时候，这一上升势头正在高点。美国以黄金为基础的恢复硬币支付最终使白银走上了末路。金银价格比价如图 3-1 所示，在 1848 年加利福尼亚和 1851 年澳大利亚发现黄金之前几十年里，一直围绕 15.5(法国的 66 铸币比)波动。然后在 1859 年稍微跌到了 15，接下来就是不规则但多少有些稳定的上升。[1] 这一上升在 1870 年之后突然加速，因为在 1870 年之后，欧洲国家一个接一个地从银本位制或复本位制转向了单一金本位制——这是对当时作为主要经济力量的英国领导地位的认可。1871—1873 年，德国在战胜法国并强制征收一大笔战争赔款且兑换成黄金后，德国转向了单一金本位制。法国自

---

① 虽然法国实际采用的是 15.5∶1 的比价，但因为大致相等于 1803 年的市场比价，所以毫无疑问，法国对复本位制的成功维持有助于稳定这一比价(参见 Walker，1896b，第 87 页；Fisher，1911，第 136 页)。

1803 年就一直实施复本位制，尽管一开始主要是白银，在黄金大发现后主要是黄金，1873—1874 年，法国也与其他拉丁货币同盟成员（意大利、比利时以及瑞士）一起贬弃了白银。斯堪的纳维亚同盟，即丹麦、挪威与瑞典，以及荷兰和普鲁士，也在 1875—1876 年跟随其他国家贬弃了白银，奥地利的行动则是在 1879 年。19 世纪 70 年代末期，印度与中国是仅有的实施银本位制的主要国家。这一结果增加了对黄金的需求，也增加了白银非货币用途的供给，因此而引发了金银比价的大幅度上升。在“16∶1”成了布赖
67 恩竞选运动的战斗口号时，金银比价已从 1870 年的 15.4，跳升到 1873 年的 16.4，1879 年的 18.4，1896 年的 30。

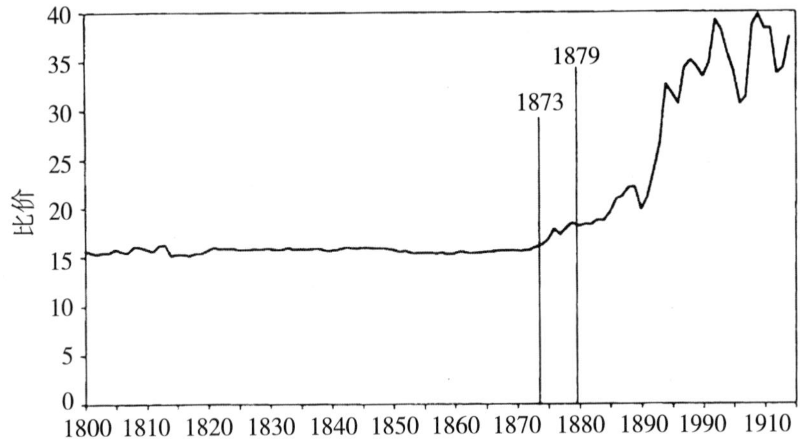

图 3-1　1800—1914 年金银比价

美国也通过加入单一黄金本位的运动，给金银比价增加了上升的压力，这一压力一方面是通过购买可以在世界其他地方当货币使用的黄金，一方面是放弃购买白银造成的。这种影响非常重要。在

美国财政部准备恢复硬币支付的过程中，财政部开始积累黄金，到 1879 年，美国财政部与私人手上的黄金存量，已经达到了世界黄金存量的近 7%。1889 年，美国股票上升了 20%。更引人注目的是，从 1879 年到 1889 年，美国货币黄金存量的增长**超过了**世界黄金存量的增长。从 1879 年到 1883 年，世界其他地区的黄金持有量一直在减少，然后又开始上升，但在 1890 年之前都没有超出以前的水平。

至于白银，从某种程度上说，虽然人们无法通过自由铸币购买白银，但由于政府不断地颁布有益于白银利益集团的特殊法规，也多少对这一现象有所弥补。法律要求联邦政府按市场价格购买白银，首例先于恢复硬币支付的这类法令就是《1878 年布兰德—艾利森法案》(Bland Allison Act of 1878)。法令授权财政部按市场价格每个月购买 200 万到 400 万的白银，因此而形成了从 1878 年到 1890 年的定期购买行动。然而，在《谢尔曼白银购买法案》出台的条件下，白银购买突然增加，这一增加直到 1893 年白银购买条款被取消才结束。

极富意味的事情在于，在这种法令下所购买的白银盎司数，差
不多等同于美国货币黄金存量所增加的纯金盎司数量的 16 倍。
乍一看，好像是政治法令让人购买的白银与自由铸币时所应该购
买的白银一样多。但情况并不是这样。如我们将在后面弄明白的 68
那样，如果美国实施银本位，货币存量的上升将比实际已有的上升
更快，因此，拿来铸造的白银盎司数，实际上会超过实际所需黄金
盎司数的 16 倍。①

① 按照本章下面部分所讨论的估算，将被积累的货币白银的盎司数，会是实际所需黄金盎司数的 16 倍。

最明显，但绝非最重要的是，美国恢复金本位而不是回到复本位制的后果，就是金银比价的急剧上升。一个更重要的后果是从总体上对商品和服务价格产生的影响。货币黄金需求的增长，与世界黄金存量增长率的放慢以及商品和服务产出的增加是同时发生的。这些力量产生了打压价格水平的压力。如果换一种说法来说，由于黄金相对于总产出较为稀缺，按照商品来衡量的黄金价格不断上涨，名义价格水平（在金本位制条件下，按黄金来衡量的价格水平）则不断下降。银行体系的急剧扩张在某种程度上缓解了价格下行的压力，从而增加了每盎司黄金可以追加的货币量。另一方面，上升的真实收入，加上不断扩展的经济活动的货币化，再加上价格水平本身的下降，都使公众持有相对于自己的收入更多的现金余额（也就是说周转率下降了），从而增加了对价格的打压压力。

69 其结果就是 1875 年到 1896 年的通货紧缩，通货紧缩在美国一年大约为 1.7%，在英国一年为 0.8%（这就意味着，通货紧缩出现在金本位制世界中）。在美国，1875—1896 年的通货紧缩是继南北战争之后更剧烈的通货紧缩而发生的。这一更剧烈的通货紧缩是按战前美元与英镑平价恢复以黄金为基础的硬币支付的必要条件。它也引发了人们的不满以及广泛的动荡，尤其是在农村地区。这一动荡导致了 1876 年绿背党（Greenback party）的形成，绿背党承续了早先的观点，鼓吹使用发行更多绿背纸币的方法，用通货膨胀替代通货紧缩。这一政治鼓噪结束了南北战争以后已经出现的回收绿背纸币的行动，并使布兰德—艾利森议案，即委托财政部按市场价格购买限量的白银的议案，于 1878 年正式通过。

尽管这批白银是按市场价格购买的，但作为货币其价值高于法定价格，其间的差价就是铸币税。白银大部分都铸成了标准银元，但是，多数银币都作为所谓银元券的纸币的储备存放在财政部。1890年后，这批银元券又称为1890年国库券。名义上，这批银元券可以兑换成白银，但实际上，这批银元券也是可以兑换成黄金的法定货币。因此，用纸币到市场上购买白银，比用纸币按虚假的法定价格兑换成银元更便宜些。事实上，银元券是一种不兑换货币，它与绿背纸币唯一的不同就在于白银作为货币的历史角色使政府更接受用购买白银的办法来增加货币供给，而不是用公开发行不兑换货币的方法来增加货币供给。用这种方法来增加货币
供给，也有利用白银利益集团来对付平民党通货膨胀的动机的政 70
治效果。财政部的白银储备类似于美国政府通常存储起来以维持小麦价格的小麦储备。

每年1.7%的价格下降可能显得过于温和，不足以引发从恢复硬币支付到世纪末困扰美国达二十年之久的动荡。但我们还有一些其他问题需要考虑。首先，1.7%是针对涵盖全部商品和服务的价格指数来说的（意指这是一个价格平减指数）。毫无疑问，农业批发价格和其他基本商品价格的下降率更高（按同一指数一年下降3%计算）。无论如何这样一个事实非常重要，即我们所有的人都希望自己出售的商品价格上涨，而不希望价格下降。商品和服务的出售者始终是通货膨胀论者。同样确定的是，我们希望我们所购买的商品的价格下降。但作为消费者，我们要购买许多物品，这些物品的价格不停地向不同的方向移动，这种情况使我们对自己出售的具体商品的价格要更敏感，而对整体价格水平所发生的变动，就不那么敏感了。我们更肯定的是，19世纪，整体经济的

数据比现在更少。再者，无论什么时候，卖者的人数相对而言要少一些，且能够组织起来，因此，卖者与那些从下降的价格获益的分散的消费者相比，政治影响要大得多。这一点尤为符合白银生产者的情况，实行银本位制，明显对他们有利。所以，尽管他们人数不多，但因为人口稀少的产银诸州在美国参议院拥有与人口稠密的工业诸州同样多的代表，所以他们拥有一定的政治影响力。（有关后来他们显示出的政治影响力，可以参见第七章。）

71 另一个事实是，农场主一般来说纯粹是货币借款人。这种身份使他们在价格下降的时候受到损害，因为价格下降会提高债务的真实价值，而在价格上升的时候，他们会从中获益，因为价格上升会降低债务的真实价值。作为借款人，他们特别容易受到政治宣传的影响，即视“1873 年罪行”为东部秘密集团与外国资本家的邪恶阴谋：让华尔街对阵大街*。①

鼓噪通过白银实行通货膨胀的一个自相矛盾的结果是，它解释了**通货紧缩**在美国比在世界其他金本位制国家更严重的原因（美国是 1.7%，其他地方是 0.8%）。我和安娜·施瓦茨的结论是（Friedman and Schwartz，1963，第 133—134 页）：“整个白银事件是一个非常有意思的例证，它说明人们对货币的看法有时候会多么重要。人们认为白银会造成通货膨胀的恐惧，足以迫使美国脱离金本位制，并且，为了固守金本位制而必须经历一次严重的通货紧缩。事后看来，事情很显然，由于最终结果的不确定性以及随之

---

* 指美国小城镇上的大街，意指典型的美国小城镇。——译注

① 我应该感谢休·罗克夫（Hugh Rockoff）的观察。

而来的货币动荡，在早期阶段采用银本位制或在早期承诺与黄金的兑换，都会比维持一个不稳定的折中方案更为可取。”

黄金或白银：哪个更好？

既然两种极端的情况都比不稳定的折中方案更为可取，那么，哪一种极端情况要更好一些呢？是早期按货币价值一盎司 1.2929 美元采用白银为单一本位货币，还是用承诺兑换黄金来实行单一金本位制呢？或者说，在表面上在两个极端间再作出第三种选择，继续名义复本位制呢？要给出答案，需要对二种选择的数量后果 72
进行全面的解释。

碰巧，我们在第四章中所做的研究使这一点非常清楚，在继续复本位制的情况下，恢复硬币支付的硬币将会是白银，而不会是黄金，而且，这件事情将会在《恢复硬币支付法案》通过之后的 1876 年出现。因此，金银比价将会与已有的情况完全不同。

图 3－2 是用曲线表示的法定金银比价（16∶1），实际市场比价以及假设的、如果继续复本位制就会出现的估算比价。从图上看，实际市场比价在 1890 年之后猛然上升，上升到 30 多的时候即逗留在这一水平上。与此截然相反的是，假设的估算比价只在 1891 年与 1904 年之间较大地偏离了法定价格。1891 年之前，它 73
只是围绕 16∶1 的比价稍有波动。从 1906 年到 1913 年，假设的估算比价仍然是在 17∶1 和 18∶1 之间。而那几年较大地偏离了 16∶1 并不是事出偶然。比价上升至 16∶1 以上的那些年份，正是 1896 年围绕布赖恩自由白银运动政治鼓噪自由铸币最激烈的

年份，这场政治鼓噪的影响后来逐渐消退。如果在《1873年铸币法案》中保留了关于白银的那句关键性的话语，这种政治鼓噪永远也不会产生，因为美国将实行银本位制，假设的估算比价下降到较低水平的年份，正是世界黄金生产于1897年开始急剧上升的年份。黄金生产达到峰值水平后压低了黄金的真实价格。

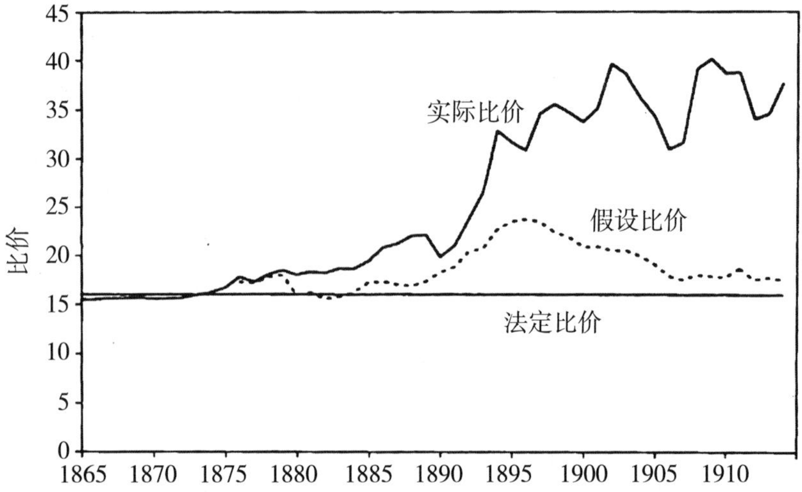

图3-2　1865—1914年金银比价：法定的、实际的和假设的

这些估算也（尽我所能地）考虑到了继续实行法定复本位制会出现的不同经济情况，即较高的世界价格水平和较低的真实黄金价格，以及适用于货币用途的白银数量的减少，等等。但我没能考虑某些可以预测到的影响，比如，真实收入及白银和黄金生产的显著变化，更遑论政治氛围的变化了。毫无疑问，自由白银问题消失之后造成的政治真空，将会由其他问题——极有可能是迫使美国转向金本位制的压力——来填补，但我们绝不能据此推测这些问

题会对金银比价产生影响。任何尝试性的推测都会成为历史陈迹，就像进入了幻想之域一样。

我得出的结论是，如果采用银本位制，实际上整个时期中白银 74
比价的波动不会远离 16∶1，而且在 1891 年之前和 1904 年之后的波动幅度会比图 3－2 中所描绘的假设估算曲线要小。简言之，我相信，1873 年之后，美国在稳定金银比价方面的作用，本可与 1873 年之前的法国一样。① 如果我的观点正确的话，复本位制反对者的恐惧，即复本位制会使白银与黄金的比价持续变动就证明是错的。由于美国实际上实行银本位制，英国与其他主要国家实行金本位制，金银比价的变动将直接对美元与其他货币的汇率产生影响。金银比价的上升将使美元贬值，金银比价的下降将使美元升值。因此，相对稳定的金银比价将意味着相对稳定的汇率——与英镑的汇率不会远离实际实行的 4.86 美元的水平。（这些问题在第六章中还有更详细的讨论。）

金银比价就其本身来说并不重要——黄金与白银交易者除外——但对实行银本位制的国家（假设也包括美国）与实行金本位制的国家的价格水平却至为重要。图 3－3 用曲线表示的是美国的实际价格水平以及与图 3－2 中的金银比价相一致的可替代假设价格水平（alternative hypothetical price levels）。未经验证的估算水平只不过是假设，金银比价与真实白银价格就是实际上出 75
现的比价与价格。根据这种假设，我们就能很容易地计算出价

① 从 1803 年到 1873 年，法国成功地围绕 15.5∶1 的官方黄金比价维持住了复本位制，在此期间，1859 年的最低市场比价为 15.19，1813 年的最高市场比价为 16.25。在多数时间内，这一波幅还要窄一些（Warren and Pearson，1933，表 25，第 144 页）。

格水平。我们只需将实际实行的价格水平乘以白银法定价格(1.2929 美元)与市场价格的比价就可以了。但是,这一未经验证的估算明显出现了对将会发生的价格上升的高估。16∶1 的估算走向了另一个极端。它通过假设在整个时期中实际比价都会刚好是 16∶1,低估了实行银本位制对价格水平的影响。假设估算比价处于这两者之间,但多数时期中它比未经验证的估算更接近于 16∶1 的估算。然而,16∶1 的估算可能比其他任何估算更准确地反映了适当的同比模式。未经验证的估算和假设估算完全会被统
76 计“噪声”弄糟。另外,美国的复本位制会在世界范围内产生对白银的稳定性投机动机,从而消除不稳定波动。

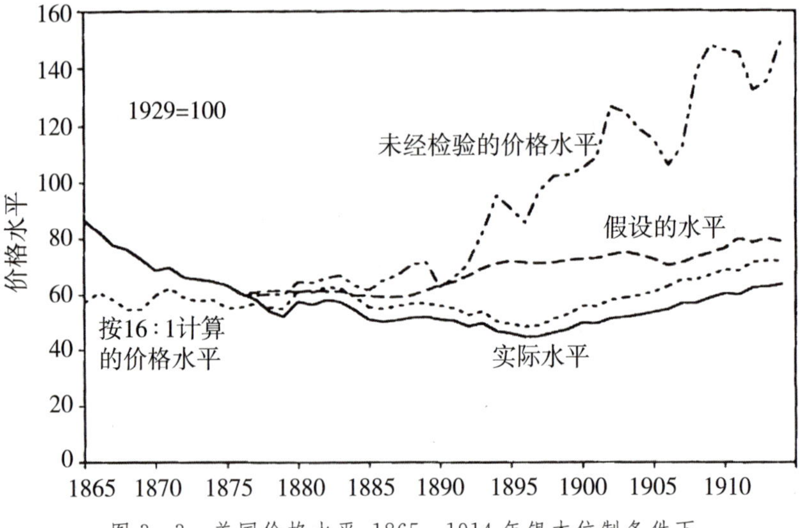

图 3-3 美国价格水平:1865—1914 年银本位制条件下实际价格水平和可替代价格水平

从 1876 年到 1896 年,美国的实际价格水平按一年 1.5% 的水平下降,然后又以一年 2.0% 的水平上升,直到 1914 年为止。

16∶1 的比价先是每年下降 0.7%，一直下降到 1896 年，然后每年上升 2.3%，一直上升到 1914 年。假设价格水平从 1876 年到 1887 年每年下降 0.2%，然后又开始上升，并以每年 1.1%的水平一直持续上升到 1914 年。两种可替代比价都会将最初的下降速度减半。16∶1 的可替代比价意味着随之会有一个稍显更快速的上升，但假设的可替代比价的上升则温和一些。如果我的估算多少正确的话，复本位制——实际上是银本位制——比实行金本位制有一个更稳定的价格水平。

另外，银本位制差不多肯定会避免我与安娜·施瓦茨在《美国货币史》(*Monetary History*)一书中所称的“1891 年到 1897 年的混乱年代”(Friedman and Schwartz，1963，第 104 页)，即包括以下阶段在内的年份：1892 年到 1894 年的急剧紧缩，1894 年到 1895 年短暂而温和的恢复，1895 年到 1896 年的又一次紧缩。[1] 1893 年普遍的银行破产及银行业恐慌，以及外国人因害怕白银鼓动会迫使美国脱离金本位制而对美国黄金储备的挤兑。由 J. P. 摩根(J. P. Morgan)及奥古斯特·贝尔蒙特(August Belmont)领导的私人财团与美国财政部签订的合同，恢复了大众的信心，阻止了金本位制的脱离。据称，通过代理人秘密安排的这份合约条款苛刻，长期以来 77
平民党文献中认定其为“国际银行家的阴谋”，在 1896 年的竞选活动中就成了一个议题(Friedman and Schwartz，1963，第 112 页注)。

当然，这种影响并不局限于美国，但我并没有像对美国那样，针对世界其他地方进行的经验研究。但是，在准备美国的估算数据的过

① 这些逐年的相关数据见引于弗里德曼与施瓦茨(Friedman and Schwartz，1982)。

程中，还是有必要估算这一影响对金本位世界中价格水平的影响，因此，我以英国为例进行了分析。图 3－4 就是英国的实际价格水平和假设价格水平。估算的效应虽然较美国要小，但明显也很可观。价格水平则一直较高。1875 年到 1895 年的价格水平的下降从每年的 0.8％减少到每年的 0.5％，随后的价格水平的上升则从每年的 0.09％增加到每年的 1.1％。然而，除了已经包括在我们简单的
78 计算中的东西外，图中已经很清楚地显示了对价格的影响。美国发生的变化毫无疑问已经在各个地方产生了反响，更加繁荣的美国经济意味着更加繁荣的世界经济。另外，黄金真实价格的持续走低，将降低生产黄金的动力。这种结果可能会推迟采用氰化工艺提取低品位矿石，而这一工艺是 1896 年后导致世界范围内的通货膨胀的大批量黄金出现的缘由。我在这里并没有考虑这些影响。

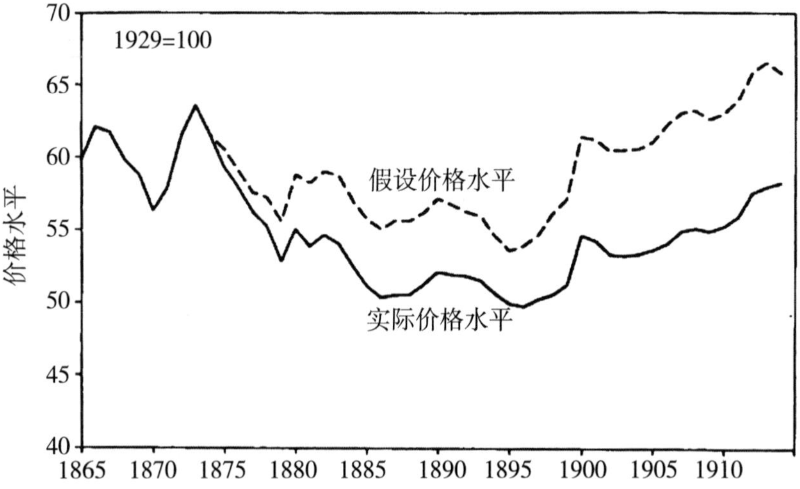

图 3－4　1865—1914 年美国银本位制条件下英国实际价格水平和假设价格水平

法院是否会对“1873 年之罪行”适用有罪裁定条款，从法律史上说，这一条款是适用的。删掉这行重要文字对随后的美国货币史产生了极其重大的影响。实际上，在某种程度上，也对世界货币史产生了影响。这种言辞有些过于激烈，但这一问题的重要性却没有过分夸大。真正的问题就是货币本位的问题：黄金与白银的复本位制。在美国，复本位制实际上意味着交替实行白银本位和黄金本位的问题。1873 年法案决意实行金本位制度，这也解释了这一问题的重要意义。而且，一般的看法都与劳格林的看法相同，即“1873 年法案是一件幸事”(Laughlin,[1886]1895，第 93 页)，我的看法则与此相反——法案是一个有着极不利后果的错误。

我得赶紧加上一句，这是对 1873 年法案的评价，不是对 1896 年法案的评价。对 1896 年法案来说，要消除 1873 年法案的危害性已经太迟了，其原因我将在第五章中讨论。布赖恩所做的只不过是亡羊补牢而已。①

我还要赶紧加上一句，这一评价既没有打算贬低也没有打算 79
褒扬在长期的争论中各方的品德或意图。包括白银生产者在内的赞成银本位制团体试图促进自己的特殊利益，忠实于复本位制的人既不希望出现通货膨胀，也不希望出现通货紧缩，他们只是竭力使人们相信，复本位制比单一本位制更有利于价格的稳定。同样，赞成金本位制的团体包括黄金生产者、主张通货紧缩论者(受到如华尔街银行家那些自由白银团体公开嘲弄的人)，以及

① 如果美国在 1896 年仍然维持复本位制，第四章对市场比价的估算大约会是 24 : 1。然而，正如我在文中所指出的，我猜想那个估算有点估计过高了。

那些真诚相信金本位制才是唯一让人满意的社会金融稳定的支柱的人。动机与意图都不如结果重要。在这一件事以及其他许多事情上，结果都与对《1873 年铸币法案》怀有良好用心的支持者的初衷大相径庭。

第四章　一个反事实的检验：对1873年后继续复本位制的效应的估算[①] 80

本章进行的分析为前一章最后部分的结论提供了基础，即为1873年之后继续实行复本位制的可能后果的分析提供了基础。这是对假设的发展所作的假定推测检验，也就是说，对我在第三章中提出的假设继续复本位制不仅会对美国产生的重大而深远的影响，而且会对整个世界产生的重大而深远的影响的结论进行假定推测检验。我的结论就其本身而论，不可避免会受到很多不确定性和误差的影响，这些不确定性和误差我在第三章叙述所得结论 81
时已有所考虑。本章技术性很强且较为复杂，因此我想只有从事技术经济学研究的人才有兴趣。其他读者可能直接阅读下一章更

① 很多年以前，我向当时是南伊利诺伊州立大学的经济学教授路易斯·德雷克提议，让他估算美国继续实行复本位制对美国及世界价格的影响。他在这一项目上工作了多年并积累了很多资料，但他对自己的研究结果从未完全满意过，所以也没有发表。1982年他逝世以后，他的同事与朋友在他的文档中发现了一份文稿保留了全部原始计算资料，遂将之发表(Drake,1985,第194—219页)。在我写作后来成为本书第三章的论文时，我觉得只需利用他的结果就行了。然而，在我仔细读过他的论文后，我体会到他对研究结果持保留态度，这可能使他不愿发表。因此，我自己又单独作了一组估算，但我从他的数据和分析中获益良多。我的最终结果与他的结果完全不同并不奇怪。

好一些。

1. **目的**。为估算一下如果包含按 371.25 金衡格令纯银自由铸造标准银元的条款在内的《1873 年铸币法案》胜出，在白银法定价格和白银市场价格仍然为 1.2929 美元时……价格水平和黄金白银比价。

2. **简单的估算**。白银的实际价格就是用名义价格水平除以价格水平（PS/P）。在价格保持不变的简单假设下，白银的实际价格仍然是 1.2929/PHN，在这里，PHN 为银本位制条件下对假设价格水平的简单估算。列出方程并按已知条件求解简单的假设价格水平。得到

$$(1)\quad PHN = 1.2929\cdots \cdot \frac{P}{PS}$$

式中，P 是实际价格水平，PS 是白银的实际名义价格。[①]（接下来后面的符号定义请参见本章结尾处的符号说明。）从 1865 年到 1876 年，简单的估算低于实际价格水平，1876 年两者相等，因此，如果《1873 年铸币法案》没有删掉关键的那行字句，1876 年，即《恢复硬币支付法案》通过后一年，就会出现以白银为基础的恢复硬币
82 支付。第三章的图 3-3 用曲线描绘了随之而来的简单的假设价格水平。表 4-1 给出的是数值。

简单估算的不足：(1)在银本位制条件下，美国或许会增加自己的白银存量，其增加甚至会多于金本位制条件下为回应白银利益集团所增加的白银存量。这就有可能抬高白银的真实价格。(2)美国可能会出口黄金而不是累积黄金，这一行为可能会增加世界

① 此处与接下来各变量的数据来源，请参见本章末尾的资料来源说明。

表 4-1　1865—1914 年美国实行银本位对美国和英国价格的估计影响 83

年份	美国价格水平				英国价格水平		黄金-白银	
	实际的	假设的			1929＝100		比价	
		未经检验的	16：1 估算	精确的	实际的	假设的	实际的	假设的
1865	86.5		57.3		59.8		15.4	
1866	82.6		60.8		62.0		15.5	
1867	77.6		58.2		61.6		15.6	
1868	76.2		54.6		59.8		15.6	
1869	72.7		54.7		58.7		15.6	
1870	68.7		59.8		56.3		15.6	
1871	69.8		62.5		57.8		15.6	
1872	66.3		59.0		61.4		15.6	
1873	65.5		57.6		63.5		15.9	
1874	64.8		58.3		61.5		16.2	
1875	63.3		55.1		59.2		16.6	
1876	60.4	60.2	55.4	60.4	57.8	59.0	17.8	17.2
1877	58.2	59.8	56.8	60.8	56.2	57.5	17.2	17.1
1878	53.9	60.1	55.4	61.4	55.2	57.2	17.9	17.7
1879	52.0	60.0	54.7	61.4	52.8	55.6	18.4	18.0
1880	57.4	64.5	61.3	61.0	55.0	58.7	18.0	15.9
1881	56.3	64.4	60.8	61.5	53.8	58.1	18.3	16.2
1882	58.1	66.0	62.8	61.1	54.6	59.0	18.2	15.5
1883	57.4	66.8	62.3	61.3	54.0	58.6	18.7	15.7
1884	54.4	63.2	59.1	59.7	52.5	57.0	18.7	16.2
1885	50.8	61.6	55.4	59.6	51.1	55.7	19.4	17.2
1886	50.1	65.1	54.8	59.2	50.3	55.0	20.9	17.3
1887	50.6	66.8	55.8	59.2	50.5	55.7	21.1	17.0
1888	51.5	70.9	56.7	59.7	50.5	55.6	22.0	16.8
1889	51.8	71.5	56.8	61.3	51.2	56.1	22.0	17.3
1890	50.8	62.8	55.8	63.4	52.1	57.1	19.7	18.2
1891	50.3	65.8	55.0	64.4	51.9	56.7	20.9	18.7

续表

年份	美国价格水平				英国价格水平		黄金-白银	
	实际的	假设的			1929＝100		比价	
		未经检验的	16：1估算	精确的	实际的	假设的	实际的	假设的
1892	48.3	71.3	52.5	66.7	51.8	56.2	23.8	20.3
1893	49.5	81.8	53.8	69.4	51.5	55.9	26.6	20.6
1894	46.4	95.2	50.0	70.9	50.6	54.6	32.9	22.7
1895	45.7	90.5	49.0	71.9	49.9	53.5	31.9	23.4
1896	44.4	85.5	48.1	71.3	49.7	53.9	30.5	23.7
1897	44.6	96.5	48.6	71.1	50.2	54.6	34.5	23.4
1898	45.9	101.8	51.0	71.3	50.5	56.1	35.5	22.4
1899	47.1	102.3	52.6	72.0	51.2	57.1	34.8	21.9
1900	49.6	104.5	55.8	72.6	54.6	61.4	33.8	20.8
1901	49.3	108.1	55.7	72.8	54.2	61.2	35.1	20.9
1902	51.0	126.5	57.9	74.0	53.3	60.4	39.7	20.5
1903	51.5	124.4	58.6	74.9	53.2	60.4	38.6	20.5
1904	52.3	118.2	59.4	73.8	53.3	60.5	36.2	19.9
1905	53.4	114.4	60.8	72.4	53.6	61.0	34.3	19.0
1906	54.5	105.4	62.7	70.1	54.0	62.2	31.0	17.9
1907	56.8	112.4	65.2	71.3	54.9	63.0	31.8	17.5
1908	56.7	138.6	65.0	73.1	55.1	63.2	39.1	18.0
1909	58.7	147.5	67.0	74.7	54.9	62.5	40.2	17.8
1910	60.2	145.6	68.7	76.4	55.2	63.0	38.7	17.8
1911	59.7	144.9	68.3	79.6	55.9	63.9	38.9	18.6
1912	62.3	132.4	71.4	78.2	57.5	65.9	34.1	17.5
1913	62.6	135.3	71.9	79.7	57.9	66.5	34.6	17.7
1914	63.5	149.7	71.8	78.6	58.2	65.8	37.8	17.5

其他地方货币黄金与非货币黄金存量，并提高金本位世界中的名义价格。这将会降低黄金的真实价格。(3)出于这两种理由，金银比价将会低于实际的价格比价。

3. 16∶1 估算。假定美国采用银本位制会将实际金银比价确定为 16∶1，而且美国保持住严格的银本位制（这就是说，比价稍稍超出 16∶1）。如我们将看到的那样，这种情况未必不能实现。

在这种假设条件下，要估算美国假设价格水平，我们需要对黄金的假设真实价格进行一个估算。假定美国在实施银本位制的时候，处理掉全部货币黄金存量，那么，这笔抛出的黄金要按全部黄金存量的这两个部分的实际比例分为非货币用途（由美国和世界其他地方吸纳）和世界其他地方的货币黄金存量。① 我们再进一步假设，世界价格水平相对应于已增长的黄金存量来说有所上升。这样我们就有

$$(2)\quad RPGH = RPG \cdot \frac{EWMG + WNMG}{WMG + WNMG}$$

因为白银的真实价格假设为黄金真实价格的 $\frac{1}{16}$，并且等于名义价格（= 法定价格）除以价格水平，所以我们有

$$(3)\quad PH16 = 1.2929\cdots \cdot \frac{16}{RPGH}$$

从 1879 年开始，美国实际货币黄金存量在世界货币黄金中所占比例稳步上升，这样，由于整个时期不同程度的上升状况（参见第三章图 3-3），16∶1 比价大致与实际价格相等。1876 年如果恢复了白银硬币支付，根据方程式（3）所估算的价格水平会稍微低 85
于实际价格水平。至 1877 年，又稍微有些高于实际价格水平。

假设的黄金真实价格也是这样，我们也需要用它来估算美国

① 这一方法应归于休·罗克夫。它取代了我早先使用的不太引人注意的假设。

在整个时期内实施银本位制时，对金本位制国家价格水平的影响。如果我们用英国的价格水平作为金本位制国家价格水平的代表，我们有：

$$(4)\quad UKPH = UKP \cdot \frac{WMG + WNMG}{EWMG + WNMG}$$

（参见第三章图 3－4）。影响显然非常可观。①

4. **更复杂的估算**。如果要对这些简单估算做进一步分析，必须找到一种估算白银真实价格的方法，这样我们可以利用方程式(3)的对应项将这样一种估算折算成假设的价格水平的估算。

86 白银的真实价格由整个世界对白银的非货币用途的(a)供给与(b)需求所决定。美国实施复本位制或银本位制可能不会对非货币用途的世界白银需求函数产生重大的影响。为了估算这一需求函数（下面 b 节讨论），我们还需要关于白银实际非货币用途的数据（a1 节讨论）。另一方面，美国实施复本位制或银本位制，明

---

① 在完成了这些估算后，我们发现了欧文·费雪写于 1911 年的一段话，这段话可以作为对这些估算的一个有意思的检验："如果我们能发明出一个方法，使黄金与白银能协调一致（比如说通过世界范围内的复本位制），那么[从 1873—1876 年平均来说]，在金本位制国家中，价格就不会下跌如此之多，或者，银本位制国家（如果确实这样的话）的价格也不会上升得如此之多，在金本位制国家或许只会稍稍有所下跌——1890—1893 年大约为 10%，至 1896 年会更多一些。"他的估算是，1873—1876 年，以及 1890—1893 年，金本位制国家中，价格实际上下跌 22%，同时期中，银本位制国家大约上升 17%。按照表 1 的数据，在指明的时间内，美国作为金本位制国家，价格会下降 22%，但在我用来作为金本位国家代表的英国，价格下跌为 14%。对英国假设价格指数的估算为，大约下跌一半，或者 7%，然后进一步下跌直至 1896 年。这两个方面都非常接近于费雪的估算，在应该可以避免的下跌部分尤其如此。

至于银本位制国家，表 4－1 中所估算的 16∶1 的美国价格水平下跌了 4%，假设价格水平（本章第 4 点中讨论的内容）上升 4%，这与费雪的"如果有的话"（Fisher，1911，第 244—245 页）是一致的。

显会极大地改变非货币用途的白银供给(a2 节讨论)，原因在于它会增加白银的货币需求。要构建为人所接受的对我们所讨论的这一时期(1875—1914 年)的估算，是迄今我最麻烦的问题。

a1. 白银的实际非货币用途。白银非货币用途的供给等于(1)白银的产量减去(2)世界其他地方对白银货币用途的需求，再减去(3)美国对白银货币用途的需求。或者用方程式表示为：

$$(5)\quad SNM = SPROD - EWMDS - UMDS$$

对 *SPROD*，即白银每年的产量，以及 *EWMDS*，即其他国家白银货币存量的增量的估算比较容易。我已经对 *UMDS*，即美国白银货币存量的增量作了估算，我的估算是根据美国财政部报告所列出的，在随后的白银购买法案实施条件下美国的购买量作出的，时间为 1873 年到 1874 年财政年度，对稍后年份的估算是根据白银货币存量的美元价值作出的。

a2. 白银非货币用途的假设供给。方程式(5)给定了白银的实际非货币用途。在相关符号中加入一个 *H*，该方程式则给定了银本位制条件下的假设非货币用途。a1 中的(1)是白银的产量，白 87
银的产量主要取决于白银的真实价格。然而，在我们所讨论的时期中，白银的实际产量上升极快，从 1880 年到 1914 年几乎翻了三倍，而在同一时期，白银的真实价格从其初始水平下降了几乎一半。由于供给明显是由外部发现和创新驱动的，而且，多数白银还是其他金属开采的副产品，所以白银的供给相对来说是无弹性的。因此，我假设白银的产量就是实际的产量。这一假设导致了一个错误，即估算白银真实价格出现了一个向上偏差(upward bias)。

再来看 a1 中的(2)，我假定，其他国家不会受到美国实施银本位制的影响，他们要么是自己采用了银本位制，要么就是改变自己的白银货币存量。这一假设似乎有一定的道理。德国、法国和其他国家从银本位制转向金本位制早于美国转向银本位制，实际上，这也是美国自己转向金本位制的部分原因。因此，我只是简单地用其他国家的实际货币需求作为假设的需求。

a1 中的(3)，即美国白银货币存量的假设增量，是最难估算的。我们可以冗辞赘言地这样来表示假设的美国白银货币存量，即硬币与货币(SPR)比价乘以法定白银价格除以货币量的积，或者如下面所表示的，由名义收入与周转率之比表示的货币量以及作为真实收入与价格水平乘积的名义收入：

88

$$(6)\quad UMSH=\frac{UMG\$}{UM}\cdot\frac{y}{V}\cdot\frac{P}{LP}=SPR\cdot\frac{y}{V}\cdot\frac{1}{RPSH}$$

$$=k_1\cdot\frac{1}{RPSH}$$

y/V 为真实货币存量；与 P 相乘则为名义货币。SPR 与 y/V 的乘积我标记为 k_1，k_1 等于硬币储蓄的真实价值，并代入随后的分析之中。(原则上，所有的符号后面都要有一个 H，但除了白银真实价格以外，不会出现其他的混淆，所以我省略了 H。)

之所以将货币存量表示为真实存量与价格水平的乘积，是因为价格水平就是我们希望估算的东西。方程式(6)右边所描述的第二种形式使我们用假设的白银真实价格替代了名义价格水平。据此，我们可以用方程式(1)的对应项轻松地估算假设的名义价格水平。

用方程式(5)计算实际价值的过程中，我们可以把流通中的白银或财政部持有的白银看作货币白银。但在估算金本位制时期的硬币储备比率和硬币储备的假设价值时，我们不能将货币白银视作硬币储备的一部分，尽管在复本位制或银本位制条件下，货币白银确实拥有这种地位。它只是一种累积的政府资产，是用以支持白银价格的部分资产（就像当前政府的小麦存储一样）。

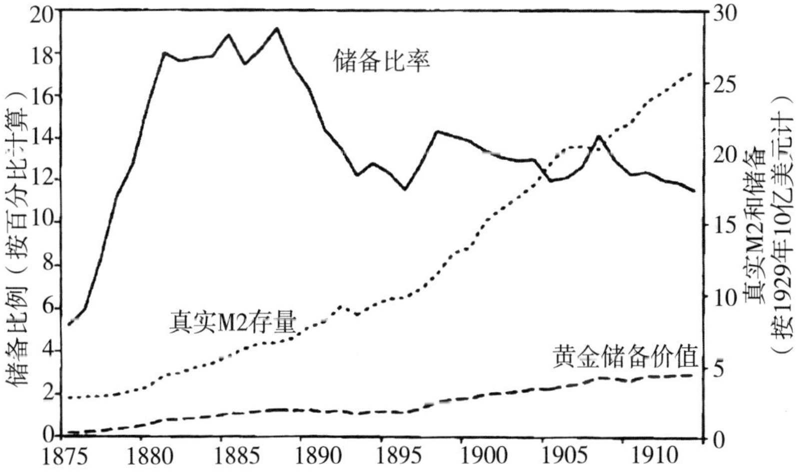

图 4-1　1875—1914 年黄金储备比率、真实 M2 和黄金储备（货币按 1929 年的 10 亿美元计）

相应地，我们也只在当前的分析中使用货币黄金存量。图 4-1 描绘的是黄金储备比例（货币黄金的美元价值与货币量之比），货币存量的真实价值以及黄金储备的真实价值（实际黄金 k_1）。89
《恢复硬币支付法案》通过之后的头五年中（从 1875 年到 1879 年），储备比例的急剧上升被认为是对恢复硬币支付的准备。大体上，如果恢复硬币支付是以白银而不是以黄金为基础，也会出现类似的上升，唯一的差别是累积的将会是白银而不是黄金。在这两种情况下，储备的积累需要国际收支往来账户的盈余或资本流入。从 1876 年到 1881 年，国际收支往来账户上出现了相当规模的盈余，接下来则是大规模的资本流入。我认为没有理由认为储备初期的增长在银本位制下会与金本位制条件下有所不同。

截至 1879 年，硬币储备比例差不多达到了 20 世纪头十年早期同样的水平，而 20 世纪头十年的水平是在 19 世纪 80 年代与 90 年代的货币扰动所产生的不确定性时期结束之后才出现的。1879 年之后之所以会出现硬币储备比例的进一步上升，其原因在
90 于人们力图使公众相信，不仅国内而且国外都将继续保持金本位制，因此推动了储备比例的上升。然而，随着对更加扩张的货币政策的鼓动不断高涨，这一努力失败了，尤其是在亲白银运动（pro silver movement）得势之后，对黄金储备的压力持续增大，从而导致储备比例的急剧下降以及真实储备水平的些微下降。1896 年布赖恩被击败之后，储备比例出现了短暂的急剧上升趋势，而真实储备的上涨更为剧烈，因为真实货币供给的急剧增加进一步加剧了储备比例的增长，而真实货币供给增加的原因部分是降低了货币周转率并助长了更高的真实收入，从而恢复了信心的结果。但在这一时期结束之前，一直没有达成合理的稳定局面。

在尝试对硬币储备在毫无异议且获完全认可的银本位制条件下会是什么状况作过各种估算之后，我最终确定用纯经验性的权宜之计来解决这一问题：在 1875 年到 1914 年的头五年和最后五年里，黄金储备的平均价值有一个直线发展的趋势。如图 4－2 所示，这一趋势消除了初期的上涨和稍后时期的下降，在前面的论述

中，我将它归为货币的扰动及其后果。1875—1879 年与 1901—1914 年这两个时期中，这一趋势大致与实际情况相当。

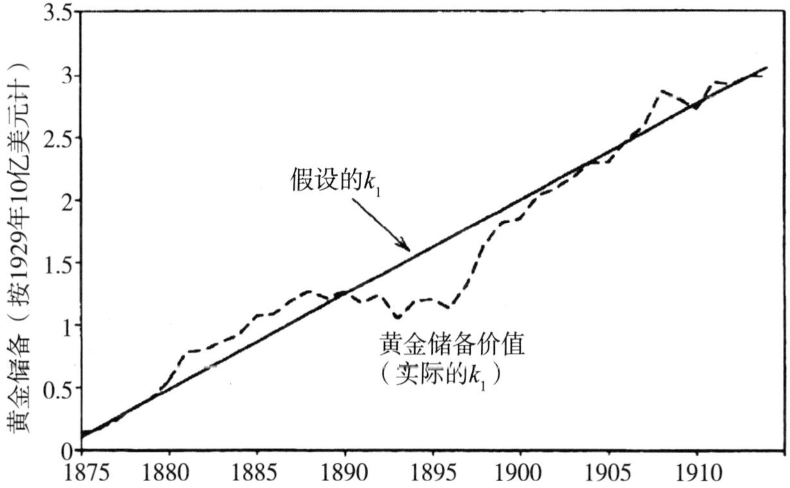

图 4－2　1875—1914 年实际的和假设的黄金储备（k_1）
（按 1929 年 10 亿美元计）

美国假设的对白银的年度货币需求就是美国假设的白银存量的增量：

$$(7)\quad UMDSH(t)=\Delta UMSH=UMSH(t)-UMSH(t-1)$$

这一分析方法会有许多可能的错误。有的只是因为将 k_1 作为趋势使用而影响到逐年变动。任何系统偏差（systematic bias）都主要出自于这一假设，即在这一时期的早年和末年实施银本位制的条件下，人们将维持同样的硬币储备，就像在金本位制条件下要维持硬币储备一样。硬币储备比例和真实货币存量可能存在不同的误差来源。期望的硬币储备率可能也会受到不同的价格模式的影响。金（银）本位制下价格的上升意味着黄金（白银）的真实价 91

值正在下降，反之亦然。下降的真实价值使持有硬币储备更为便宜，反之亦然。但令人置疑的是，任何这类价格效应是否会对货币当局决定持有多少硬币储备产生重大影响，因为任何财政收益或损失都很微妙，而且多数都算在政府头上，并不会具体落到货币当局身上。另一个更重要的因素则是硬币外流的威胁，在稳定的银本位制条件下，这种情况很大程度上不会出现。

92 由于确定了银本位制会使不确定性减少，而不确定性减少会影响到真实货币存量。不确定性的减少也会降低周转速度并增加真实收入，这两者都会使真实货币存量增加——这也是 1896 年之后出现的情况。忽视这些影响将会低估假设的白银存量。这种低估也会在估算白银真实价格的过程中形成一种偏低估算，或者，会在估算 a1 中的(1)时，即估算白银产量的时候，产生一个与可能的偏差反向的偏差。

b. 白银需求。白银非货币使用的需求量主要取决于世界真实收入、白银真实价格以及黄金的真实价格。我用这些变量按两种不同的方法，即线性方法和对数方法，估算了一条需求曲线。一般来说，对数法更可取。但在这里我并不相信这一点。对数法会使白银的非货币需求为正数，这样就很可能使白银货币存量的增加超过世界白银的产量(就像在 20 世纪 30 年代富兰克林・德拉诺・罗斯福的白银购买计划条件下发生的情况一样)。既然是那样，如果我们根据方程式(5)进行估算，可用于非货币用途的白银的量是负数，方程式(5)给定的是当前生产中的白银的非货币供给，而不是白银的非货币用途。

至于世界真实收入的估计，我使用的是沃伦和皮尔逊(War-

ren and Pearson，1933）提供的世界实际生产量指数。① 而白银和黄金的真实价格，我使用的是用美国的价格平减指数除以实际价格。这一做法假定，白银和黄金的真实价格在全世界都是相同的， 93
实际上，对这两种货币金属来说，这种假定并非不合理。②

1880—1914 年的两个方程式如下：

$$(8)\quad \log SNM = -6.96 + \underset{(3.7)}{1.27} \log WI - \underset{(4.0)}{1.28} \log RPS + \underset{(5.6)}{1.87} \log RPG ,$$

（其中 −6.96 下方为 (3.7)，1.27 下方为 (4.0)，1.28 下方为 (4.0)，1.87 下方为 (5.6)）

$$(9)\quad SNM = \underset{(0.8)}{58.28} + \underset{(4.0)}{2.13} WI - \underset{(4.0)}{66.21} RPA + \underset{(1.1)}{0.88} RPG$$

式中，WI 代表世界收入。与通常一样，括号里面的数值是绝对 t 值。在对数方程中，所有的系数都具有高显著性；在线性方程中，只有世界收入和白银真实收入的系数具有意义。但如果用拟合优度一词来取舍，我们几乎无法在两个方程中进行选择，正如我们从图 4－3 的图示中以及调整过的 R^2s 所见的那样，R^2s 在对数方程 94

① 沃伦和皮尔逊的表格有一个脚注，脚注说，1865 年到 1932 年的指数是由纽约联邦储备银行的卡尔·斯奈德编制的。沃伦和皮尔逊记录了相同的美国实际生产指数。美国生产指数的趋势要比美国真实收入的趋势陡峭（弗里德曼和施瓦茨的估算，1982）。另一方面，总的上升与下降的趋势非常近似。据此，我针对沃伦-皮尔逊指数进行了调整实验，具体方法是以美国生产对数趋势与实际收入对数趋势的差值——即年均 0.4 个百分点——作为趋势剥离率进行去趋势化处理。

② 然而，目前尚不清楚使用美国的价格平减指数是否比使用英国的价格平减指数更可取。我用两国的指数都做过实验，结果的差异非常小，而且稍稍支持美国的价格平减指数。不过，我还有一个更重要的考虑，我想用方程来估算假设的美国价格水平，令人鼓舞的是，用美国的价格平减指数来替代英国的价格平减指数不会有统计上的改进。

中为0.949,在线性方程中为0.950。对数方程的估算标准差是0.180,这一标准差与线性方程的变差系数的估算值相当。这就是说,如果变差系数的分母是因变量的算术平均值,那就是0.138,如果是几何平均值,则是0.177。在这两种估算中,线性方程的两个估算值都要低于对数方程的估算值。

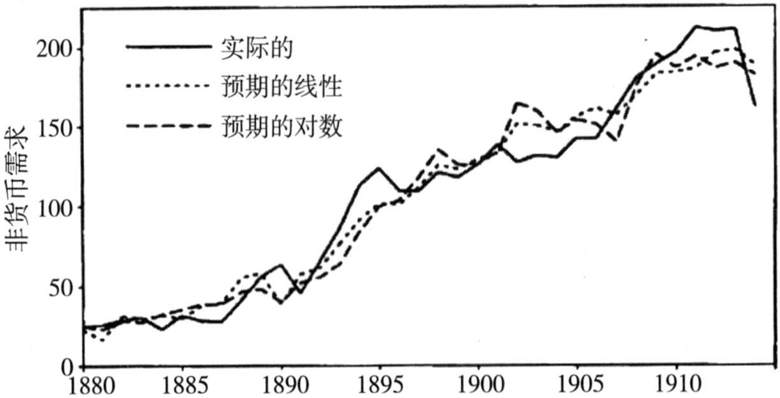

图 4-3　白银的非货币需求:1880—1914 年实际的和预期的,线性的和对数回归

用线性方程来估算假设的价格水平,从数学上说,比用对数方程更容易处理一些,这就从理论上增强了我们偏向于线性方程的考虑(这就是说,源自于当前生产的非货币用途的白银会是负数)。因此,从这里开始,我只使用线性方程。

95 c. 用方程式表示的供需关系。将方程式(5)和(9)重新整理,得:

$$(10)\quad UMDSH = SPROD - EWMDS - 58.28 - 2.13WI - 0.88RPGH + 66.21RPSH$$

为简单起见,我们用 k_2 代表方程式(10)右边的所有各项,但最后一项除外,用 x 等同于作为我们分析目标的假设白银真实价格。

所有各项也是时间的函数。但是，如果我们在假设中对这一点做出规定，我们就能得出从 1874 年到 1914 年各年的 k_1 和 k_2 估算值。

我们可以按照所有这些数项，用方程式(6)重新表述方程式(7)，如下：

$$(11)\quad UMDSH(t)=\frac{k_1(t)}{x(t)}-\frac{k_1(t-1)}{x(t-1)}$$

方程式(10)和方程式(11)的关系可简化为：

$$(12)\quad 66.21x^2(t)+\left[k_2(t)+\frac{k_1(\mathrm{t}-1)}{x(t-1)}\right]x(t)-k_1(t)=0$$

方程式(12)中，除了在分母中包括 $x(t-1)$ 在内的数项有些麻烦外，基本上就是一个简单的二次方程。这个 $x(t-1)$ 就是我们试图确定的未知数之一。如果进行第一近似值计算(first approximations)，我们可以假设白银的真实价格并没有逐年发生变化，换句话说，$x(t)$ 等于 $x(t-1)$。这一假设就把方程式(12)转变成了已简化的方程式(13)，方程式(13)只与未知数 x 的当年价值相关，尽管方程式(13)并没有涉及前一年的 k_1 值，用 Δk_1 替代 $k_1(\mathrm{t})-k_1(t-1)$：

$$(13)\quad 66.21x^2+k_2x-\Delta k_1=0$$

这一方程式的解就是 x 的第一近似值。 96

进行第二、第三以及接续的近似值计算，我们可以回到方程式(12)，用前一个估算近似值替换 $x(t-1)$。依次算出的近似值会向一点收敛，尽管相当缓慢。主要的变化不是出现在水平上或总体模式中，而是出现在逐年变动中。但是，每一个近似值都会在序列计算的开端失去一个值。我计算到第 11 个近似值的时候停止了计算，停止的点是 1884 年，1884 年是进行估算的第一年。对较早些的年份，我使用的是较早计算的近似值，并以第三个近似值为起点计算1876年的数据，而1876年正是要实施银本位制的那一年。① 已知这一真实白银价格的估算值，我们现在只需用真实价格除以法定价格，以估算银本位制条件下的假设价格水平。对美国假设价格水平的估算结果已经绘制在第三章的图3-3中了。

d. 金银比价。因为我们已经估算出了假设黄金价格，所以获取假设的金银比价并不重要。其结果已经与实际的金银比价和法定金银比价一起绘制在第三章的图3-2中。考虑到影响我们估算的任意假设和无法避免的量度误差，以及它们受到该时期货币不确定性影响的程度，在美国实施银本位制条件下，真实金银比价会比我们估算的假设金银比价的波动要小得多。

这些估算表明，如果美国在1879年回到复本位制，并一直坚
97 持复本位制，黄金—白银市场比价将会大致等于或略微高于美国金银法定比价——就好像法国一样，将近一个世纪市场比价都大致等同于法定比价（表4-1给出的是第三章在图3-2、图3-3和图3-4中用曲线描绘的数值）。

5. **一种更复杂的估算**。原则上，如果我们按照估算黄金和白银价格的相同的程序，即估算(a)黄金非货币用途的需求方程，(b)如果美国坚持银本位制则会产生的对黄金的假设需求量，我们就完全有可能获得白银真实价格与黄金真实价格的联立解(simultaneous solution)。然而，按此思路进行的研究却非常让人失望。首先，估算黄金的假设非货币需求比估算白银的假设非货

① 1874年是我用以估算*EWMDS*的第一个年份，这样说明了为什么我估算第一近似值所使用的年份也是1874年的原因。

币需求更困难。① 其次,估算的黄金需求方程得出的是负数,尽管从统计上并不显著,但可以用白银真实价格的系数而不是我们期望的正系数去替代黄金真实价格的系数。② 这一结果与白银需求方程中黄金真实价格的正系数不一致,即违反了斯卢茨基交叉方程 98
条件(Slutsky cross-equation condition)。消除这一矛盾需要同时

① 主要的症结是准确说明美国的黄金存量是如何处置的。我在稍早的近似值分析中规避了这一问题。但要获得一个完整的解,我们就不能规避这一问题。黄金与白银的需求函数与年需求量相关,我们必须让需求函数与年供给均衡,这就意味着,我们必须在黄金总产量中增加一个美国每年会从其黄金存量中释放到世界其他地方的量。我认为,除非纯属任意假设,否则无法估算每年释放的量。

② 用拟合优度一词而不是用经济学逻辑来说的话,对黄金非货币用途需求函数的计算与对白银非货币用途需求函数的计算同样让人满意,对数需求函数和线性需求函数如下:

$$(14)\log WNMG = 4.34 + 0.555\log WI - 0.077\log RPS - 0.259\log RPG,$$
$$(13.2)\quad(10.0)\qquad(1.4)\qquad(4.5)$$

$$(15)WNMG = 169.862 + 3.08\log WI - 8.721RPS - 1.482RPG,$$
$$(4.2)\quad(9.0)\qquad(0.8)\qquad(2.8)$$

式中,$WNMG$ 是黄金的世界非货币需求,与白银的世界非货币需求一样,两个方程都显示出高度的复相关性(对于对数方程,调整过的 R^2s 是 0.98,而对于线性方程,该系数为 0.97),以及相对较小的标准差。无论分母是算术平均值还是几何平均值,对数相关性的标准差是 0.031。对变差系数线性方程的相应估算是 0.037。

美国黄金委员会报告第四章有一个附录,附录中说,对 1950—1980 年以及 1969—1980 年的黄金工业需求的需求函数的估算,是变量对数的线性方程(1982,第 176—177 页)。从概念上讲,自变量与我们使用的自变量相同:黄金的真实价格、白银的真实价格以及真实收入。两组方程用了两个替代平减指数来估算真实价格,即美国批发价格指数和世界消费者价格指数。两组方程的差别是,在较长时期内只使用美国的收入变量,而在较短时期内,则使用三个可选择的真实收入变量:七个主要工业国家、美国以及世界。

使用美国收入的四个方程都在白银真实价格上得出了负的系数,但四个中只有一个具有统计意义。另一方面,(对短期内)四个方程都得出了正的系数,尽管四个都不具有统计意义,但符合理论预期。

这一证据显然对解决难题并无帮助。

估算白银与黄金需求方程，并硬性增加适当的交叉方程限制因素。考虑到两个独立方程的差别极大，因此我怀疑这一结果是否可信。最后，要解决这些问题，美国价格水平的联立解还需解一个四次方程。

我因此而处于一种困境之中。我对我所做的事情很不满意，
99 但我更不满意于作出最明显的选择，即选择简化的一般均衡分析。一个综合的一般均衡分析不仅要包括黄金生产和白银生产的决定因素，这是我完全忽视的一个问题，而且还要包括黄金生产和白银生产中被用于货币和非货币用途的这部分黄金和白银的决定因素。要构建这样一个庞大的一般均衡模型将极其吃力，而且也不见得有把握。在这种情况下，我趋向于不理会它，与此同时，承认我的估算会有较大的误差幅度——尤其在逐年变动上更是如此。

资料来源说明

（按变量出现的顺序排列）

P　　1869—1914 年：弗里德曼与施瓦茨（Friedman and Schwartz，1982，表 4.8）；1865—1868 年，根据胡佛（Hoover）的文章反推（1960，第 142 页）。

PS　　美国人口普查局（1975，第 606 页，第 270 辑）。1865—1878 年的原始资料给出了金元的价格；根据沃伦和皮尔逊数据（Warren and Pearson，1933，表 69，第 351 页），用现钞金价的倒数乘以绿背纸币价格加以调整。

WMG，*WNMG*　美国黄金委员会(1982，表 SC－7，第 198 页)。

UMG　美国黄金委员会(1982，表 SC－9，第 203 页)；1865—1877 年从 6 月 30 日到 12 月 31 日数据的移动，是用 1865—1878 年按每两年 6 月 30 日的平均数据形成的。

EWMG＝　*WMG*－*UMG*。

RPG　1865—1878 年：*P* 除以现钞金价的倒数(据 Warren and 100
Pearson，1933，表 69，第 351 页)乘以黄金的法定价格(20.67183 元)；1879—1914 年：*P* 除以法定价格。

UKP　1868—1914 年，弗里德曼与施瓦茨(Friedman and Schwartz，1982，表 4.9)；1865—1867 年：根据迪恩书(Deane，1968)中 1868 年的价格指数倒推。

SPROD　沃伦和皮尔逊(Warren and Pearson，1933，表 24，第 139 页)。1865—1875 年：表中同轴五年均线间的线性插值。

EWMDS　德雷克(Drake，1985，表 A，第 208—209 页)根据美国铸币厂厂长的年度报告，对连续五年的数据进行了估算，我只是假设，在连续五年的时期中，每一年所累积的量都是相同的。从一个时期到另一个时期的数据变化非常小，因此这一假设不会有太大误差。但我猜测最初的估算会有较大的误差幅度。

UMDS　根据 1873 年 2 月 12 日，1875 年 1 月 14 日，1878 年 2 月 28 日及 1890 年 7 月 14 日的白银购买法所购买的白银数量，已由美国财政部给出(1899，第 207 页)。就头

两个购买法来说,只给出了购买的总量;我假定这一时期每个月所购买的量与每部法案生效时所购买的量相同。就后两部法案来说,财政部给出的数据是 1878 年到 1894 年财政年度的数据。最后几年的数据我是根据美国财政部的报告,用法定价格除以银元和银辅币
101 的美元存量,得出白银的实物存量(1928,第 552—553 页),我也大致考虑了银辅币中使用的白银成分较少的事实,并区别了每套硬币的差异的获取年购买量。财政部是按市场价格购买白银,但它是按法定价格为货币用途的白银定值,这就是为什么我们能用白银的法定价格除以货币存量,从而估算出实物存量的原因。对辅币所含成分不同的容差比较粗略,但因为这部分的量较小,所以不会产生多大的误差。最后是对结束于 6 月 30 日的财政年度的估算,因为 *SPROD* 和 *EWMDS* 是按公历年份估算的,所以我通过两年的平均移动,将财政年度的数据转换成了公历年份的数据。

UMG$　1879—1914 年:弗里德曼与施瓦茨(Friedman and Schwartz,1963,表 5,第 130—131 页);1866—1878 年:由安娜·施瓦茨根据相同来源估算。

UM　弗里德曼与施瓦茨(Friedman and Schwartz,1982,表 4.8)。

y　弗里德曼与施瓦茨(Friedman and Schwartz,1982,表 4.8)。

V=　用 *UM* 除以弗里德曼和施瓦茨的名义收入(Friedman

and Schwartz，1982，表 4.8）。

WI＝　沃伦和皮尔逊（Warren and Pearson，1933，表 12，第 85—86 页）世界实物生产量指数，1880—1914＝100，用 2 除。

符号说明 102

EWMDS　世界其他地方的白银真实货币需求（外部的）。

EWMG　世界其他地方的真实货币黄金存量。

$k_1 - SPR \cdot y/V$

$k_2 = SPROD - EWMDS - 58.28 - 2.13WI - 0.88RPGH$

LP　白银法定价格

P　美国价格水平

PHN　未经检验的价格水平估算

*PH*16　依据假设金银比价为 16∶1 所作的价格水平估算。

PS　白银名义价格

RPG　1929 年美元的真实黄金价格

RPGH　假设的 1929 年美元的真实黄金价格

RPS　1929 年美元的真实白银价格

RPSH　假设的 1929 年美元的真实白银价格

*RPSH*16　依据假设的 16∶1 比价而假设的真实白银价格

SNM　用于非货币用途的白银

SPR　硬币储备比率

SPROD　白银生产总量

UKP	英国价格水平
UKPH	假设的英国价格水平
UM	美国实际货币存量
UMDS	美国对白银的实际年度货币需求
UMDSH	假设的美国对白银的年度货币需求
UMG	按盎司计算的美国货币黄金存量
UMG\$	按美元计算的美国货币黄金存量
103 *UMGR\$*	1929 年美元的美国货币黄金存量
UMS	美国真实白银货币存量
UMSH	假设的美国白银货币存量
V	美国周转率
WI	真实世界收入(包括美国在内)
WMG	世界货币黄金
WNMG	世界黄金货币需求(包括美国在内)
x	*RPSH*
y	美国真实收入

第五章 威廉·詹宁斯·布赖恩以及氰化法 104

1896 年，威廉·詹宁斯·布赖恩被民主党以及国家白银党人(National Silver parties)提名为总统候选人。他竞选的政纲是承诺按“16 : 1”的比价实施“银币自由铸造”(free silver)，这就是说，按 16 盎司白银等于 1 盎司黄金的铸造价格(mint price)实行复本位制。他的那位共和党对手，威廉·麦金利(William Mckinley)的参选政纲则是承诺保持单一的金本位制。在全民选举中，麦金利以不足 10% 的优势胜出。这是银币自由铸造运动的高潮。尽管民主党再次提名布赖恩为总统候选人，但都因不断扩大的劣势而败北。

1887 年，三位苏格兰化学家——约翰·S. 麦克阿瑟(John S. MacArthur)、罗伯特·W. 福雷斯特和威廉·福雷斯特(Robert W. and William Forrest)——发明了一种切实可行的化学氰化法，该方法可以从低品位矿石中提炼出黄金。而且，这一方法尤其适用于当时在南非发现的庞大的金矿。因此方法，非洲的黄金产量从 1886 年的零一下子上升到 1896 年占世界总产量的 23%，在 20 世纪的第一个二 105
十五年中，非洲的黄金产量已经占到世界总产量的 40%以上。①

---

① 1896 年的数据取自《大英百科全书》第 11 版(1910)“黄金”条，20 世纪头二十五年的数据源自沃伦和皮尔逊(Warren and Pearson，1935，第 122 页)。

在地球的两端出现的这两件事情具有非常紧密的联系，尽管看起来让人非常奇怪。南北战争爆发后不久，美国即用绿背纸币本位取代了复本位制，在复本位制条件下，作为货币使用的金币、银币以及银行券，可以兑换成黄金和白银，但在绿背纸币本位制条件下，被指定为法定货币的纸币却不能与任何东西兑换。其结果是战时的通货膨胀使价格水平达到了之前的两倍还多。战争结束之后，朝野上下都出现了恢复到商品本位制的要求。但要做到这一点，就要恢复贵金属在战前的法定价格，这也就意味着，要恢复美元与英镑的战前汇率，恢复战前的汇率则需要将价格水平降下一半多。这一过程持续了十四年之久，正如第三章所解释的，1873 年通过的铸币法案，就是准备恢复硬币支付，尽管其真正的职能是用单一金本位制替代南北战争前的复本位制。《1875 年恢复硬币支付法案》是接下来的重要步骤。法案明确指出，硬币支付的恢复——即纸币与黄金的完全兑换——将于 1879 年 1 月 1 日实施。

恢复以黄金为基础的硬币支付确实在 1879 年按预定时间表进行。再加上多数欧洲国家同时采用了金本位制，导致了 19 世纪 80 年代和 90 年代世界范围的通货紧缩。而且通货紧缩在美国尤
106 为严重，世界范围的通货紧缩激发了银币自由铸造运动，这一运动在白银非货币化之后达到高潮，并导致布赖恩 1896 年基于银币自由铸造政纲获得提名。

金本位使黄金比其他商品的价值更高，再加上通货紧缩，在在都鼓励了氰化法的发明。氰化法在南非的成功应用使黄金大量涌现，黄金的大量涌现实现了银币自由铸造运动的初衷——通货膨

胀，这一切又转过来断送了布赖恩的政治生涯，并使银币自由铸造运动最终失败。

布赖恩的提名以及随后的政治生涯

1896 年，民主党全国代表大会在芝加哥六十三街和科峪郡路(Cottage Grove)空地上搭起的帐篷里举行。这一地点靠近新近建成的高架铁路的终点站，这使得代表们从下榻的大环宾馆(Loop Hotels)很快就能到达帐篷区。[这个地方后来发展极快，并获得了一个令人憎恶的名声。20 世纪 30 年代，我在毗邻的芝加哥大学求学时，六十三街和科峪郡路就以“犯罪角”(Sin Corner)而闻名。]

就是在这次大会上，作为大会代表和出色演说家的威廉·詹宁斯·布赖恩，用包括下面这段话的著名演讲激发了听众：“你不能把荆棘之冠扣在人们的头上，你不能把人类钉在黄金十字架上。”

之前，布赖恩代表银币自由铸造运动(16 盎司白银兑 1 盎司
黄金)所进行的活动，已经使他成为了民主党总统候选人名单上领 107
先的竞争者。在这次大会之前，西部与南方支持白银的民主党人千方百计从长期控制着党内机构的东部支持黄金的民主党人手中夺得了党内机构的控制权。但是，布赖恩仅是支持白银的民主党人之一，只是一位合适的候选人。他这番蛊惑人心的演讲——历史学家理查德·霍夫施塔特(Hofstadter，1966，2:573)描述为“美国政党政治史上可能给人印象最深的演讲”——解决了这一问题，使他在 36 岁之年便获得了民主党总统候选人提名。后来他还获得了平民党和国家白银党人的提名。

经过一番激烈而艰苦的竞选过程，布赖恩被其竞争对手，共和党的威廉·麦金利击败，当时，麦金利获得了 271 张选举人票，布赖恩获得了 176 张。尽管夸大了胜利，但麦金利的胜利确是决定性的。他以普选过半数票近 10% 的选票获胜，在当时的情况下，这是一个了不起的成绩。1896 年本身就是一个极度萧条之年，后面接踵而来的几年都是艰难时光。失业率不仅高企而且还在攀升，工业产出不仅低下而且还在下降，农产品价格也在走低并且不断下降。一点也不夸张地说，当时的经济状况与 1932 年的经济状况大致相同。

然而，当时的政治情形却大为不同。在任的美国总统是格罗弗·克利夫兰，一名支持黄金的民主党人，是他操纵策划撤销了《谢尔曼白银购买法案》(Timberlake，1978)。民主党因白银问题出现了分裂。支持黄金的民主党人组织了一个全国民主党(National Democratic Party)，并选出了自己的候选人，但这个分裂党并没有获得多少选票。相反，正如詹姆斯·巴恩斯在对布赖
108 恩竞选活动的权威性讨论中所说："布赖恩是被我们所不知道的某种恐惧击败的，因为在黄金支持者的嘴里，银币自由铸造这把出鞘之剑，用魔法召来的妖魔，甚至比那些已有的妖魔更让人恐惧……布赖恩……之所以失败，一半是因为他自己任由黄金党们将他拖到了他们的战场上，并任由他们只用一把剑就宰杀了他。7 月份，一场以'我们挑战他们'的呐喊开始的更聪明的攻势在更广阔的战场上展开，11 月份，这场攻势又变成了狭义货币阵线上的防守战。马克·汉纳(Mark Hanna)评论了这其中的道理(马克·汉纳是麦金利竞选活动的经理人)，'他'一直在谈论白银，这就是我们拿住

他的地方，因为这一组织自己在仲夏时节还没有做好准备，还没能在价值本位这一单一问题上团结起来”（Barnes，1947，第 399 页，第 402 页）。巴恩斯在脚注中又说：“一开始，他们满怀信心地攻击特权、垄断、高价格、货币贷款人的强制高利、政府中的腐败以及漠视广大民众的社会经济秩序。到 11 月的时候，他们就只争论银元与金元这一问题了，许多人既害怕又不知所措”（第 399—400 页）。①

1900 年和 1908 年布赖恩再次被提名为总统候选人。但这两次都失败了，而且是被对手以超过 1896 年的普选票和选举人票多数票击败。但布赖恩在民主党内仍然很有影响力，并于 1913 年到 1915 年出任伍德罗·威尔逊（Woodrow Wilson）政府的国务卿一职，他在 1915 年辞职。作为一名公开宣布的和平主义者，他反对威尔逊政府偏离绝对中立主义——他是非常罕见的以原则为理由，从内阁辞职的人士之一。不过，1896 年明显是他政治生涯的 109
高峰，从那之后他就开始走下坡路了。

布赖恩于 1925 年辞世，这是在他最后一次重大战斗——即著名的斯科普斯审判*（Scopes trial）——之后几天的事情，在这场审判中，布赖恩对阵达罗，作为一名基要主义者（fundamentalist），为田纳西州控告教授进化论违法一事进行辩护，抗辩方为克拉伦斯·达罗（Clarence Darrow），达罗作为现代主义者，控告田纳西

① 正如第三章第 64—65 页[指本书边码]的脚注所记，休·罗克夫（1990）指出：《盎司国的巫师》是对这场白银鼓动和竞选运动的虚构性重述。

* 斯科普斯（Scopes，1901—1970），美国田纳西州中学教师，因讲授达尔文进化论而被指控违反当时的州法律，犯渎神罪，构成轰动一时的斯科普斯案（1925）。——译注

州违反了言论自由。布赖恩赢得了这场战斗(斯科普斯作为被告,因违反了法律被判有罪,并被罚款),但他却输掉了这场战争(这一判决后来被宣布无效)。如果将法律裁定放在一边,毫无疑问,是达罗,而不是布赖恩,才是公众舆论法庭上的英雄。

虽然传统观点认为布赖恩和1896年的竞选活动基本上都与白银运动有关,但正如巴恩斯(Barnes,1947)所说,银币自由铸造并不是民主党竞选纲领中的唯一条款,其他许多施政条款最终表现要好得多。亨利·康马杰(Henry Commager)在1942年写道:“很少有政治家会被历史证明是完全正确的。从19世纪90年代初到新世纪,由布赖恩提出的方案都一条一条记在法规汇编上——是被那些指责和嘲笑它的人写入法律的。我们可以开列出这一改革的清单:政府对货币和金融的管制、政府对铁路、电报和电话的规制、信托规制、八小时工作制、劳动改革、对劳动争议禁制令的禁止,所得税、关税改革、反帝国主义、公民立法提案权、公民复决制度、妇女投票权、禁酒令,以及国际仲裁等等”(第99页)。我个人在很大程度上比传统观点更赞同布赖恩对复本位制的支持,而不太赞同他发起的其他许多改革。

110 麦金利的一生截然不同:他在政治上春风得意,但个人生活却是一场悲剧。他于1901年遭一名无政府主义者暗杀身亡,但他也领导过美西战争(Spanish-American War),1900年又以高于1896年的票数再度当选,并亲眼见证了美国经济的复苏——实际上已接近于繁荣。

金本位制的胜利

银币自由铸造运动以及刺激提炼黄金的氰化法的开发和使用的动机，都起因于19世纪70年代的货币发展，如果更往上追根溯源，可以追溯到拿破仑战争之后，1816年英国采用金本位制以及1821年以黄金为基础恢复硬币支付。英国随后崛起为世界经济的主宰，在赋予金本位制的支配地位并引发其他国家追随英国之成例的过程中，无疑起到了非常重要的作用。

从1803年开始，法国成功地按15.5：1的比价维持住了复本位制。然而，由于在普法战争(Franco-Prussian War)中战败，法国被迫于1873年脱离了金本位。德国则索取了一大笔可用于为实施金本位制提供资金的战争赔款。在这一过程中，德国卖掉了大量的白银，并同时造成了黄金价格上涨和白银价格下降的压力。这几件事情合到一起，就使法国无法再继续维持15.5：1的比价了。随后，法国与欧洲其他国家一起，用金本位制替代了复本位制或银本位制。

这时候，美国仍然实行的是纸币本位——或称绿背纸币本 111
位——这是在南北战争爆发后采用的，实行的时间并不长。本书第三章详细叙述了导致美国于1879年恢复以黄金为基础的硬币支付的发展过程。在西方世界向金本位制转换的过程中，美国的行动是最终的一步，也是最主要的一步。

这一结果大大增加了黄金货币用途的需求，而随着始于19世纪40年代及50年代加利福尼亚州和澳大利亚黄金大潮的退潮，黄金供给增加非常缓慢。这使得世界范围的通货紧缩无法避免112（图5－1是1865年到1914年美国和英国的价格水平曲线图）。

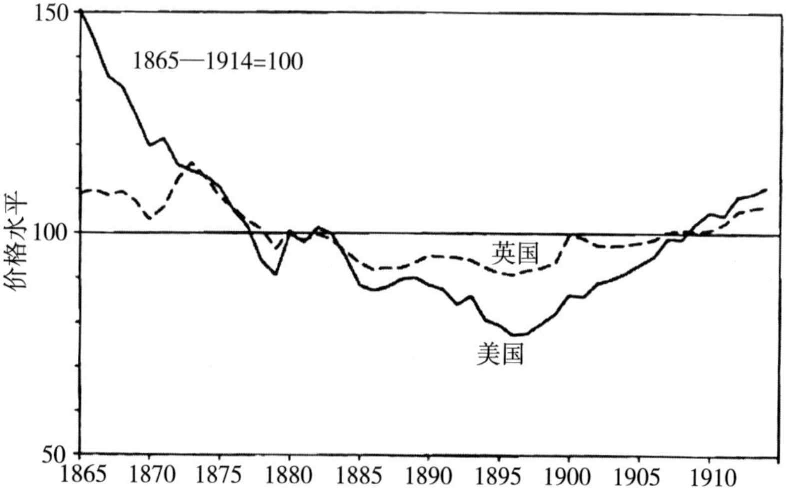

图5－1　1865—1914年美国与英国的年度价格水平

资料来源：从1869年开始的美国的数据和从1868年开始的英国的数据，均出自弗里德曼和施瓦茨（Friedman and Schwartz，1982，表4.8和4.9）。更早的数据则是根据稍后的数据并运用适当的指数推算出的。

由于南北战争时期绿背纸币膨胀的后遗症，美国的价格下跌尤为严重。到1879年美国恢复硬币支付之时，美国的价格已经下跌到不足南北战争结束时价格水平的一半。这样剧烈的价格下跌使得人们按照南北战争之前美元与英镑的汇率恢复硬币支付成为可能。接下来，恢复硬币支付也使价格下跌趋势暂时趋缓。但是，几年之内，通货紧缩态势重又开始，由于怀疑美国继续保持金本位的可能性，银币自由铸造的政治鼓动也日渐增长，1889年之后，通货紧缩局面更为严峻。

通货紧缩与氰化法

通货紧缩意味着以黄金表示的价格下降。以黄金表示的价格的下降等同于黄金真实价格的上升，这也就是说一盎司黄金在市场上所购买的商品数量的增加。换一种说法，正在下降的价格包括计入黄金生产成本的价格，因此，黄金开采更有利可图。按英国价格指数计量的以黄金表示的世界价格，从 1873 年到 1896 年下跌了 20%以上，这就意味着，开采黄金的成本也有同样的减少。成本的减少一定会使利润的增长先于生产水平的增长。换句话说，它证明多花 20%以上的成本提炼更多的黄金是合理的。南非的黄金发现和氰化法的开发以及商业应用，在任何情况下都有可能发生，但通货紧缩增大了开发和应用的动机，因此加快了开发和 113
应用的速度。

通货紧缩与银币自由铸造运动

通货紧缩并没有阻止美国经济的急剧增长。相反，美国经济的急剧增长却是南北战争之后产生通货紧缩的积极力量。恢复硬币本位的要求鼓励了对货币增长的约束，但这一约束却没有足够的力量阻止货币数量在 1879 年高于 1867 年(这就是我们具有满意数据的第一年)的水平。价格如此迅速的下降只是因为产出上升速度太快，快到超过了货币数量增长的水平。同样，有证据“表明，整个这一时期[从 1879 年到 1914 年]的增长率没有什么太大的变化，但1892年到1896年的变动非常迟缓，而1896年到1901年又急剧加速，这刚好可以弥补损失的时间。如果这种说法正确，价格普遍下跌或上涨对增长率几乎不会产生影响，但19世纪90年代早期货币不确定性增大，偏离了长期趋势”(Friedman and Schwartz，1963年，第93页)。

不过，价格下降在美国(如我们在第三章中所讨论的那样)和世界其他金本位国家引起了极大的不满。这里的原因部分出自于经济学家所称的“货币幻觉”，即个人主要注意的是名义价格，不太注意真实价格或与他们收入相关的价格水平。大多数人都从相对较少的商品或服务的出售中获得了他们的收入。他
114 们非常清楚地了解这些商品的价格，他们认为，商品价格的上升是对自己经营的奖励，价格下降则是他们无法控制的力量引发的不幸。他们对自己作为消费者所购买的众多商品和服务的价格不甚了解，对这些商品和服务的价格行为也不太敏感。因此，人们广泛倾向于通货膨胀，这使他们有一种过好日子的感觉。至于通货紧缩，就算是比较温和的通货紧缩，也会给人以过坏日子的感觉。

还有一个让人感到不满的原因也很重要，这就是，通货紧缩与通货膨胀一样，也从不同的方面对不同的人产生影响。对美国的绿背党、平民党以及银币自由铸造鼓动尤为重要的是这样一个事实，通货紧缩从不同的方面影响到了借款人和贷款人。当时大多数的农民都是借款人，多数小企业主也是借款人，他们的债务多数是按公开标明的名义利率表示的固定美元价格。价格下降使相同数量的美元对应于更大数量的商品，因此，借款人往往会因通货紧

缩受到损失，贷款人则获利。①

巴恩斯(Barnes，1947，第 371 页)写道："白银运动之所以在1896 年布赖恩竞选活动中达到了高潮，主要是基于《1875 年恢复硬币支付法案》。人们的根本要求就是要更多的钱，而这项剥夺了他们纸币的法律，让他们转向了白银。"在南北战争之后价格下降的早几年中，压力则是增加更多的绿背纸币而不是让这些纸币退 115
出流通领域——绿背党(Greenback party，1875 年建党，1885 年终结)之名即由此而来。然而，一旦《1875 年恢复硬币支付法案》用文件证明了人们普遍反对纸币，人们便普遍开始相信硬币本位制是一种自然秩序，平民党人如巴恩斯所说，也开始转向银本位制，并将银本位制作为实现货币扩张的工具。在这一过程中，他们又得到一个强大的同盟军——西部诸州的银矿矿主，这帮人所操纵的政治能量与他们的人数绝不成比例——另一个则是就近的恶魔，即公开指责"1873 年之罪行"的华尔街和东部银行家。他们要求恢复他们所称的"大陆币的法定货币"地位，以及按南北战争前的 16∶1 定价的金银比价。

图 5-1 中所记录的 19 世纪 70 年代价格下降影响了白银和其他商品。到 1876 年，白银的美元价格已经低于官方法定价格。如我们在第三章中所解释的，如果自由铸造银币的条款没有从《1873 年铸币法案》中删掉，美国会在 1876 年以白银为基础恢复

① 严格地说，这段话相对于没有预期到的通货紧缩才是正确的。如果通货紧缩已被预期到了，利率将被调整到相当于所预期的通货紧缩的水平。然而，也有大量的证据表明，在 19 世纪，通货紧缩与通货膨胀都只有不完全预期，而且只是在一个相当长的时滞之后才被预期到(参见第二章以及 Fisher，1896)。

硬币支付而不是以黄金为基础恢复硬币支付。这种情况下，美元价格将会停止下跌，或者会以一种较慢的速度下跌，而随后几十年中大多数的货币鼓动也都不会发生。[①] 正如实际情况所表现的那样，价格水平持续下降，鼓动不断增加。其结果就是19世纪70年代后期一系列的法案，高潮则是《1878年布兰德—艾利森法案》，该法案让政府每月购买有限的白银以安抚白银利益集团。在恢复
116 硬币支付条款平息了白银鼓动一段时间之后，价格又开始短暂上升，但在鼓动再起后，价格又再次回落。价格的这次波动使《谢尔曼白银购买法案》于1890年7月得以通过，“该法案之通过得益于国会的共和党议员，据说是对西部诸州的一种让步，目的是换得对工业发达的东部寻求通过的主张贸易保护主义的《1890年麦金利关税法案》的支持”(Friedman and Schwartz，1963，第106页)。与《1878年布兰德—艾利森法案》相比较，《谢尔曼法案》(Sherman Act)使政府所需购买的白银数量翻了一倍。“在1890年的国家政治纲领中，[还]出现了大量的自由铸造银币条款……1890年之后，白银运动迅速蔓延成了一股洪流”(Barnes，1947，第372页)。激越的风潮解释了美国的价格在1888年之后下降得如此之迅速并超过了英国的下跌水平的原因。“1893年的灾难性恐慌……非常有效地在这个遭受打击的国家里激发了自由铸造银币的需求”(Barnes，1947，第372页)。到1896年，民主党接受自由铸造银币提案已成定局——同时由于东部民主党人已经反水支持黄金，民主党将分裂成两派也已成定局。

---

① 第四章对这一假设条件下的假设价格水平作了估算。

16∶1的比价不切实际吗？

整个19世纪70、80和90年代，白银价格都在下降。金本位制下黄金的价格则固定在20.67美元的水平上。因此，当1873年从铸币法中删掉了关键的段落之后，金银比价从16∶1开始上升，到布赖恩提名为总统候选人之时，金银比价已上升到了30∶1。但是，人们在1873年仍然是把16∶1看成法定比价，至1896年，金融界已经将16∶1看成了引发灾难的诱因。他们相信，继续16∶1比价将产生恶性通货膨胀。布赖恩与其追随者计划将白银的名义价格翻一倍，即从市场通行的68美分一盎司提高到1.29美元一盎司的法定价格。金融界却清醒地认识到，其他商品的价 117
格尤其是黄金的价格，也会按比例上升。这样一来，就会损害美元与金本位制国家货币之间的货币关系，还会使美元与金本位货币的汇率发生贬值，按金融界的看法，甚至还会破坏国际贸易的渠道。这是多么不切实际的想法！

上述结论虽然并不一定准确合理，但已经成为经济史家和其他历史学家的流行看法，正如詹姆斯·劳伦斯·劳格林1886年就《1873年铸币法案》终止了银币自由铸造发表的相关言论中所说，《1873年铸币法案》“带来了好运，它拯救了我们的财政信用体系，维护了国家的荣誉，是我们现在无论怎样心存感激都不为过的立法成就”(Laughlin，1895，第93页)。

我在第三章得出的结论是，劳格林的说法不对，这项法案远不能说是“带来好运”，对美国和这个世界来说，“正好相反——是一桩具有极为不利后果的错误”。我的结论是，按 16∶1 比价保留复本位制法定货币本位的地位，将会极大地减轻后来美国的通货紧缩，也会避免由此产生的货币和政治躁动及由通货紧缩带来的不确定性。至少，它可以减轻世界其他地方的通货紧缩。在这种情况下，布赖恩作为演说家和政治家的天赋，肯定能使他一举成名，尽管会是在一个完全不同的奋斗目标下成名。

但是，这是对铸币法通过之后的 1873 年的评价，或是对以黄
118 金为基础的恢复硬币支付发生之后的 1879 年的评价。到了 1896 年，消除这一危言是不是已经太迟了？布赖恩就不该做这种亡羊补牢之事吗？尽管我对此所作的推论没有经过检验，但我相信基本的结论是对的。一项在 1873 年会给美国和世界其他国家带来极大益处的法案，在 1896 年之后却会给美国和世界其他国家造成极大的危害，部分原因就是没有在 1873 年采用该项法案。根据我在第六章比较详细地展开分析的原因，我相信，复本位制是一种优于单一金本位制的货币本位。这一点在 1896 年和 1879 年都一样。然而，环境会改变现实。在 1896 年已经变化了的环境条件下，要想使复本位制所依恃的金银比价成为裨益而不是祸患，这一比价就应该等于或者高于当时通行的市场价格，而不是低于市场价格。

16∶1 的复本位制之所以在 1879 年会是一桩有益之事，是因为这种复本位制可以防止或缓解因为大规模的黄金转移而引发的通货紧缩威胁。而且，无需采用间歇式的转换就能做到这一点。1873 年的市场金银比价只是稍低于 16∶1，1875 年或 1876 年则达到 16∶1 的水平，至 1879 年也只是稍稍超过这一水平，所以，这种转换会很平稳且迅捷。

1896年的威胁是通货膨胀而不是通货紧缩。来自南非的大量黄金增加了金本位制国家的货币存量，这一时期中唯一的抵消力量就是产出的增长。到1914年，英国的价格水平已经高于1896年的17%，美国的价格水平也高于1896年的44%。美国高于英国的价格上涨表明这是对19世纪90年代早期价格大幅下降 119
的反应。

美国如果在1896年按16∶1的比价实施复本位制，会将相对于商品的一般需求而迅速增加对白银的需求，也会导致黄金从美国外流。市场上的金银比价也不可能是30∶1。这一比价或许不可能直线落到16∶1的水平，但即使这样，也不能完全排除其可能性。第四章的计算，即如果美国仍然实施法定复本位制，金银比价在1873年到1914年的整个时期，将趋于围绕16∶1波动。按照这种估算，最高比价将会出现在1896年，大约会是24∶1。但是我相信，在假设的条件下，两个比价似乎是有些高估，也高估了如果布赖恩的货币方案得以通过，比价会下降到什么程度。[①]

这一比价会出现什么情况呢？结果是，美国和世界其他国家
的货币数量的增长率将会提高，美国是因为要累积白银，世界其他 120
国家是因为要接纳从美国流出的黄金。通货膨胀将会比实际发生的更高。美国的转换也绝不可能是渐进式的。金融界的说法也是

---

① 在两种情况下，过高估计的原因不同。我对自由铸造银币持续性的估算必然会使用受到货币干扰影响的数据，如果继续实行自由铸造银币，就不会出现这种干扰。然而，这不能使这些估算具有现实条件下的效果。原因是，我在估算中假定了一个与实际所发生的情况截然不同的黄金与白银累积的先验模式(prior pattern)。比如说，如果16∶1的自由铸造银币法案被通过，白银和黄金的需求与供给会产生的即期变动会大于我所假定的渐变。我据此推测，这会导致市场比价低于我所估计的24∶1。

对的，直接的结果将会是美元与金本位制国家货币汇率的急速贬值，这一贬值确实会对美国的国际贸易和金融活动造成极大的转换难题。

另一方面，假设 1896 年按照 35∶1 的金银比价实施复本位制，其直接的影响或许很不起眼。美国可能依旧维持事实上的金本位制，可能也不会出现对白银直接的额外需求或是黄金的额外供给。唯一会对白银或黄金价格产生的影响就是对可能的未来发展的预期。对美国 19 世纪 90 年代萧条的反应以及对世界其他国家通货膨胀的反应，暂时会像实际发生的那样进行。在黄金—白银的市场比价在一个很短的时期以非常微小的量超过 35∶1 的情况下，假设的 35∶1 的复本位制在 1901 年或 1902 年前后才会产生实际影响。直到 1905 年，这一比价一直保持在 35∶1 之上，然后在几年内降到 35∶1 之下，但到了 1914 年，大部分时期内该比价再次上升到 35∶1 之上。

从 1902 年开始，美国的复本位制无疑会保持 35∶1 的金银比价。但是，从这一比价的实际发展过程来看，美国政府根本无需大量购买白银，或者说，根本不会引致大量的黄金外流，而且，也不会
121 出现美元与金本位制国家货币汇率的变化，与少数几个银本位制国家的货币汇率反而更加稳定，尤其是与主要的银本位国家——中国的汇率，会更加稳定。事后回想起来，有一个优越的货币制度，在美国与其他金本位制国家可能出现轻微的通货膨胀的时候，付出的代价也会小一些。

不幸的是，围绕着白银问题的炽热的政治气氛妨碍了人们对可取代 16∶1 比价的任何方案进行认真的思考。正如西蒙·纽科

姆(Simon Newcomb),一位国际知名的数学家和天文学家,这一时期最有才华的经济学家和货币理论学家,在1893年的一篇文章中所说:"本文作者并不反对复本位制的原则,如果复本位制应用得适当而且正确的话。货币条件的一个不幸是,逻辑严密且前后一致的复本位制理论家似乎从论战中消失了,只留下了单一银本位制理论家和单一金本位制理论家。每一个人一定都明白,在目前情况下的银币自由铸造,一定是指的单一银本位制……按现行16∶1比价的银币自由铸造,在现在这一时刻,完全是一场灾难,20∶1的比价也不见得会运行得更好"(第511页)。

"逻辑严密且前后一致的复本位制理论家"是指弗朗西斯·A.沃克(Francis A. Walker)将军,《新帕尔格雷夫词典》(*New Palgrave*)称其为"国际上最著名,也是他那一代最受人尊重的美国经济学家",后来,他成了耶鲁大学政治经济学及经济史教授,以及麻省理工学院院长。他支持国际复本位制,也就是说,由一系列国家达成一个协议,同意按相同的金银比价实施复本位制,但他反 122
对单独一个国家采用复本位制,因此他不赞成布赖恩自由铸造银币的政纲条款。我不知道在1896年反对布赖恩的竞选运动中他是否积极。但是,在1896年竞选结束几天后,他发表了一个"关于国际复本位制的演讲",在演讲中他把布赖恩的失败说成是"大风暴过去了"(Walker,[1896a]1899,1:251)。就我所知,他从来没有提出过单方面采用除16∶1比价之外的复本位制,事实上,他一直偏向于实施国际复本位制,即使是按照法国一直维持的15.5∶1的比价也行(1896b,第212—213页)。

如果美国在1896年采用复本位制,不论是按16∶1的比价还是按 35∶1 的比价，其他国家都不可能加入复本位制行列，也不会采纳同样的比价。截至 1896 年，相对于其他国家来说，美国已经成了一个比法国在那个世纪头几十年的势力更强的国家。然而，尽管从 1803 年到 1873 年，先是有白银的发现，继之有黄金的发现，法国却能够维持住 15.5∶1 的比价。许多欧洲国家确实有偏好复本位制的实质意向。印度只是最近才终止了银币自由铸造，而中国一直都是银本位制国家，直到富兰克林·D.罗斯福 20 世纪 30 年代的白银购买法案将中国的白银从中国弄走，中国才终结了银本位制（有意思的是，这是对 19 世纪隐藏在美国白银运动背后的某些相同势力的政治抚慰，详见第七章）。我们已经习以为常地将黄金看成了天然的货币金属，我们已经忘记了，数个世纪以来，白银是比黄金更重要的货币金属，它只是在 19 世纪 70 年代之后才失去了首要的地位。

123 如果其他国家也按 16∶1 的比价与美国一起实施复本位制，危害可能会更大一些。另一方面，如果他们按 35∶1 的比价与美国一起实施复本位制，长期的结果可能更有利一些。在市场比价与法定比价统一之后不久，1914 年第一次世界大战爆发，这就意味着，如果它有影响力的话，在战争结束之前也微乎其微。1915 年之后，市场比价急剧下降，至 1920 年已经低于 16∶1，后又急剧上升，截至 1927 年已上升到高于 35∶1 的水平。所以，如果复本位制在包括美国在内的一系列国家成为法定本位制，战后的模式无疑会有不同。第一次世界大战之后采用金汇兑本位制是出于这样一种担心，即黄金会出现短缺，复本位制则可以减轻这种担心。但我们没有历史根据，这样的推断意义不大。

氰化法与布赖恩政治生涯的衰落

我们在本书的最后一章再来考虑氰化法的应用对布赖恩政治生涯的影响。如我们所知，源自南非的黄金流动引发了通货膨胀，这是布赖恩与他的追随者企图用白银来实现的事情，“但是，当其追随者如社会学家 E. A. 罗斯(E. A. Ross)向布赖恩提出，新的黄金供给已经减轻了货币短缺，并损害了使用白银的理由时，这位平民党领袖对此无动于衷”(Hofstadter，1948，第 194 页)。结果则是不言而喻的，布赖恩的政治生涯已经从顶峰滑落。

结论 124

布赖恩将他 1896 年的竞选运动称为第一场战役(The First *Battle*)。从一开始，他就把自己视为一位将军，一位出于神圣的理由而参加战争——或十字军圣战——的军队首领。1896 年他以这样的评论在民主党大会上开始了他的重要演讲，“这不是人与人之间的竞争。全世界最卑微的公民，只要用正义事业的盔甲武装起来，就强于错误的万军(is stronger than all the hosts of error)。我要告诉你们的是，要保卫如自由的事业一样神圣的事业——人类的事业。”接下来的煽动性言辞还有：“激发了紧随隐修士彼得(Peter the Hermit)的十字军战士的热情”、“我们的战争不是征服之战”、“荆棘王冠”、“钉在十字架上”以及“黄金十字架”，等等。

跟随布赖恩的十字军战士，如历次基础广泛的政治运动一样，是一群乌合之众，什么人都有。白银矿主们具有狭隘的局部地方利益，农村改革者的目标仍然是城市与乡村之间古老的争论话题，平民党针对的也同样是大众与上层阶级——即大街与华尔街之争。无疑，布赖恩的追随者中也包括很多被过去几十年美国显著的经济困难搞得心神不安的人，这些人的看法是，货币膨胀是可能的，或唯一的应对之策。不幸的是，他们之中很少有人是“逻辑严密且前后一致的复本位制理论家”，我是说如果有这种人的话。

他的对手方同样也是一群乌合之众：他们之中有黄金开采的既得利益者；有被银币自由铸造集团严厉批评的通货紧缩论者，公正地说，就是指“华尔街”；还有一些是坚定信奉单一金属本位制的人，他们将英国的经济成就说成是金本位制效应的证明，而且因许
125 多欧洲国家在 19 世纪 70 年代都从复本位制转向了金本位制，因此将此作为复本位制的脆弱性的证明，从而提出了单一本位制。还有一些人并没有将白银问题当成主要问题，但他们反对平民党的政纲中的其他条款。无疑，在他的反对者中，也包括许多如他的追随者一样的人，他们经历过这个国家过去几十年的经济困难，但却认为——我相信是正确的——提出 16∶1 比价的应对之策会使这一灾难雪上加霜。

最后，最终的结果并没有取决于这场激烈的政治竞争中双方所提出的议题或论点。最终的结果是由完全不在这一争论考虑之列的遥远的苏格兰和南非所发生的事情决定的。这是一个非常有意思的例证，说明看似不足道的货币事态会有意义深远而且无法预期其影响的后果。

第六章　复本位制再检讨[①] 126

纵观整个有文献记载的历史，货币制度一般都以有形商品为基础。使用最为广泛的一直是金属，尤其是上文所提到的黄金和白银这种贵金属。在这两种金属中，至少是直到19世纪末期，“几乎欧洲所有流通金属货币都是白银”（Martin，1977，第642页），印度和亚洲其他国家也是这样。黄金作为货币使用较少，主要是用于一些价值较高的交易。

黄金与白银的兑换比率，有时候是由政府当局指定的，有时候是由市场决定的。政府如果指明了法定比价，随之而来的将会是复本位制（如第三章所述），在这一制度下，获得授权的铸币厂，随时准备按需求把白银或黄金铸成标有面值或指定分量和纯度的铸币（自由铸币）。一般来说，铸币厂都会收一笔小小的铸币税以弥补铸造的成本，但有时候，比如在英国和美国，并不收这笔费用。127
黄金与白银的比价是通过指派给金币和银币的重量决定的。比如，从1837年到南北战争，规定美国的金元等于23.22格令纯金，银元则等于371.25格令纯银——或者白银是黄金的15.988倍，

---

① 我很感谢安吉拉·雷迪什（Angela Redish）、休·罗克夫（Hugh Rockoff）以及安娜·J.施瓦茨对我的草稿所做的非常有益的评论。另外，我也从《经济展望杂志》（*Journal of Economic Perspectives*）编辑的仔细评论中获益匪浅。

按通常的说法四舍五入，大约为 16∶1。

一种严格的由政府规定复本位制的方式，就是政府承诺，用指定为法定货币的货币按一个固定价格购买黄金或白银。以美国为例，相应的固定价格是，每一盎司纯金价格为 20.67 美元，每一盎司纯银价格为 1.29 美元。[1] 直到 1933 年，这仍然是黄金的法定价格，而富兰克林·D. 罗斯福总统逐步提高了黄金价格，并于 1934 年初，将黄金价格定为每盎司 35 美元。这一价格一直沿用，到 1973 年初又被提高为每盎司 42.22 美元，尽管现在（1991 年）黄金的市场价格已经是官方价格的 9 倍，但在账簿上，美国政府持有的黄金仍然按每盎司 42.22 美元定值。

虽然从法律上说，黄金或白银都能作为货币使用，但在现实中只有一种金属能作为货币使用（已在第三章中作过解释）。黄金和白银除了货币用途之外，还都有重要的非货币用途或市场用途，比如做珠宝或工业上的使用。如果市场比价与法定比价出现了较大的差异，只有在市场价格比法定价格便宜的情况下，人们才会将金
128 属送到铸币厂去铸成硬币。比如说，在法定比价为 16∶1 的条件下，如果市场上出售一盎司黄金的货币购买的是 15.5 盎司白银，那么一位白银的持有者，最好是在市场上按市场价格用自己的白银兑换成黄金，然后再把黄金送到铸币厂，而不是直接把白银送到铸币厂。

从 1837 年到南北战争期间，美国的情况大致如此：法定价

① 这都是大致的价格。因为一纯金盎司为 480 格令，所以黄金的确切法定价格是 480/23.22，或者 20.6711835 美元，……纯银的价格为 480/371.25，或者 1.2929 美元……

格是 16∶1，市场价格是 15.5∶1。结果是美国实际上实施了金本位制。银币只用于少数面值与实值不符的小额硬币（银币所含的白银少于法定比价所规定的应该与铸币面值相等的量），并参与国际货币兑换，但不是按平价进行兑换，而是按溢价进行兑换。

从 19 世纪 70 年代早期开始，多数先进国家，包括美国在内（1879 年），都转向了单一金本位制，这就是说，在这种本位制下，只有黄金的价格是由法律固定的。这使得印度和中国这两个人口众多的国家成为仅有的主要依靠白银交易的国家。白银仍然到处可以使用，但只有较少部分铸成硬币。第一次世界大战之后，由于金汇兑本位——政府承诺可用黄金或用可兑换为黄金的外国货币兑换自己的货币——替代了作为标准的严格的金本位，货币与黄金的联系逐渐松动。第二次世界大战之后，根据布雷顿森林协议而设立的国际货币基金组织赋予黄金更小的职能，规定只有美国以及国际支付方面的用途，才可以用货币兑换黄金。1971 年 8 月 15 日，美国总统理查德·尼克松终止了黄金与货币的最后一丝联系，用金融界的行话来说，他“关闭了黄金窗口”，即拒绝按美国的 129
承诺，以国际货币基金组织一盎司黄金兑 35 美元的官价，向外国中央银行出售黄金。从那时开始，每个主要国家都采用了不兑现纸币或实施不兑现本位制，而且，这并不是临时应急的权宜之计，而是一种永久性的制度。这样一种世界范围内的不兑现货币体系是史无前例的。

从那时直到现在，不兑现货币体系充分展示了其特点，即价格水平、利率与汇率的大幅度波动，主要国家都在尝试了解如何在这一片未知的深水中航行，都力图要为价格水平找到一个锚，而不是转换成商品。不兑现货币是否会有一个可接受的结果——如果有，什么时候会有——仍然是一个悬而未决的问题，也是我们要在第十章加以解决的问题。因此，对或许是最常见的早期世界货币体系——复本位制的讨论，可能已经超出了其历史意义。

1936 年，刘易斯·弗罗曼（Lewis Froman）在“复本位制再思考”（Bimetallism Reconsidered）一文中写道：“一般而言，经济学家们一致同意，复本位制不是一个令人满意的货币体系”（Froman，1936，第 55 页）。不久前，我也还同意这个观点，我相信，这仍然是货币经济学家的常规看法：即，复本位制是一种不稳定且不能让人满意的货币体系，它在两种可供选择的单一金属货币体制之间频繁转换，这就是说，单一货币体系优于复本位制，单一金本位制优于单一银本位制。①

130 在为撰写第三、四及第五章进行 19 世纪美国货币史研究的过

① 我们很难用材料证明这一观点仍然是传统观点，因为当代关于货币或宏观经济学的教科书，很少提及复本位制。所有当代教科书都在某种程度上提到了金本位制，但一般都想当然地认为，金本位制才是唯一需要提及的商品本位制。我已经看过自 1968 年到 1986 年的七本流行的货币学和宏观经济学教材。其中只有两本提到了复本位制，而且只有最早的一本有分析地讨论了复本位制的优点和缺点，但在脚注中却强调，“对复本位制的批评无疑是过分了”（Culbertson，1968，第 133 页注）。我还看了从 1964 年到 1987 年的七本关于美国经济史的教材。所有的教材都讨论了作为货币本位的不同商品的用途，以及复本位制与复本位制向金本位制的转移。然而，一般的方法是严格依据事实进行的，是常规方法，但有一个例外。比如说，最近的一本教材（我理解是使用最广泛的教材）就含含糊糊地说：“复本位制是一种糟糕的金银本位制，因为两种金属的价格不停地相互波动，因而带来了一些奇怪的后果”，以及“19 世纪 40 年代和 50 年代，由于黄金供给的增加，白银被驱逐出了流通领域……因此，1873 年，铸币法案删掉了所有关于恢复银元铸造的条款”（Hughes，1987，第 175—176 页，第 360 页）。

程中，我十分惊讶地发现，在单一金属本位优于复本位以及单一金本位优于单一银本位这两个问题上，传统的观点如果不是完全错了，也是很成问题的。

历史的经验

1791 年，亚历山大·汉密尔顿(Alexander Hamilton)在财政部关于建立铸币厂的报告中，推荐实施复本位制，他写道："据称，从某种意义上说，黄金或许比白银更稳定：由于黄金的价值较高，因而在不同国家的规章制度中不能随便使用黄金。黄金本位也始终保持着一致性，另一方面，黄金也很少产生变化；作为一种不多见的商品，……黄金也很少受到商品需求环境的影响"(Hamilton,[1791]1969,第 167—168 页)。

不过，汉密尔顿是从纯粹的实用主义的立场出发，选择了复本位制，因为白银是一种使用更广泛的金属，原有的十三个州中的多 131
数硬币和外国硬币都是银币，很少使用金币。汉密尔顿选择的比价是 15∶1，这也是当时的市场比价，同时他也认识到，这一比价常常变动，因此他强调，"要考虑两种商品的平均商业价值，所以要注意调节[两种金属的]比例"(Hamilton,[1791]1969,第 168 页)。但不久之后，为与法国的 15.5∶1 的比价一致，市场比价开始上升。国会没有听从汉密尔顿的提议，而是将 15∶1 的法定比价一直保持到 1834 年。结果，1834 年之前，白银成为事实上的本位币，在国会于 1834 年将法定比价修改为 16∶1 之后，黄金又成为事实上的本位币，并从那时起一直持续到南北战争之时。1862

年，政府终止了恢复硬币支付，并发行了一种完全不可兑现货币来资助战争，这就是众所周知的绿背纸币。1873 年铸币法终结了银币的自由铸造，并限制了白银法定货币的地位，因此，1879 年恢复硬币支付时（将法定货币兑换成硬币），硬币只能以黄金为基础。这些事情又转过来激发了 19 世纪 80 年代和 90 年代的自由白银铸币运动，这一运动在 1896 年威廉·詹宁斯·布赖恩的总统竞选宣传中，在 16∶1 的旗帜下达到了顶点。

美国的经验毫无疑问有助于一种成见的形成，我们以路德维希·冯·米塞斯(Ludwig von Mises)的一段话为例(Mises，1953，第 75 页)，复本位制"没有如立法者预想的那样，形成一种双本位制，而是形成了一种可替代的本位制"。

这样一种可替代的本位制是可能的，而且情况也常常就是这样，比如南北战争前的美国，拿破仑战争之前若干世纪的英
132 国，都是这样，这种情况并不是不可避免的。正如欧文·费雪所指出的(Fisher，1911，第 132 页)："从 1785 年，尤其是从 1803 年到 1873 年这段时期中，法国和拉丁同盟的历史极具启发意义。它为理论提供了实际证据，在情况合适时，黄金与白银能通过复本位制在相当长时期内联系在一起。在这一时期内，公众一般都意识不到价值的不等，只能观察到黄金与白银的相对主导地位的变化。"

法国能在如此漫长的一段时期内成功地在流通领域中同时保持面值与实值相符的金币与银币，反映出几个因素。第一个因素是法国经济在世界上的重要性，法国经济当时远远超过了今天的水平。第二个因素是法国人民非常喜欢用硬币作为货币

使用，要么就直接当铸币使用，要么就间接地作为纸钞的储备和存款。[1] 这两个因素使法国成为白银或黄金市场的主要参与者，且其参与份额足以在黄金与白银生产相对产生重要变化的情况下，钉住价格比率。[2] 按费雪的说法（Fisher，1911，第133—134页）就是：

> 从1803年直至1850年前后，一直有种以白银替代黄金的趋势……到了1850年，要不是加利福尼亚刚刚发现了黄金……复本位制肯定会崩溃，并导致单一银本位制的出现……。新增加的黄金产量使这一趋势反了过来，黄金流入法国，白银则开始外流……法国的银币似乎已经枯竭，开始趋向于黄金本位……但由于新的金矿逐渐枯竭，白银的生产逐渐增长，其结果又出现了相反的趋势。 133

1850年到1870年，法国将世界全部黄金产量的一半多纳为自己的货币存量，而白银持有量则一直不变。[3] 其结果是，1850年的市场比价为15.7，下跌也没有低过[1859年的]15.2，1870年又

① 1880年，金币和银币在全部交易余额中（硬币加纸币加银行存款）占了70%以上；美国的相应比例为15%。法国数据来源，见圣马克（Saint Marc，1983，第23—33页）；美国数据来源，见弗里德曼与施瓦茨（Friedman and Schwartz，1963，第131页，第174页）。

② 这里举例说明法国的重要性，1850年和1870年，法国的货币白银占了从1493年以来世界全部白银生产的10%以上；1850年，法国的货币黄金大约为世界黄金存量的1/3；1870年为1/4强。（我没能找到对世界货币白银存量的估算数据，所以我用法国的货币白银与世界全部产量相比较。）法国数据来源，见圣马克（Saint Marc，1983，第23—33页）；世界黄金存量数据来源，见沃伦与皮尔逊（Warren and Pearson，1933，第78—79页）。

③ 由于黄金的增加，货币存量中白银盎司比率与黄金的盎司比率从41下降到8。

回到了 15.6(Warren and Pearson,1933,第 144 页)。

传统的观点隐含的假定是,法定金银比价处于一个摇摆不定的状态(knife edge),所以,市场比价略微偏离法定比价,就会立刻将现在更有价值的那种金属所铸造的硬币送回熔化炉,以便在市场上出售。但法国的情况并非如此。这种情况类似于在严格的金本位制条件下,货币之间的汇率的情况。法律所规定的本币含金量决定了外汇平价(比如说,从 1879 年到 1914 年,
134 一英镑为 4.86649 美元……)[①]。如果市场汇率偏离了平价,套利者就有了套利机会,他可以将贬值的货币换成黄金,再将黄金运到其他国家,在其他国家将黄金兑换成他国的货币,再在市场上将他国货币兑换成贬值的货币。为使套利者有利可图,市场汇率与平价之间的差一定要大到足以抵补保险、航运以及其他开销的成本。外汇平价加上或减去这些成本就决定了所谓的黄金输送点,市场汇率在黄金输送点之间的波动不会引发黄金的输出和输入。

用一种类似的准确说法,在复本位制度条件下,成本是由于要将贬值的硬币兑换成铸币,再将铸币送到市场上出售产生的。这些成本决定了金银比价点的高点和低点,在这两点之间,市场比价可以有所变化,而且也不会引发一种金属对另一种金属的完全替代。这一幅度的范围主要取决于铸币税、铸造成本、保险费以及利

---

① 英镑确定为 113 格令纯金,美元确定为 23.22 格令纯金,两者的比价就是外汇平价。这里插上一句,有一个非常经典的故事可以说明维多利亚时代英国的地方观念,有一位美国人因英国货币的复杂性而斥责一位英国绅士:“1 先令等于 12 便士,1 英镑等于 20 先令,1 个几尼等于 21 先令。”英国绅士回答说:“有你们美国人什么事?看看你们自己那讨厌的美元——4.8665 美元等于 1 英镑。”

息的延迟支付和相关的损失，等等。①

法国复本位制终结的起因是1870—1871年的普法战争。法国遭到了毁灭性的失败，并被迫向德国支付一笔巨大的可兑换成 135
黄金的战争赔款。德国则用这笔钱从银本位制转向了金本位制——这是德国领导人极想超越英国这一经济大国的证明，因为自1821年开始，英国就采用了金本位制。在这一过程中，德国将从流通领域中退出的大量白银抛到了市场。法国不愿意忍受由于黄金的减少和白银的流动而引发的严重通货膨胀（白银膨胀）。因此，法国关闭了自由铸造银币的铸币厂，随后也采取了金本位制。②

法国复本位制的一个显著特点是，"在与半个欧洲交战的二十年中，[拿破仑]从未允许诉诸不可兑换纸币的欺骗性权宜之计"（Walker，1896b，第87页）。这里体现的是1896年帮助拿破仑上台的指券恶性通货膨胀的警示（White，1896），而不是复本位制相对于单一金属本位的任何特殊美德。在经历了指券膨胀之后，拿破仑任何发行不可兑换纸币并承诺恢复硬币支付的意图都无法让人相信，而且还会出现大规模的货币外逃。经历过指券的这些情况之后，拿破仑基于恢复硬币支付的承诺而发行不兑现纸币的任何意图，都没有了可信度，货币也会出现大规模外逃。据我所知，除此之外其他任何一次重要战争的发动，都诉诸货币的贬值

① 1989年4月24日，安吉拉·雷迪什在一封私人信件中提出，考虑到铸造成本和1%的交易成本，最宽的限度是15.3和15.89。这里所征引的市场比价是不完全估算，因此与她的估算范围没有很严重的冲突。

② 沃克（Walker，1896b，第4、5和第6章）对这段历史以及先前法国的经验有过出色的讨论。

（早期是在货币中掺入低质货币，改变铸币的名义价值以及类似的
136 权宜之计，最近几个世纪里，则采用暂停硬币支付和发行不兑现货币的手法）。法国的行为与英国的行为截然不同。英国法律规定的是复本位制，但事实上实施的是金本位制，英国在 1797 年停止了硬币支付，直到 1821 年才恢复。而英国承诺恢复硬币支付之所以能有可信度，不过是因为在较早很长的一段时间内，它的硬币本位制占了上风。

整个 19 世纪 70 年代，不仅德国和法国，而且许多欧洲国家都从复本位制转向了金本位制，这一过程在 1879 年因美国恢复硬币支付而达于顶点。其结果是市场上白银相对于黄金价格急剧下降，并大幅波动，因此，到 1896 年，在布赖恩发表著名的“黄金十字架”演讲，并喊出 16∶1 的战斗口号时，黄金与白银的市场价格比几乎翻了一倍。

在第四章中，我估算了假设的美国价格水平，附带产生的结果是，如果美国在南北战争之后转而实施战前的复本位制，假设的金银比价将会流行。这些估算表明，至少到 1914 年第一次世界大战爆发时，黄金—白银的市场比价仍然接近于 16∶1。法国在 70 年的时间里维持一个有效的复本位制的能力，增强了我对这些估算数据的信任，尽管法国的金银比价在白银与黄金的相对供给方面出现过大幅度摆动。如果我在某种程度上接近了正确答案，正如我在第三章中所述，“美国在 1873 年之后，在稳定金银比价方面，能够起到法国在 1873 年前所起的作用”（第 74 页）。最后的结果是，无论在美国还是在其他金本位制国家，都会有一个更稳定的价格水平。

关于复本位制的学术文献 137

与前面我们列举的历史证据相同，这一时期的学术文献也不支持传统的观点。相反，正如熊彼特在他的《经济分析史》(*History of Economic Analysis*，Shumpeter，1954，第 1076 页)中所说："复本位制是货币偏执狂们的主要狩猎场。不过，事实是——这些半病态的著作以及黄金团体的胜利往往会抹杀这一事实，说老实话，即使没有一些具有学术地位的人对复本位制的支持，复本位制的观点也确实在争议中占了上风。熊彼特还在脚注中补充说，"瓦尔拉斯对复本位制问题做了出色的分析(《纯经济学要义》，第 31 讲和 32 讲)"(Shumpeter，1954，第 1076 页)。[①] 正如瓦尔拉斯谨慎而有保留地谈到的那样，"总而言之，就人们所考虑的货币本位的价值稳定性来说，复本位制与单一金属本位制一样要受到机会的支配，只有复本位制有更多受人欢迎的机会。"

熊彼特对瓦尔拉斯的分析的评价或许没错。然而，欧文·费雪的分析同样严密，而且更容易理解。他的简明结论是(Fisher，1911，第七章，第 123—124 页)："[两种货币金属的价格]不可能具有一个[法定]比价，在其他情况下，复本位制可能存在两个有限比价。"这里要注意的是，费雪的有限比价并不是早先提到的金银比 138

① 熊彼特说得很清楚，他所说的"货币偏执狂"是在"主张白银的人们"中间，不是在"黄金支持者"中间。在这一方面，他与传统观点相同。我本人的观点与弗兰西斯·A. 沃克(Francis A. Walker)一样——熊彼特称他的著作秉持"无可怀疑的科学立场"——偏爱黄金的理由也有其货币偏执狂成分。

价输送点:金银比价输送点定义的是与固定法定比价相一致的市场比价的范围。费雪的有限比价定义的是法定比价范围,它是指在既定的黄金和白银的供需条件下,能够保持流通领域中的黄金和白银法定比价的范围。对新生产黄金和白银的不同的分配,与这种法定比价相一致。在有限金银比价较低的条件下,大部分新生产出的黄金会拿去做非货币使用,复本位制将濒于成为单一银本位制;在有限金银比价较高的条件下,大部分新生产出来的白银也会拿去做非货币使用,复本位制则濒于成为单一金本位制。

维持某个市场比价从其本身来讲并不重要(也许与银矿或金矿开采有关的人除外)。重要的问题是价格水平的表现。哪一种货币体系,如复本位制、单一银本位制或单一金本位制会随时间推移使价格水平最稳定,就是说,会使货币单位的真实价值最稳定?费雪的回答是(Fisher,1911,第七章,第 126—127 页),在法定复本位比价起作用的时候,“年复一年,[货币单位的真实价值]的复本位水平仍然是两种金属各自的变动水平之间的中间水平。复本位制同时也向黄金和白银市场传播单一波动效应……这里应该指出的是,所保持的均衡效应只是相对的。可以想见,单独使用一种金属比再加上一种金属会更稳定。”①换句话说,复本位制总是比
139 至少任何一种单一金属本位制的价格水平更稳定,而且比两种单一金属本位制的任何一种价格水平也要稳定。这就是瓦尔拉斯所说的“更多的机会”。

---

① 费雪的这一分析比他早期的分析要更清楚一些(Fisher,1894,第 527—537 页)。

复本位制的支持者和反对者

1896年，当银币自由铸造的鼓噪达到高潮的时候，弗兰西斯·A. 沃克（Walker，1896b，第217—219页）对此有一段极佳的描述：

在美国，有三种人习惯于称自己为复本位制论者。第一种人是产银诸州的居民，这些居民不同于一般利益的参与者，他们是所谓的特殊利益者……他们主张以白银为货币金属的利益与宾夕法尼亚人征铸铁税的利益，具有相同的本质……尽管美国银矿业规模并不大……但仍能在我们的政治生活中发挥极大的能量，部分是因为我们的参议院平等代表权制度，部分是因为用这种东西做买卖的热情和渴望。这三种人中的第二种人……是这样一些人，他们在白银的生产中没有任何特殊的利益，但从他们总的经济观点看，他们偏爱数量大且廉价的货币。这群人中的领袖，就有在1868年和1876年间最先倡导离经叛道的绿背纸币的人［值得注意的是，这是今天的正统派观点］。他们在绿背纸币膨胀问题上受挫，转而关注白银膨 140
胀问题。他们支持白银贬值，因为在他们看来，白银是仅次于绿背纸币的最好的东西（他们的意思是，次优的东西就是我们所谓仅次于绿背纸币的坏东西）。这些人并不是真正的复本位制论者。他们真正希望的只是白银通货膨胀［他们是熊彼特所说的"货币偏执狂"］。

第三种人……包括笃信复本位论者；这些人还有亚历山

> 大·汉密尔顿和共和国的奠基人相信，流通手段最好是由两种贵金属组成。他们不是通货膨胀论者，虽然……他们强烈反对紧缩。①

那些称自己为单一金属本位制论者或硬通货人士，而且偏爱金本位制的人，同样也分为三种：黄金开采利益集团的人；被银币自由铸造势力集团，公道一点说就是“华尔街”斥为通货紧缩论者的人；还有就是坚信单一金属本位制论者，这些人将英国的经济成就解释为金本位制优越性的证据，而且将19世纪70年代欧洲许多国家从复本位制转向金本位制也说成是复本位制脆弱性的证据。

这场争论并不局限于美国。它蔓延到了英国、法国，实际上全世界都在争论，正如马西莫·罗卡斯所说，这场争论引发了“经济学家中最活跃的理论论战以及‘文明世界’最激烈的经济政策争论”(Roccas，1987，第1页)。无论在世界什么地方，参与者也与美国一样分成类似的几派，但有一点不同：在主张复本位制的人中，
141 第一种人不仅包括银矿利益集团，尤其在英国，这种人中还包括与印度贸易有关的人，印度在1893年前实行的是银本位制，而且可以自由铸造银币，这种人中还包括有与中国做贸易的人，中国在直至20世纪30年代末期都实施的是银本位制。与印度和中国从事贸易的贸易商偏爱复本位制的理由，与今天的出口商偏爱固定汇率的理由相同——减少伴随不断波动的汇率而来的不便

① 弗兰西斯·A.沃克是南北战争中的志愿兵(volunteer)，战后被提升为将军，是著名的统计学家、经济学家以及教育官员。

和风险。

各类人之间的区别并不绝对，美国的一个明显的例证就是芝加哥大学经济系第一任系主任詹姆斯·劳伦斯·劳格林(James Laurence Laughlin)。劳格林1886年的著作《美国复本位制的历史》(*The History of Bimetallism in the United States*)无疑具有重要的学术贡献，而且也被复本位制的支持者和反对者同时引证。劳格林也是反对自由白银铸币运动的硬通货派的领导人，并且极为活跃。以这种身份，他颇自以为是且极具煽动性。货币理论家如弗兰西斯·A.沃克和欧文·费雪也和他一样反对平民主义者所主张的银币自由铸造的具体提案，但他们明显对他的教条主义，以及他们认为的他的蹩脚的经济学——按我的看法，他们是对的——而感到难堪，因为他们竭力将自己的观点与他的观点分开。

英国可以用来作为例子的是罗伯特·吉芬(Robert Giffen)爵士，吉芬因为阿尔弗雷德·马歇尔(Alfred Marshall)所说的"吉芬悖论"而名垂后世。从1879年到1890年，吉芬在这一论题上写过不少颇受欢迎的文章，这些文章重刊在一本题为《反复本位制的情况》(Giffen，[1892]1896)的书中。不论他的盛名所从何来，这本 142
书提供的充足证据表明，他对货币理论并不熟悉。①

① 那个时代真正伟大的经济学家之一F.Y.埃奇沃思，在批驳吉芬的一个谬论时所用的辞令证明了吉芬的声望。他说："吉芬先生提出的一个观点……不太可能引起争议。接着提出的反论也不太自信"(Edgeworth，1895，第435页)。

对现行复本位制方案的看法

与处于政治争论中心针对复本位制而提出的特别实际的提案相反，多数学者都相信，复本位制原则上优于单一金属本位制。他们这样做有两个原因，一是希望能有更好的制度改革，二是一些现实的考虑。

更好与好： W.斯坦利·杰文斯(Jevons,[1875]1890,第328—333页)赞同一种物价指数本位制，他认为在这种本位制下，至少在一个长期范围内，货币单位会按一般价格的变动加以调整——所以这一体系也称为指数化体系。

阿尔弗雷德·马歇尔也赞同物价指数本位制，但他认为除非是在一个长期范围内，否则这是一个行不通的想法。与完全的物价指数本位制相比，他支持的是F.Y.埃奇沃思(F.Y.Edgeworth)归类为与金本位制相差无几的金银合金本位制，但至少他还是赞成复本位制(Marshall,1926,第12—15页、第26—31页)。[①] 金银合金本位制是这样一种货币本位制，在这种本位制条件下，货币单位是由两种金属合成，“一个单位的金和多个单位的银——纸币可以以此为基础进行支付的合金”(Edgeworth,1895,第442页)。在复本位制
143 条件下，两种金属的相对价格是固定的，但作为货币使用的相对量却有所不同。在金银合金本位制条件下，用作货币使用的金属的

① 弗兰西斯·A.沃克(Walker,1893,第175页n.1)写道：“英国经济学家当然的领军人物，剑桥大学的阿尔弗雷德·马歇尔教授不止一次跟我说过，在复本位制与单一金本位制之间，他是一名复本位制论者。”

相对量是固定的，相对价格却有所不同；因此，将法定的金银合金本位制转换成事实上的单一金属本位制是不存在危险的。

莱昂·瓦尔拉斯（Walras，1954，第 361 页）赞同由货币当局用“白银调节器”进行管理的金本位制，以便保持价格稳定。

欧文·费雪（Fisher，1919，第 495 页）偏向于“补偿土币”（compensated dollar），或者是这样一种体系，在这种体系下，为了保持基础广泛的价格指数的稳定性，黄金与美元相等的量可以改变，这就是说，1 美元中的黄金权重可以发生变动，“以抵补每一格令黄金购买力的[变动]”。

弗兰西斯·A.沃克只是反对美国采用复本位制，但赞成国际复本位制——也就是说，由许多国家达成一项协议，实施单一法定金-银比价。[①] 基本上，所有负责任的复本位制的支持者，甚至那些只愿意由单个国家单方采用复本位制的人，都支持国际复本位制。这种观点在有关这一主题的一系列国际会议上都有所反映，但最后都以失败而告终。

现实的因素： 一个重要的现实因素是拟议中的法定金银比价。正如费雪所指出的，一系列的法定比价很适合用来维持复本 144
位货币。然而，如果不同的国家采用不同的比价，显然只有一个比价是有效的。我本人坚信，16∶1 的比价非常适合于 1873 年的美国，在第五章中我已经提到，到 1896 年，要消除恢复复本位制的危害已经太迟了。许多当代的作者也表达了同样的看法。

① “尽管我是一名国际复本位主义者，但我始终认为，这个国家为恢复白银所做的努力，仅就其自身而言，同样有损于我们的国家利益和真正的国际复本位制”（Walker，1896b，第 iv 页）。

沃克在 1896 年写道(Walker,1896b,第 212—213 页):

> 在为恢复国际复本位制而对实际比价的讨论逐渐销声匿迹之时,我要毫不犹豫地说,关于采纳现行市场比价的所有说法,即将 30∶1 作为复本位比价的说法,不过是荒谬的言论。白银由于失去了作为货币的资格,与黄金的比价已经降到了 30∶1。重新恢复白银的货币资格,哪怕是由一个脆弱的联盟为之,将必然而且立刻使比价回复原位,并能抵御除革命力量之外的任何力量而保持住这一水平……新的比价,即 18 或 20∶1,在某种程度上更适合于黄金,旧有比价[15.5∶1]的"安全因素"要小于新比价的安全因素。尽管这一"安全因素"或许足以……使[复本位制]按照旧有比价发挥有益作用。

沃克明显不赞同美国一国就对等于"一个脆弱的联盟",因为他反对布赖恩的提案,即美国单边按 16∶1 的比价实施复本位制。1896 年大选之后几天,沃克在"关于国际复本位制的演讲"中,将布赖恩的败选比作"大风暴过去了"(Walker,[1896a]1899,1:251)。在其 1896 年的著作《国际复本位制》中,沃克又表达了这样的观点,美国"现在没有、也从来没有能力对货币金属市场产生同等的影响[仅相对于法国而言]"(Walker,1896b,第 220 页)。如我们在前
145 面已经提到过的那样,我自己对经验证据的检验表明,尽管他的"从来没有"乃夸大之词,他的"现在没有"很可能是正确的言论。

英国一位偏爱复本位制的最杰出的经济学家 J. 谢尔德·尼科尔森(J. Shield Nicholson)1888 年写道(Nicholson,[1888]1895,第 270、288 页),他同意沃克的观点,认为如果能达成国际协

议，重新确立15.5∶1的比价是完全可行的。就我所知，尼科尔森并没有就英国或美国单独采用这一比价的可行性表达任何看法。

杰文斯可能是经济学家中的范例，他把复本位制看成是一个理论问题，但基于实际情况却起劲反对它。他在1868年写给一位复本位制支持者的信中，用以下说法总结了自己的观点(Jevons，1884，第306页；原文加了着重号)："我必须承认，理论上，你和其他可称为可选择本位制卫护者的人是对的，但实际上，这个问题完全不同。我倾向于扩大单一金本位制。"他在信中(第305—306页)所述的主要的实际考虑是：

> 我对贵金属价值的大幅上涨无法作出任何预期……因此，黄金价值将会上升、国民负债将会增加的危险具有了不确定性……
>
> 另一方面，单一金本位制的便利却有一种实实在在的确切的特性。在不使用纸币代表货币的情况下，货币的重量被减少到了最低的数额。自我们新的沙弗林(sovereign)发行以来，半个世纪中这一制度的简单和便利在英国受到了欢迎。事实上，1816年法律在大多数方面都执行得非常成功，因此，我对说服英国人民或英国政府以复本位制代替它，一点都不 146
> 抱希望。所以，货币会议决定支持单一金本位制，我非常高兴能看到这一点。①

① 杰文斯对复本位制理论最精到且最简洁的论述可参见他的著作《货币与交换机制》(Jevons，[1875]1890，第137—138页)。费雪在《复本位制机制》中提到这一讨论(Fisher，1894)。费雪在文中提出了一个更完整、更确切的分析。费雪还注明，在他的文章完稿后，他又发现，瓦尔拉斯"已经涵盖了几乎是相同的领域，而且基本上表述了同样的结论"(Fisher，1894，第529页n.1)。

在这里和其他地方，杰文斯都重点强调了富裕国家使用白银为货币所带来的不便，因为相同价值的白银与相同价值的黄金相比要重很多。这一说法假设大量的交易都是由硬币完成的。这一现象在他那个时代确实如此，但随着代用辅币、纸币和存款的大范围使用，硬币完成交易的重要性急速下降。即使是在杰文斯的时代，事情也并不完全如此，因为英格兰银行禁止发行小于5镑的低面值纸币，这是与美国的情况毫不相干的一个因素。

在随后发表的文章中，杰文斯甚至使用更激烈的言辞反复重申这些反对理由。1875年，在法国结束自由铸造银币以及德国采用金本位制之后："白银的价格由于德国的货币改革而下降，但这绝不意味着，这一下降会超过已经下降的程度。这就是说，黄金购买力事实上会出现的大幅提高[也就是说，以黄金表示的价格水平
147 的下降]完全是一种猜测……作为一种猜测，我要说的是，黄金购买力似乎不会上升"([1875]1890，第143页)。在1877年的文章中他这样说(1884，第308、309、311页，原文加了着重号)：

> 英国在哪件事上也没有在货币事务上如此守旧……
>
> 如果美国打算采用复本位制，他们与之前的商业交往国家的货币关系将会陷入一团混乱，这样，离赛努奇先生方案的成功非常必要的普遍的复本位制会越来越遥远……①现在至少可以说，我们已经接受了这样的观点，即白银现在是一种其价值不如黄金稳定的金属……在这种情况下，这种复本位制，或者如人们称谓的那样，这一*替代本位制*，其价值的稳定性还

① 赛努奇(Henri Cernuschi)是法国著名的复本位制理论家。

可能不如单一金本位制。

尽管杰文斯作为经济统计学的先驱，理应获得尊重，但他的实证预测差不多常常出错。以黄金表示的白银的价格大幅度下降，黄金真实价格上升(这就是说，名义价格水平下降)，很有可能，黄金在生产中变得比白银更不稳定。①

与杰文斯同时代的著名记者沃尔特·白芝浩(Walter Bagehot)，1876 年在《经济学人》上发表了一系列讨论白银问题的文章。1877 年白芝浩逝世后不久，这些文章被汇编成册，以《白银贬值》为题出版。文章主要讨论的是由白银贬值而引出的英国与印度的贸易问题 无可避免地引出了对复本位制的讨论，而复本位制是白芝浩激烈反对的。尽管白芝浩的理论分析比杰文斯的 148
理论分析逊色很多，但他据以反对复本位制的实际考虑，却与杰文斯相同，其中包括杰文斯的错误预测，尤其是预测 1876 年白银价格的"下降"只是"新兴的不稳定市场中的一个货币事件，并不是持续性原因的永久性结果"(Bagehot，[1877]1891，5：523)。与杰文斯一样，白芝浩也把这一事实看成主要的考虑因素，即"英国现在拥有的就是金本位制条件的货币，金本位制确实符合英国的需求，这一点在与它相似的文明世界中也尽人皆知，而且，金本位制也与它的商业和金融习惯结合得最为紧密。因此，什么样的动机才能诱使他们改变这一制度呢？这也是一位英国议员想要弄明白的事情"。②

① 很有意思的是，杰文斯在另一领域的预测，即煤的未来作用和可获得性，同样没有说中(参见 Jevons，1865)。

② 白芝浩也怀疑法国人会禁止白银的流通，但他们不久就这样做了。

我已经详尽地引证了杰文斯和白芝浩所强调的现实原因，因为这两位是最先强调这些考量的人，在稍后差不多所有的英国学者那里，相同的考量在反对复本位制或不太热情地支持复本位制的人眼中，毫无疑问都起着主要的作用，这些人中也包括马歇尔和埃奇沃思。同样，法国和美国极不相同的现实环境，也解释了这些国家为什么给予复本位制最有力的支持，这一点不仅可从熊彼特所谓的“货币偏执狂”那里看出，也可以从其他受人尊重的学者那里看出。

单一金本位制与单一银本位制的比较

英国在1816年采用了单一金本位制，随后作为《1819年皮尔
149 法案》(Peel's Act)的结果，又在1821年5月1日在金本位基础上恢复了纸币与硬币的兑换，无疑，这是使黄金成为世界主要货币金属的关键因素(Feavearyear，1963，第212—223页)。这一结果部分是因为英国随后崛起成为世界经济强国，不管是对是错，人们在很大程度上都将此结果归于英国所采用的严格的金本位制，部分则是因为，英国的强大使英镑与其他货币的汇率变得非常重要。

为什么英国采用了单一本位制而不是回到它早先所采用的复本位制呢？为什么采用的是金本位而不是银本位呢？安吉拉·雷迪什(Angela Redish)在最近的一篇论文中指出：“历史性文献通常都把金本位制的出现解释成偶然事件：1816年的立法仅仅是正式认可了从18世纪初期因牛顿的‘一时疏忽’而过高地估计了黄金的价值以来，事实上已在英国存在的金本位制”(Redish，1990，

第 789—790 页)。雷迪什并不同意这种说法,她的结论是(第 805 页):“英国之所以在 1816 年废除复本位制,是因为有着白银辅币的金本位制为高质量硬币和低质量硬币同时作为交换媒介流通,提供了可能性。金本位制之所以成功,是因为铸币中所采用的新技术使伪造货币者无法廉价地仿制[金币和银币辅币],还因为铸币厂已经负担起保证兑换代币的责任。”

雷迪什所描述的这种货币制度,确实是货币改革的一个结果。正如费维耶(Feavearyear,1963,第 226 页)所说:“皮尔法案使英
镑所依恃的基础比前后其他任何时候都更接近于完全的自动调节 150
的金属本位制。硬币铸造税及其他铸币费用很长时间以来就已被废除……改良了的铸币方法的使用,再加上更有效的侦探犯罪手法的兴起,都成了击败伪造货币者的开端。对于伪造货币者来说,金币确实比银币更难于伪造。”

但我相信,要有一种让人满意的白银代用硬币并非回到金本位制而不回到银本位制的令人信服的理由,尽管这显然也是货币改革的逻辑结果,同时,也可能确实是采用金本位制的部分原因。在法国成功地实施复本位制的条件下,尽管流通中两种金属的比例时不时地发生变化,但高面额与低面额的足值硬币同时流通了七十五年。雷迪什拒绝考虑高面额硬币与低面额硬币长期同时流通的可能性,因为她的说法中已经暗示法定比价处于一种摇摆不定的状态(knife-edge),要么就频繁重铸货币,要么就改变硬币的名义价值,要么就在两种本位制之间进行转移。但法国的经验表明,法定复本位制比价有一定范围的波动幅度,这一波幅可以毫无困难地吸收市场比例中的些微变动。法国的经验还表明,由一个

或更多的经济大国采用单一的法定比价，将会对市场比价的稳定性产生重大影响。英国较早而美国随后采用复本位制所出现的难题，是因为两个国家都是在法国的法定比价控制着市场比价的同时，设立了一个与法国的法定比价水平不同的法定比价。

我个人同意弗兰克·费特(Frank Fetter，1973，第 16 页)的判断。“事后来看历史，让人惊诧的是，竟然没有经过充分讨论就做出了这样一个对英国来说如此重要的决定[采用单一金本位制]，
151 一个由于英国的范例而对整个世界都如此重要的决定，这一决定在很大程度上依据的是小硬币的便利这种细节因素，而不是基于经济政策这种大问题。因此，金本位制在 1821 年随着恢复硬币支付而正式建立，并持续了九十三年。”①

雷迪什对为什么采用金本位制而不是银本位制的解释只是重复了杰文斯的观点：在银本位制条件下，高价值的硬币会过分沉

① 1821 年在金本位制基础上恢复硬币支付并没有结束英国在本位制问题上的争论，而 1879 年美国恢复硬币支付却结束了美国在本位制问题上的争论。“对 1821 年法案最坚定且持续的攻击来自于银本位制或复本位制的支持者”(Fetter，1973，第 17 页)。费特将他讨论货币正统观念著作中的一节，题为“对复本位制的新支持”，该节涉及的是对 1825 年危机的反应，另外一节他题为“对银本位制或复本位制的正面评论”，他在这一节中写道(Fetter，1965，第 124 页，第 181 页)：“最后认真地向议会提请讨论银本位制或复本位制是在 1835 年，但在 1835 年到 1844 年的这几年中，认为白银应该更长久地在货币体系中拥有一定地位的观点，却在许多人关于货币和银行政策的其他方面的不同提法中反映出来。”随后的 19 世纪 70 年代和 80 年代，在美国恢复金本位基础上的硬币支付以及法国转向金本位制之后，在德国和其他欧洲国家，白银的黄金价格开始急剧下跌。“在印度，汇率的波动给英国带来了难题，再加上美国在复本位制问题上的压力，以及国内经济问题所导致的黄金价格下跌，引发了对国际复本位制的可能性的认真思考”(1973，第 19 页)。“一个意见分歧的委员会[1887 年任命]推荐复本位制，但政府并没有推行这一提案，而且这一运动也从来没有在国际政治层面上发挥作用”(Fetter，1973，第 19 页)。

重，用起来也不方便。大额交易中虽然可以使用黄金，但如果金币是按照低于市场价值的面值铸造的，金币就不会按面值进入流通。如果面值超过了市场价值，金币就会按其面值转换成银币，从而限制了对铸币的需求。这种被高估的金币本可以发挥与被高估的银币以及在当时和后来被高估的纸币相同的作用。当然，这种事情 152
易于引发货币的伪造，但是，伪造银币的回报比伪造纸币要小很多，按费维耶的观点来判断，从技术上说，伪造纸币比伪造银币更困难，因此，我们很难认为这是一个重要的考虑因素。

不管是金本位制还是银本位制，就是在复本位制条件下，小面额硬币也是必须要有的。在金本位制条件下，足值的低面值硬币会过于小。雷迪什认为，英国是使用估价过高的银币来解决这一问题的，这种银币按其名义价值的可兑换性，是通过铸币厂来保证的。在银本位制条件下，人们也能够做到这一点，从 1837 年到南北战争期间，即在美国的复本位制但事实上的金本位制条件下，美国也确实是这样做的。

不管雷迪什对英国行动的巧妙解释有多么可取，恢复金本位制而非银本位制在当时肯定不是必然结局，尽管人们似乎认为以单一金属为基础恢复金本位制是理所当然的。比如，大卫·李嘉图在他的小册子《金条的高价》(*The High Price of Bullion*，[1811] 1951，第 65 页)中写道："在任何国家里，当流通媒介是由两种金属构成时，我们不能说存在永久性的衡量价值的尺度，因为两种金属彼此间的价值经常会有变动……洛克先生、利物浦勋爵，以及其他许多学者都曾经出色地讨论过这一问题，他们都认为，对货币在这方面所产生的种种弊害之唯一补救方法，就是使金属中的一种，成为唯一的衡量价值的标准尺度。”

153 至于黄金与白银比价，李嘉图在他那本影响广泛的小册子《一个既经济又安全的通货建议》(*Proposals for an Economical and Secure Currency*)中，赞同使用白银，他写道(Ricardo，[1816]1951，第63页)：

> 采用两种金属为货币本位，会出现诸多不便，长久以来，是否要用法律来规定黄金或白银作为货币的主要本位或唯一本位，这一直是争论的焦点。支持黄金的人或许会说，较小的金块拥有较大的价值，因此非常适合在富国作为本位货币；但在战时或存在大量商业失信的情况下，人们收集或贮藏黄金，这种属性会使它的价值出现极大变动，可能成为反对其使用的论据。对白银作为货币本位的唯一反对意见就是它的体积，人们认为它不适宜在富裕国度中用于大笔支付，但这种反对意见被采用纸币作为一国的一般流通媒介的代用品的做法完全打消了。白银因其供给和需求更固定，所以其价值更稳定；又因为所有国家都用白银的价值来规范其货币价值，因此毫无疑问，从整体上看，作为货币本位，白银优于黄金，因此应永远作为本位货币使用。

在随后1819年议会的一次作证中，李嘉图([1819a]1952，第390—391页；亦参见[1819b]1952，第427页)已经倾向于金本位制，原因是“我已经了解到，机械尤适用于银矿的开采，因此极有可能导致这种金属的产量增加，并使其价值发生变动，而同样的原因似乎不会影响到黄金的价值”。

价值稳定性较高是使一种金属优于另一种金属的关键经济原因，但使李嘉图认定黄金比白银更稳定的技术性预言已被证明是 154
错误的。直到1860年康姆斯托克金银矿脉的发现，相对于黄金生产来说，白银的生产一直在下降，至少，适用于黄金开采的机械也同样适用于白银的开采。然而，在黄金被选为本位货币之后，黄金具有比白银更稳定的价值的断言，在很大程度上就成了一种自我应验的预言。在其他国家仿效英国之后，英国的选择在当时和稍后的时间里，引发了对黄金和白银需求的重大改变。结果，在加利福尼亚州和澳大利亚发现黄金之前，白银趋向于替代黄金成为法国货币，在接下来的一个世纪中，黄金真实价格的变动比白银真实价格的变动要小得多。但是，如果英国根据白银的价值将更稳定的预期而选择了白银，这也有可能成为自我应验的预言。英国对白银的选择将阻止随后世界范围的白银非货币化运动；反之，它可能会导致黄金的非货币化，或者导致至少在某些国家复本位制的持续有效。无论哪一种结果都可能意味着一个比黄金价格更稳定的白银真实价格，而且，如果继续实施复本位制，我们将会有一个比在无论哪种单一本位制条件下都更稳定的价格水平。

猜测一下可能会发生什么会很有趣，如果李嘉图的技术顾问跟他说，“机械特别适用于”金矿而不是银矿，那会如何呢？——事实上，最终事情也确是这样。由于李嘉图当时在重要决策制定过程中的巨大影响力和威望，假设英国会以银本位制为基础而不是以金本位制为基础恢复硬币支付，并不完全是毫无根据的想法，那么，我们就能依稀想见随后而来的19世纪经济史的重大改变。 155

实际上，英国的榜样，以及随后英国的经济崛起，是首先导致德国、随后导致美国采用金本位制的主要因素。不管是否是偶然事件，英国在两个世纪前的决定，即以金本位制为基础恢复兑换，是黄金优于白银作为单一金属本位制的基础的这种传统观点的根本源头。

结论

尽管在我们中间不断出现“货币偏执狂”——现在多称之为金本位癖——但全世界几乎普遍采用不兑现纸币本位制，使对硬币本位制的讨论，不论是金本位制、银本位制，还是复本位制或金银混合本位制，在很大程度上暂时成了一种史学旨趣。无论发生了什么事情，情况都可能改变，因此，这里似乎值得对货币经济理论家关于复本位制的传统观点做出纠正。① 与一种完全不值得相信的谬论不同，不论从理论上、实践上还是从历史背景看，复本位制都非常值得称道，因为它优于单一金属本位制，尽管并不一定优于金银混合本位制或物价指数本位制。实际上，20 世纪的技术发展已经使 19 世纪用来反对复本位制的许多现实考虑都受到了冲击。
156 尤其是，存款账户和纸币的广泛使用，已经使杰文斯关于白银重量的考虑，以及关于复本位制会涉及时不时地大量重新铸币的种种考虑，都成了毫无意义之谈。另一方面，硬币使用的减少，无疑也淡化了只有硬币才是真正的货币的硬通货神话。这一神话是早期

① 最近有两篇关于复本位制的文章似乎是这种情况正在发生变化的信号（Rocaas，1879；以及 Dowd，1991）。

普遍支持硬币本位制的支柱，而且现在还在鼓舞着全世界的金本位癖们。在这一神话的影响力强于今天的影响力的情况下，由于背离了法定货币与硬币的无限制可兑现性规则，这一神话给法定货币造成了政治上的风险，而且，这一神话现在仍有足够的残余势力，使得全世界的中央银行都继续按一种人为的法定货币价格，将黄金记载在账簿上。

最后，我们举出了另一个突出的例子，说明一个几乎是偶然问题的事件其深远但意外的影响。在这种情况下，引发雪崩的第一块鹅卵石，是英国以金本位为基础恢复硬币支付的决定。如果英国当时选择的是保留复本位制，或是以银本位为基础恢复可兑换性，世界经济史从那时开始会极为不同，尽管详细描述事情将会如何展开已经超出了我们的分析能力。

157 # 第七章　富兰克林·罗斯福、白银以及中国

在《1933年农业补贴法案》的托马斯修正案允许的条件下，富兰克林·德拉诺·罗斯福总统于1933年开始实施的美国白银购买计划，是十多年来白银院外活动集团要为白银“做点事情”而带来的政治压力的最终结果。农业院外活动集团支持白银购买计划，部分是因为他们支持任何会产生货币扩张的措施，因为这会使农产品价格上升——在大萧条期间，所有的价格都在急剧下跌。另外，农业院外活动集团也希望白银院外活动集团支持农业补贴法案中所包含的其他货币扩张策略。罗斯福总统支持白银购买计划，主要是为了保证来自产银州和农业州的国会议员们支持其他新政立法。

其他货币扩张策略已在白银购买计划之前就表明了其引发通货膨胀的能力。但白银购买促进了1932年到1937年高能货币的增长，从而支撑一般价格水平上涨了14%，批发价格上涨了32%，农产品价格上涨了79%。

158 白银购买计划通过迅速大幅拉升金属价格为白银“做了点事情”，为白银生产商提供了大笔补偿金。但是，这一计划也驱使中国——1934年时仍然实施银本位制的唯一重要国家——脱离了

银本位制，并使一些将白银作为货币使用的国家——主要是墨西哥和许多拉美国家——减少或降低了辅币中的白银含量。因此这一计划确保了白银的最终完全非货币化。

白银购买计划的支持者一直声称这一计划对中国非常有益，并将此作为白银购买计划的有利因素之一。事实上，这一计划对当时由蒋介石统治的中华民国来说，完全是一场灾难。正是凭借银本位制，中国才在很大程度上，避免了前几年大萧条的恶劣影响。但美国的白银政策在 1934—1936 年随着陷入麻烦的经济状况，将一场严重的通货紧缩强加到了中国头上，因此而逐渐损害了民众对蒋介石的支持。更重要的是，这一政策使中国失去了自己的货币储蓄，并迫使中国放弃了银本位，改成了不兑现纸币本位。不管怎样，抗日战争以及内战，毫无疑问也在引发通货膨胀。但是，美国的白银政策加速了通货膨胀的爆发，增加了通货膨胀的强度，并促成了 1948—1949 年的恶性通货膨胀。正如张嘉璈所说："二战之后，有许多历史因素对国民政府的垮台起了作用，但最直接的并使其他所有原因都显得无足轻重的原因，毫无疑问就是通货膨胀"(Chang Kia-ngau，1958，第 363 页)。美国历史学家韦慕庭也持相同的观点，在为一位中国学者讨论中国通货膨胀的著作所撰写的前言中，他写道："看来毫无疑问，中国在战时和战后的通 159
货膨胀，是导致国民政府垮台、中国共产党统治大陆的主要原因之一"(Chou，1963，第 ix 页；亦参见 Young，1965，第 328 页)。因此，我们必须认识到，美国的白银购买计划促成了中国共产党人的革命取得成功，即使可能只是起了适度的作用。

对白银的压力

老兵不死，只是凋谢，而其旧业永存。据说，由于1896年布赖恩的败选，白银计划已被埋葬，但事实是这一计划不停地重露苗头。

一直到第一次世界大战结束，“印度政府在为卢比的流通以及纸币的充足储备提供充足的白银方面，存在极大的困难”（Leavens，1939，第145页）。所需的白银数量大大超出了当时生产所能供给的量。为给英国帮忙，美国同意从其大量的货币储备中拿出一些白银。为批准这笔买卖并顾及国内白银集团，美国于1918年通过了一项《皮特曼法案》（Pittman Act）。法案是以内华达州的参议员基·皮特曼（Key Pittman）的名字命名的，皮特曼从他1913年首度出任参议员开始，直到1940年去世，一直是最执著的“为白银做点事情”的倡导者。为使白银集团满意，在生产过剩的情况下，计划按每盎司1美元的保证价格，用国内生产的白银来充实货币储备。

战时的通货膨胀以及战时对白银的货币和非货币用途的大量
160 需求，使白银的市场价格从1914年1盎司70美分上升到1918年的1盎司97美分，进而上升到1919年的超过1美元。铸币厂厂长开始按每一金衡盎司1美元的规定价格购买银块（Leavens，1939，第147页）。总之，在接下来的三年中，铸币厂按给美国白银生产者每1金衡盎司1美元的价格，购买了大约2亿盎司的白银，与此同时，市场价格已下跌到70美分以下——因此，给白银生产者的补贴总数大约在1600万美元左右。

在皮特曼购买法案完成后，为白银“做点事情”的压力仍然存在，但直到 1930 年，这一压力才再度强劲，当时的经济大萧条极大地打压了白银的价格，白银价格从 1928 年的每盎司 58 美分下降到 1930 年的每盎司 38 美分，后来，又下降到 1932 年末和 1933 年初的每盎司 25 美分。

白银集团迅速推动重新采用原有的有益于自己的补救方案：建议召开一次国际会议，按超过市场价格的价格来购买和储存白银，制定按 16∶1 比价自由且无限制地铸造银币的法案。尽管在胡佛政府期间这些计划一个都没实现，但随着富兰克林·罗斯福当选而重出江湖。[①]

对于这种持续性压力的解释非常简单。正如 T. J. 克雷普斯在 1934 年的一篇文章中写的那样：“因为白银是在西部七个州——即犹他州、爱达荷州、亚利桑那州、蒙大拿州、内华达州、科罗拉多州以及新墨西哥州——生产，所以白银州参议员控制了参议院选票的 1/7。在提付表决以终止辩论的规则条件下，他们手中的选票使他们具有极重要的战略意义。所以，最近有 20 161
多件关于白银的提案在国会中等待审议。尽管产银诸州的总人口少于新泽西州，尽管 1929 年白银行业所雇用的人数不足 3000 人，但美国的政治领袖们不久就发现，为了充分获得对重要得多的具有国家意义的策略的政治支持，‘为白银做点事情’，非常得当”（第 246 页）。

① 对“1923 年到 1933 年，为白银做点事情的提案”的详细讨论，可参见利文斯书的同题章节（Leavens，1939，第 224—235 页）。

白银新政法案

1932 年罗斯福竞选的民主党政纲向人们保证，“不惜一切代价维持一种健全的货币”，但接着又加了一句，“需召开一个国际货币会议让政府考虑白银的重新起用以及相关问题”。共和党的宣传纲领也支持召开一次国际会议，但其要点不尽相同，它主张“继续维持金本位制”——这是自 1896 年在白银问题上发生直接冲突以来一直存在的分歧。罗斯福在蒙大拿州的巴特，即白银产地的中心所做的一次竞选讲演中宣称，“白银必须作为货币金属储存起来，民主党保证就这一问题继续进行讨论”，而且，“在他就职后，他将立即召开一次国际货币会议，以讨论白银的重新使用”（*New York Times*，1932 年 9 月 20 日，第 1 版）。

1932 年民主党压倒优势的竞选胜利大大加强了白银集团的政治势力，尤其加强了在参议院的势力。在选举之前，从产银七州来的 14 名参议员分成两派：7 名共和党人，7 名民主党人。罗斯福
162 胜出后，只剩下 2 名共和党人，面对的是 12 名民主党人，而其中 1 名共和党人，即爱达荷州的威廉 · E. 博拉（William E. Borah），长期以来一直是白银的坚定支持者。白银集团的某些领袖——像 1906 年首次当选的博拉，1912 年首次当选的基 · 皮特曼（Key Pittman）——因其德高望重，在参议院一直有很大的影响力。而白银集团的农业州盟友也获得了利益。

在参议院的第一次表决中，即就按 16 ∶ 1 的比价自由而无限制地铸造银币的修正案，被任期将满的国会以“44 票对 33 票

否决了，但它表明，自这一问题从1月开始投票表决以来，已经多获了15票”(Leavens，1939，第245页)。很显然，白银集团是一股潜在的政治势力，这一点连总统都无法漠视。而且，正如罗斯福总统在竞选演讲中清楚地表明的那样，他也没打算漠视这股势力。

总统打算以支持一份农业补贴法修正案作为回应，这份修正案是由参议员埃尔默·托马斯(Elmer Thomas)提出的，但托马斯并不是来自白银生产州，而是一名“坚定的通货膨胀主义者”(Leavens，1939，第245—246页)。1933年5月12日，托马斯修正案最终获得通过，该修正案授权总统增加联邦储备票据、存款以及美国货币，其总量(30亿美元)几乎使高能货币量翻了一倍。另外，这一修正案还授权总统减少美元的黄金含量，并在白银问题上也赋予了总统很大的权力——比如说，这些权力包括能使总统拥有让布赖恩的按16∶1比价自由而无限制地铸造硬币的战斗口号立即生效。但这些权力“在1933年12月21日之前几乎没有使用过，直到1933年12月21日……罗斯福总统才使用托马斯修正案所赋予的权力，命令美国铸币厂从现在起到1937年12月31日”，按每盎司64$^{64}/_{99}$美分的价格(即每盎司0.6464美分)收购国内所 163
有新生产的白银(Friedman and Schwartz，1963，第483页)，而在当时，白银的市场价格是每盎司44美分。[①] 罗斯福以一个虚构的

① 托马斯修正案稍早一点的影响是它的条款，即在一个规定的时间内，白银将按每盎司50美分的价格由政府购买，并用政府战争债券付款。这一年中在这一条款的规定下，有大约2000多万盎司的白银被收购。

理由来解释这一异乎寻常的购买价格，即财政部只是按法定的银币的具体重量，也就是每盎司 1.2929 美元的货币价值铸造银币——但要收 50 美分的铸币税。这种手法的优点是，给予白银生产商的补贴不仅不用承担预算约束，而且实际上还有了一笔等同于虚构铸币税的预算收入，预算账目中的“烟幕弹”并不是最近的发明。

与此同时，世界经济会议应罗斯福总统的要求召开，以履行他的竞选承诺，几个月后，会议被他草率地弄砸了，注定没有好结果的会议成了走过场。[①] 会议的唯一收获是更多的烟幕弹，白银生产商与白银使用国家同意采取措施，以稳定白银价格。这些行为除非是针对美国，否则对任何国家都没有任何意义，它给美国的也不过是对美国打算要做的事情——购买定量的白银，提供一个国际协议的掩盖而已（充分的讨论可参见 Leavens，1939，第 248—251 页）。

随后的高潮就是《白银购买法案》。国会通过这一法案是对罗斯福总统于 1934 年 5 月 22 日提出的咨文的回应，法案通过后不到一个月，即 1934 年 6 月 19 日，总统签署了这项法案。该
164 法案“命令财政部长在国内外购买白银，直到每盎司白银的市场价格达到 1.29 美元为止，或者，直到财政部持有的白银储备的货币价值达到黄金储备货币价值的 1/3。法案授予财政部长充分执行这项命令的权力”（Friedman and Schwartz，1963，第

① 这次会议于 1933 年 6 月 12 日在伦敦召开，于 1933 年 7 月 27 日闭幕。

485 页）。①

根据 1934 年法案所进行的买和卖以及后来的法案所做的买和卖一直持续到 1961 年末，直到 1963 年才废止了购买法案。然而，尽管根据这一法案获得了大量的白银，但该法案的两个目标——每盎司白银 1.29 美元的价格以及货币白银储备达到货币黄金储备的 1/3——都没有能够实现。这些收购——根据 1933 年 12 月 21 日法案从国内生产商处的购买，以及 1934 年 8 月 9 日持有白银储备“国有化”的声明，再加上根据《白银购买法案》在公 165
开市场上的购买——一开始使白银价格从 1933 年 12 月以前的每盎司大约 44 美分，推高到 1935 年 4 月 26 日所声称的每盎司 81 美分的高点。1936 年初，价格又下跌到每盎司 45 美分左右，直到第二次世界大战的通货膨胀时期，这一价格才出现明显上涨。“二战”末期，白银价格的涨幅超过了政府的国内采银支持价格，这样，

---

① 由帕里斯提出的这份法案的概要如下（Paris，1938，第 54—55 页）：

目的：

（1）提高白银价格；

（2）使白银的货币储备增加到黄金储备货币价值的 1/3；

（3）发行银元券。

为达成这些目的将采用的方法：

（1）由财政部长依据他相信符合公众利益的条件和情况在国内外购买白银；

（2）在价格达到货币价值时（每一金盎司 1.2929 美元），或是白银的货币储备在价值上等同于货币黄金储备的 1/3 时，停止购买白银；

（3）1934 年 5 月 1 日，美国的白银价位每一金盎司不超过 0.50 美元；

（4）在白银的货币储备从价值上超过黄金货币储备的 1/3 时，开始出售白银；

（5）准备发行的银元券的面值数额不低于白银购买的成本；

（6）财政部长可以管理与白银相关的进出口及其他交易；

（7）总统可以将白银产业“收归国有”；

（8）买卖白银的利润应有 50％作为税赋。

1946 年又通过了一项法案，将铸币税降低到 30 美分，其暗含的意思是，支持价格为每盎司 90.5 美分。一直到 1961 年，市场价格都通过财政部的买和卖钉住在这一水平上。在政府的干预结束之后，由于白银也掺和了战后的货币扩张，白银价格最终上升到法定货币价值之上。后来，白银价格的上涨高到足以把所有价值低估的小银币都大量地送进了熔化炉，或是钱币市场。

至于第二个目的，在整个 20 世纪 30 年代，货币白银储备对货币黄金储备的比率，从来就没有超过 1∶5——这离 1∶3 的目标还相差很远。由于法定黄金货币价格上涨到每盎司 35 美元，黄金储备的大量增加抵消了大量购买白银的效果。

国内影响

白银法案对国内只有一个意义重大的影响——即对国内白银生产商提供，由纳税人承担费用的补贴。生产商的反应就是将白银的生产从 1934 年的 3300 万盎司增加到 1940 年的 7000 万盎司。经济增长无论如何都会引致白银生产的增长，因为多数的白
166 银都是开采铜、铅和锌的副产品。然而，补贴价格不仅刺激了白银的开采，也刺激了铜、铅和锌的开采。

白银集团将对白银生产的刺激视为有益于自己的好事情，因为它为产银诸州提供了就业岗位。然而，为了得到其他利益集团的支持，尤其是农业集团的支持，白银的支持者极力说明，白银购买计划通过增加货币供给，可以促进货币扩张，按照他们的说法，白银购买计划还可以通过增强用白银作货币的国家的购买力，而

推动出口的增长，尤其是推动对中国和印度的出口。①

财政部是靠印制银元券来为白银购买付款，这就增加了货币供给。但是，增加货币供给还有许多其他途径，这些银元券的实际货币效应只不过是用印刷出来的银元券替代了联邦储备券而已。换句话说，白银购买计划不能阻止联邦储备消除白银购买的货币效应。

正如我们马上就会看到的，对使用白银的国家的影响，完全与所说的相反；带来的是巨大的经济难题。

总之，短期内的国内影响非常明确，纳税人付钱让人把白银从地里挖出来，经过冶炼、铸造，然后送到华盛顿储藏起来，或是送进其他政府的仓库——如果确实有任何有益的产出，哪怕确实有一种产出的话，这也是一种不产生任何东西只是为了安排工作而工作的计划。从长期看，这是一项甚至对国内白银利益集团都有害的计划，因为这项计划对其他国家的影响，毁掉了一直是他们产品的主要市场的市场，也就是说，毁掉了把白银作为货币使用的目标。

迟至 1933 年，中国一直是仍然实施银本位制的人口众多的国 167
家，从 1493 年到 1932 年，其全部白银存量的 43%，白银生产的 30%，都用于货币用途（Leavens，1939，第 369 页）。但截止到 1979 年，铸币用的总量只有白银消费总量的 5%。综观战后多数时期，白银的工业消费量基本上超过了新的白银生产量加白银废料，平衡是美国的白银储存以及白银非货币化并熔化银币的结果

① 中国当时仍然实施银本位，但印度已不是银本位制国家。虽然印度在 1893 年放弃了银本位制，但印度的硬币仍以银币为主。

（见下一节）。

白银的价格反映出同样的情况。从公元前1670年到美国和法国使白银非货币化的1873年，黄金的年平均价格从没有高出过白银价格的16倍。有记录的最低比价出现在公元前50年，黄金的年平均价格略差一点就是白银价格的9倍（Warren and Pearson，1933，第144页）。值得注意的是，三千多年以来，黄金价格一直在高于白银价格9—16倍这一范围波动。从1687年（开始有了连续的年度估算）到1873年（这一年白银无可争议地成了主要的货币金属），这一波动范围更加窄了，大约在14倍和16倍之间。[1]这种状况在1873年之后发生了极大的变化。从那时起直到1929年，这一比价在15倍到40倍范围波动，除了第一次世界大战期间和之后的几年时间，多数时间黄金价格都高于白银价格30倍。在大萧条期间，白银价格急剧下跌，1933年时这一比价拉升到了76倍。白银购买计划暂时将这一比价打压到了1935年的54倍，但接下来又在1940年和1941年升至100倍以上并持续保持。1970年，由于美国将黄金价格钉在每盎司35美元，而当时的通货膨胀又推动白银价格与其他商品价格一起上涨，因此黄金与白银比价下跌至18倍。1971年放开黄金价格之后，这一比价再次上升并
168 大幅波动，总的来说大约是75∶1。

在这混乱的几十年中，除了白银购买计划之外，还有许多力量影响到白银的使用和价格，最为显著的是1971年之后，最终采用

① 黄金与白银在当时价格的窄幅波动并不意味着黄金或白银的购买力是固定不变的。

了不兑现货币体系；世界货币体系的特征发生了变化。然而毫无疑问的是，由白银购买计划引起的最初白银价格的上升，在减少白银的货币需求方面，起到了重要的作用，这一点最终将白银价格压低到本来应有的价格水平之下。

然而，正如图 7-1 所示，从长远看，白银购买计划掀起的只是一个小小的泡泡。这张图绘制的是对变化作过调整的从 1800 年到 1989 年的白银的一般价格水平。① 按 1982 年的价格计，1800 年至 1873 年的白银真实价格在 10 美元和 18 美元范围变动，1873 169
年美国与其他国家的白银非货币化开始了白银价格的长期下滑。

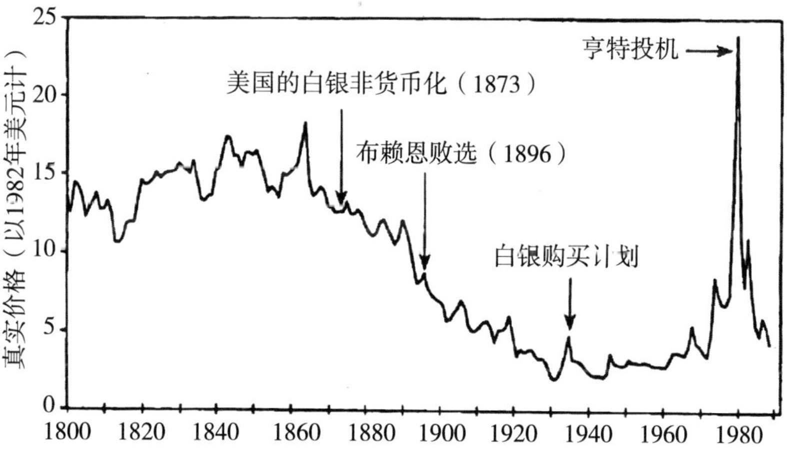

图 7-1　1800—1989 年白银真实价格(以 1982 年美元计)

① 所获的连续价格序列是将弗里德曼和施瓦茨书(Friedamn and Schwartz, 1982)中的平减指数与 1976 年到 1986 年的商业部 GNP 平减指数以及美国黄金委员会报告(1982)中 1800 年到 1867 年的批发物价指数合在一起。纽约的白银价格是由沃伦和皮尔逊的著作(Warren and Pearson, 1933)、《历史统计》(*Historical Statistios*)以及贾斯特拉姆的著作(Jastram, 1981)拼合起来的。

19 世纪 90 年代早期，在白银购买法案首次被废止，然后布赖恩的败选结束了白银会重新货币化的任何现实机会之后，白银价格的下滑转变成了溃泄。1934 年的白银购买计划止住了这一溃泄，但也只是暂时的。一直到 20 世纪 60 年代，由于白银的使用在照相业及其他产业中有了增加，白银价格下降的趋势才得以真正终止。亨特兄弟（Hunt brothers）对白银进行的那次倒霉的使他们失去了大部分巨额财产的投机，使白银价格达到了史无前例的水平，全年平均价格达到了近 25 美元，但在达到峰值后，白银价格又下落到了早前的水平。

对其他国家的影响

美国给予白银的高价也影响到了其他许多国家。尽管在 19 世纪 70 年代，作为主要货币金属的白银输给了黄金，但主宰了世界几个世纪的白银还是留给了许多国家大量的银币。在货币转成黄金后，银币的面值被确定为高于银币所含白银的市场价值，这就是币面价值高于实际价值的名目硬币（token coins）。但由于美国驱使白银价格上涨，这种情况便发生了变化，在许多国家，硬币作
170 为金属比作为货币更值钱，所以硬币被送进了熔化炉。

同样的现象也在美国南北战争期间绿背纸膨胀之时出现过，绿背纸膨胀使辅币急剧短缺，人们纷纷用邮票作为“辅币”（shinplasters）的替代品。甚至在邮局开始生产无胶邮票以满足它们作为辅币的需求时，这一别称仍然存在。后来，辅助纸币替代了邮票。这一现象在“二战”之后又在美国出现，当时，通货膨胀将白银

价格推到了法定货币价值之上。不过这一次人们预先有了准备，即减少了铸币中的白银含量。现在的10分硬币(dimes)、25分硬币(quarters)以及5角硬币(half dollars)都有一种白银的光泽，但实际上都只是铜币，只不过镀了一层薄薄的镍。

1935年和1936年，由于白银的价格越来越高，各国都相继改变了自己硬币中的白银含量。“世界范围内的降低银币成色的行动使铸币不再进入熔炼炉，中美、南美、欧洲和亚洲，甚至非洲也参与了这一行动”(Paris，1938，第72页)。

墨西哥则是一个特例。作为白银的最大生产国，墨西哥从白银高价中获益不少。而且，它自己的货币也多数是银币。至1935年4月底，白银比索作为金属的价值，超过了它作为货币的价值。“为了防止这些比索作为硬币或以熔化掉的形式运往美国，卡德纳斯总统宣布4月27日为银行假日。然后，他又下令将所有的硬币兑换成纸币，并禁止银币的出口……一年半之后，白银价格下跌，这些命令又被废除，而且还重新恢复了白银铸币”(Paris，1938，第71页)。然而，墨西哥却将其货币制度永久性地改成了有管理的纸币 171
本位制。白银高价所带来的短期利润，其利益或许会超过银行假日带来的直接危害以及随之而来的货币制度的发展。然而，从长期看，这种直接收益却被失去对白银需求的主要源泉，以及被迫采用有管理的纸币本位制所带来的持续性货币效应抵消。

对中国的影响

我之所以特别注意到中国，是因为在1933年，即在美国开始采取行动提高白银价格之时，中国是唯一一个重要的银本位制国家。① 结果，美国的白银购买计划对中国的影响远远大于对其他国家的影响。虽然中国并不大量生产白银，但作为使用白银为货币的结果，中国积累了大量的白银。印度也有大量的白银储存。(与中国相同的是，印度长期以来也采用银本位制，但与中国不一样的是，印度在1893年放弃了银本位制，并于1899年采用了金本位制。)

在大萧条年代的早期，银本位制对中国来说是一件幸事。与中国进行贸易的国家当时都是金本位制，1929年之后，这些国家的价格包括白银价格急速下跌。由于中国实行银本位制，相对于金本位制的货币来说，白银价格的下跌等同于白银货币的汇率贬
172 值；这使中国的汇率等同于浮动汇率。比如说，1929年，在外汇市场上，中国的1银元等于36美分，但在接下来的两年中，相对于黄金来说，白银价格下跌了40%多，这就使中国的1银元只值21美分。因为美国的批发价格只下跌了26%，所以中国才能用自己的货币为其出口制定较高的价格，尽管依据黄金的价格他们的货币价格较低。当然，这样一来进口就更昂贵了。两相抵消之后的净结果是，在中国的出口下降的同时，这种下降比之世界出口的下降或中国进口的下降，都要小很多。1930年和1931年，中国出现了

---

① 因为与中国具有紧密的经济联系，所以香港也实施银本位制。埃塞俄比亚(当时称阿比西尼亚)以及波斯(即现在的伊朗)也都是(Leavens，1939，第369页)。

称中国为银本位制意义十分重大。“在中国，铜……在商业中的使用[比白银]比例更大……这些铜币……是以它们的金属价值为基础进入流通的。铜币成为交换媒介，而且对普通人非常重要”(Kreps，1934，第251—252页)。然而，基本上所有的批发交易和对外贸易，都是用白银进行的。

国际收支盈余，这反映为黄金和白银的净输入。从其内部来说，在世界其他国家都在遭受巨大的通货紧缩的痛苦之时，中国却经历了一次温和的通货膨胀和温和的增长。[①]

1931年，英国、印度、日本以及其他国家相继脱离金本位制损害了浮动汇率带给中国的优势。这些国家的货币相对于美元贬值，这就意味着，中国的银元相对于英镑、卢比和日元升值，但相对于美元却在继续贬值——到1932年末，已到了19美分。虽然由于白银价格相对于美元继续下滑的庇护，由于其经济货币化程度的局限，以及一般老百姓大量使用铜币的缓冲作用，中国还是第一次开始感觉到了世界大萧条的影响。中国的国际收支急剧恶化， 173
1932年，中国不得不输出黄金和白银来为超过出口的进口进行支付。在当代多数研究者眼中，1931年的中国国内批发价格达到了顶点，然后开始急剧下滑，经济状况也开始恶化(Salter，1934，第6页；Wignall，1978b，第36、37页)。

1931年，英国与其他国家脱离金本位制而对中国产生的不利影响，又因为日本于1931年9月对满洲的占领而强化。当时，尽管地方军阀占据了某些地区，共产党也在闹革命，但中国整体上仍然由蒋介石的国民党统治着。“蒋介石对满洲被占领的反应说明了中国的懦弱。他只是接受这一现实，根本没有奋起抵抗。国民党领导人不仅要全力以赴建设自己的军队以应付日本的入侵，他

① 对中国实行类似浮动汇率制对国内物价产生的影响这一课题的出色讨论，可参见威格纳尔(Wignall，1978a，第33—43页；1978b，第39页)。这些文章在原文中都无署名。我是根据《亚洲货币监测》的创办人和编者约翰·格林伍德1990年4月18日给我的私人信件确认了作者。

们还需要有一支强大的军队来镇压共产党，并压制地方军阀的权力基础。这些军事上的需求就是国民党的预算赤字日渐增长的关键原因。长期赤字财政所带来的国力衰弱(debilitating)的后果，是中国后来恶性通货膨胀的主要因素”(Greenwood and Wood, 1977a,第 27 页)[①]。

174 中国通过银本位制在对外贸易中所获得的暂时性优势并没有马上受到损害，但在美国于 1933 年也脱离金本位制之后，这一优势逐渐减弱，并转化为劣势。中国的银元相对于英镑、日元和卢比进一步升值，而且第一次对美元升值，即从 1932 年末的 1 银元兑 19 美分，升值到 1933 年末的 1 银元兑 33 美分——差不多一直回升到了 1929 年的水平。事实上，按照美元和其他货币正在上升的价格，在某种程度上抵消了中国银元升值的效应。但美国白银价格的上涨，快于一般价格的上涨，所以，只有一小部分升值效应被抵消。结果，中国的出口急剧下降，相对于 1930 年出口下降了 58%，贵金属的出口依然继续。与此同时，世界大多数国家都开始从大萧条走向复苏，而按照当代学者的说法，中国却正在走向国内萧条的最严重阶段。[②]

美国脱离金本位制对中国产生的不利影响，又因为美国对白银“做点事情”的行动而大大强化，美国的行动是 1933 年间白银价格几乎翻了两倍的主要因素，到 1935 年 4 月，甚至达到了超过三

① 由格林伍德和伍德撰写的这篇文章和其他两篇文章在原件上没有署名。我是根据《亚洲货币监测》的创办人和编者约翰·格林伍德 1990 年 4 月 18 日给我的私人信件确认了作者。

② 这一数据以及前后两段中的数据，都出自索尔特(Salter,1934,第 15—19 页)。然而，亦可参见本章附录中布兰特和萨金特(Brandt and Sargent,1989)、罗斯基(Rawski,1989)以及张邦华(P. H. K. Chang,1988)所做的不同解释。

倍的顶峰。在这一时期,中国的银元是按市场价格1银元兑41美分定价。如我们稍早时候所说,白银的价格随后下降,但在这之前,对中国的危害已经显现。1934年10月14日,中国放弃了银本位制,提高了白银的出口关税,并开始征收一种可调整的“均一费”(equalization charge)。中国采用的“基本上是一种纸币本位” 175
(Wignall,1978b,第38页),尽管官方说法是,中国一直到1935年11月3日,在政府公布进行全面货币改革时,才放弃银本位制。

如果白银在中国仅仅是一种商品,那么白银价格的上升将给中国带来意外之财,也使得中国能够以较高的价格处置自己的大批量白银储蓄。但因为白银是中国的货币,所以白银价格的上升引发了严重的通货紧缩,这场通货紧缩又反过来严重地危害了中国的经济状况。“在出口越来越缺乏竞争力的时候,进口却在下降。工业生产由于经济中的低水平活动而趋于终止,失业增加,物价下跌。通货紧缩对农业的影响也很明显,农产品价格指数从1926年的100下降到1933年的57。这一切都表明,对那些依靠耕种土地为生的人来说,收入和购买力都在急剧下降”(Greenwood and Wood,1977a,第32页)①。按照1929年到1947年担任中国金融顾问的阿瑟·N.扬格(Arthur N. Young)的说法:“中国从一种温和的繁荣走向了极度的萧条”(Young,1971,第209页)。

美国白银政策对中国的不利影响既不是不可预测,也不是未预测到的。受“中国政府邀请,在国民经济委员会(National Economic Council)担任了几个月官方顾问的”阿瑟·索尔特(Arthur Salter)爵士,曾经在1934年2月的一份报告中写道:“让中

① 参见本章附录对这一事件的另外解释,即由美国白银购买计划推动的情况。

国的银元放弃当前银本位的任何主意，都存在极大的风险和难题。但是，如果不这样做，中国只有在白银价格相对于外汇和世界商品
176 价格停止上升的情况下，才能避免进一步通货紧缩的伤害。关键的因素是美国的白银政策。因此，对中国（其白银的实际利益绝对大于其他任何国家）来说，重要的是要将自己的立场对美国政府讲清楚”（Salter，1934，未编码的卷首页及第108—109页）。值得指出的是，这篇报告是在许多危害已经发生之后才写的。随后，1934年9月3日，《纽约时报》大体上根据索尔特的报告发表了一篇社论，社论中说：“最初，人们说我国白银政策的另一方面是它能明显地有利于‘使用白银’的国家，‘能恢复远东国家的购买力’……然而，采用银本位制的唯一重要的国家是中国，那些声称了解中国情况的人实际上一致相信，白银价格的上涨唯一能威胁到的就是这个国家。”《纽约时报》社论的结论暗示着，美国的白银政策“具有一种出人意料的结果，它将唯一重要的依然采用银本位制的国家推向了金本位制”。① 事实上，美国的这一政策将中国推向了纸币本位制。

1934年3月，美国财政部将耶鲁大学教授詹姆斯·哈维·罗杰斯派往中国，考察白银价格上涨对中国的影响。与索尔特一样，罗杰斯也报告，白银涨价对中国的影响是极为不利的，他是在10月，在多数损害已经发生之后，就这件事情本身给财政部部长亨利·摩根索（Henry Morgenthau）写的报告，报告说，“我觉得，在给中国政府
177 一个机会，对货币动荡进行调整之前——继续实施这一新政策[抬高白银价格]，没有尽到国际责任”（Young，1971，第205页）。

---

① 索尔特作为《纽约时报》的通讯记者，报导过1933年伦敦世界经济会议，此后，他继续为《纽约时报》撰写特稿。《纽约时报》报道说，他曾于1934年在纽约做过几次演讲，所以，我在上面征引的那篇社论正是出于他的手笔，也不是不可能的。

放弃银本位制对中国国内价格上涨的影响非常迅速，但直到1937年都很温和。比如上海的年均批发价格从1931年到1934年下降了23%，从1934年到1935年又下降了1%，然后在接下来的两年中上升了24%。但是，1937年夏天日本侵略中国，这一情况很快发生了改变。“为支付抵抗日本侵略的费用，政府支出急剧增加，后来，又要资助反对共产党的国内战争”(Greenwood and Wood，1977a，第25页)。毫无疑问，就算美国没有抬高白银价格，政府支出也会增加，中国或迟或早都会脱离银本位制，走向纸币本位制。但是，美国的行动使纸币本位制和通货膨胀的进程加快了，而不是推迟。由于失去了至少可以为政府的扩张性支出融资的白银储备，蒋介石的地位直接受到了削弱，因此而推迟了膨胀型货币创造的时间。蒋介石的地位也间接由于美国的行动而造成的严重混乱的经济状况而削弱，这一经济状况也逐渐损害了大众对国民党政权的支持。① 如果美国没有推高白银价格，中国也会在事实

① 这种影响到底有多重要，我们可以从白银出口和政府的预算数据中获得一些看法。从1932年到1936年，中国出口了大约9亿银元(按法定中国价格估值)，从1932年到1938年，出口银元近14亿(Leavens，1939，第303页)。一些间接证据表明，这些白银多数来自私人持有的白银存货，大约一半多是政府间接持有的货币储备，或者官办银行(government owned banks)存款准备金和纸币储备。1936年，也就是日本侵华的前一年，国民政府已经开始尽大力气筹建军事力量，政府为此的借款为2.76亿元，其中很大一部分是为到期债务筹措资金(Rawski，1989，第15页；Brandt and Sargent，1989，第43页)。所以，如果政府手中持有白银，尽可以为这笔赤字筹措几年资金，再者，如果白银一直作为货币使用，由于价格稳定，至少可以在一段时间内创建出一个更健康的货币条件。因此，由于扩充军力而产生的赤字会要少一些，非通货膨胀的借贷能力会更大一些。总之，要这样说也不是不合适，即通货膨胀的货币扩张的开始至少可以延迟一年，或许可以后延两年或更多年头。

当然，要认识到，某些白银的出口是政府用来购买货物和服务的支出。但多数白银的出口大概都成了私人账户上用以替代国内资产的外国资产。

178 上脱离了银本位制的几年后放弃银本位制，但会在一种更好的经济条件和政治状况下放弃银本位制。整个事态的未来发展过程也会发生改变。最终那场恶性通货膨胀可能无法阻止，但至少可以往后拖延。

自 1937 年开始，美国的白银政策再也没有对中国产生过影响（但毫无疑问，美国的其他政策还在对中国产生影响）。这一损害是由美国政府的短视造成的，这是那些在政治上拥有强权，但只关注集团的短期而狭隘的利益的人干的事情。这件事仍然余震未息。

中国的恶性通货膨胀

179 日本对中国的侵略使国民党政府开始了手脚忙乱的军事计划，这一计划基本上是靠印刷钞票来融资。从 1937 年到 1945 年，纸币的发行增长了几乎 300 倍，或者按每年 100 个百分点平均计算，纸币的发行从 1937 年到 1938 年的 27%，增长到战争结束那年的 224%。价格的上升则更快一些，战争结束时已达到初始水平的 1600 倍，或者说，是以每年 150% 的平均速度增长。[①] 很显然，这是一种严重的通货膨胀。但是，价格的上升“由于美国对国民党政府的大量援助，由于美国参与太平洋战争，以及从日本占领区涌入的难民人数的急剧下降而没有达到恶性通货膨胀的水平。

① 纸币发行的数据来源于杨培新（Yang，1985，第 35 页），批发价格数据来源于黄（Huang，1948，第 564 页）。我感谢刘娜（Liu Na，音译）为我翻译了标题，并将杨培新书中的表格标题从中文译成了英文。

实际上，在取得抗战胜利前的几个星期里，由于预期到盟军对日作战的胜利，预期到外国供应的重新开始，商品价格还出现了下降”(Greenwood and Wood，1977b，第 32 页)。

日本投降之后，最初的情形似乎很不错，国民党人与共产党人之间也达成了停战协议。然而，“实际上，在争夺国内控制权的情况下，双方都对联合阵线不感兴趣。……武装冲突越来越严重，国内战争重又爆发……截止到 1947 年底，战争在几千里土地上铺展开来，双方都投入了数百万兵力……1947 年底，共产党占领了河北省和山西省，1948 年底，共产党又在徐州附近的淮海平原上取得了决定性的胜利。1949 年 1 月，国民党将领杜聿明率领国民党军队的王牌部队投降……蒋介石于 2 月下野，带着最后剩下的黄 180
金储备(大约 300 万盎司)飞到了台湾”(Greenwood and Wood，1977b，第 33 页，第 44 页)。

毫无疑问，官僚、腐败以及不良金融管理，在在都导致了货币市场的崩溃和恶性通货膨胀的爆发，这些原因也是国民党战败的主要原因。国民党最后拼死孤注一掷，“1948 年 8 月 22 日，蒋介石宣布对货币进行改革……在改革的名义下，创立了‘金元券’……冻结了价格，三个月之内，所有私人持有的黄金、白银和外汇都要交出”，这就等同于全部充公。只有使用武力才能达成这一结果。但在这一过程中，“当局失却了少数还没有放弃自己的社会责任的人士仍然对其保留的一丝尊敬”(Greenwood and Wood，1977b，第 40—41 页)。11 月，由于黑市猖獗，政府承认了自己的失败。总而言之，将“金元券”与较早的货币联系在一起，1949 年 4 月，即在政权易手之前，国民党统治区的商品价格比之 1946 年 12

月的价格水平上涨了5400多万倍。也就是说，每个月的平均上涨率近90%——远远超过菲利普·卡甘(Phillip Cagan)在从其他通货膨胀历史中分析恶性通货膨胀、今日已成为经典的恶性通货膨胀研究中所采用的每月上涨50%即为恶性通货膨胀的价格水平(Cagan，1956，第25页)。

恶性通货膨胀不仅帮助共产党人夺得了政权。在战争过去之后，共产党人还能消除恶性通货膨胀，毫无疑问，这也有助于共产党人巩固其政权(Greenwood and Wood，1978)。

181

结论

我们不太可能非常精确地评估美国白银购买计划在中国共产党人获得政权的道路上所起的作用。但毫无疑问的是，战时的通货膨胀，尤其是战后的恶性通货膨胀，极其严重地削弱了人们对国民党政府的信心，“1949年10月共产党掌握政权并没有在中国的商业和金融圈子里引发很大的不安”。但这并不能简单地或在很大程度上归因于美国白银购买计划的余波效应。“普遍的看法[在共产党人掌握政权后]是，再没有什么比之前那个政权的不称职和腐败更坏的事情了”(Greenwood and Wood，1978)。

有或没有白银购买计划，中国的对日作战和国内战争都会引发通货膨胀，不称职和腐败也照样会存在。然而，如果没有白银购买计划，国民党或许因为通货膨胀比较低而多在位一年或两年。银本位制的存在会是一个抑制通货膨胀的力量，有白银可用将会是另一种情况，由于没有较早时候的通货紧缩，情况也会不同。但毋庸置疑的是，最终还会是相同的结局，但不会在相同的时间段里发生，结局的发展会拖得更久一些。避免发生翻天覆地的动荡可能会稍好一些——对中国会好一些，对美国也会好一些。

182

第七章附录　对中国脱离银本位制的另一种解释

本章对中国这段历史的讨论是我与安娜·施瓦茨在《美国货币史》(Friedman and Schwartz,1963,第489—491页)中所讨论内容的扩充,基本上,我们对这段历史的解释依然如旧。我们的解释最近受到洛伦·布兰特(Loren Brandt)和托马斯·萨金特(Thomas Sargent)的质疑,而且,张邦华也根据两组最近的统计数据向我们提出了疑问。

我们理所当然地认为,白银出口(尤其是1934年和1935年的白银出口)导致中国货币存量的减少,并通过国际交易商品,将通货紧缩传递到了一般价格水平。我们还认为,当代学者所说的萧条经济状况,主要是货币紧缩的结果。

谁都不否认,白银价格的上升导致了严重的通货紧缩。问题在于如何引发了通货紧缩?较高的白银价格是否真的如我们所认为的那样,对中国就是一场灾难?是不是一种好处呢?

叶孔嘉(K. C. Yeh,1964)对国内总产量所做的估算表明,从1933年到1934年,中国的真实收入明显下降,最初的下降是因为农
183 业歉收,并不是由于1932年到1936年的大萧条所致(参见Brandt and Sargent,1989,第46页表5)。托马斯·罗斯基(Thomas

Rawski,1989,第 312—400 页)对中国的货币供给的估算表明,银行现钞和银行存款的增长大大抵消了由于白银出口而导致的硬币的减少,所以,货币总量不仅在 1931 年之前有所增加,而且 1931 年往后也在增长(参见 Rawski,1989,表 C16,第 394 页)。从表面意义上看,这两组估算都与我们将这段历史解释为货币紧缩有矛盾。

洛伦·布兰特和托马斯·萨金特(Brandt and Sargent,1989)认为,这些新增加的证据表明,这段历史是硬币本位制的一段"自由银行制度"(free banking)的历史,在这段时间中,较高的真实白银价格意味着较少的白银现货存量可以支持按名义单位计算的相同货币总存量。他们认为,价格紧缩是由"一价定律"(law of one price)引致的,这就是说,价格紧缩不是由货币紧缩引发,而是由国际和国内价格的套汇活动引致的。他们推测,具有充分弹性的价格可以将"一价定律"引发的价格紧缩与真实经济隔离开来。较高的白银价格只是使持有白银有些裨益而已,如果想从这种裨益中获利,还需将他们不再需要用来支持货币存量的白银输出国外。

他们的结论是,"美国白银购买计划并没有引发一连串的不利的经济事件,以致最终迫使中国脱离了银本位制,走向了纸币本位制。毫无疑问,美国白银购买计划确实对中国价格水平的下降起到了推波助澜的作用……但所显示的证据并不支持真实经济活动中的大混乱都是由价格水平的下降引致的说法……是中国政府让中国货币体系脱离了白银,中国政府想增加其[从高价白银中获益的]份额……或许,中国政府也意识到,在即将到来的几年中,如果 184
能阻止银行的资本,即阻止银行用银行券的形式发行可兑换白银的高收益低面额资产，他们就能很容易地发行低收益率的债券了”（第49页）。

对外贸易的证据——附带说一句，这一证据依据的是比叶孔嘉和罗斯基的估算更坚实的统计基础——与这种具有高度想象力且具有理论吸引力的解释截然相反。如果通货紧缩的真实效应微不足道的话，那么，尽管双方的名义价格都在下降，它也不会对进口和出口的真实价格产生如此大的影响。相反，由于从1933年开始，世界其他地方的经济都在扩张，出口和进口的真实价格预期也会上涨。再加上持有白银的“裨益”效应，未预见到的财产的增加会引致它们在国外和国内的商品和服务上，花费更多的支出。对外国商品的额外支出会增加实际的进口额，对国内商品的额外支出会减少实际的出口额，其间的差额要通过现在过剩的白银的出口来补足。

实际的情况与之相反。名义进口和名义出口都在下降，而进口则下降得更多一些。用真实价格来表示（经过批发价格指数的调整），从1931年到1935年，进口每年都在下降，尤其是1933年到1935年，即白银大量出口的一年，进口下降尤为剧烈。从1932年到1933年，按真实价格计算的出口实际上在上升，这明显是由世界各地的经济复苏和中国较低的真实价格带来的好处。1933年到1934年，进出口略微有些下降，1934年到1935年，则略略有些上升（根据张邦华的数据，Chang，1988，表4，第103页）。这种情况与货币紧缩的解释完全相符，但与布兰特—萨金特解释所要求的东西相反。真实进口的下跌始自1931年英国脱离金本位制，
185 在1933年美国脱离金本位制并开始白银购买计划的时候，真实进

口的下跌最为剧烈。真实出口的上下波动，反映出因用白银所表示的外部价格的变化而引发的内部价格下跌所造成的中国的较低真实价格。

更进一步研究，这两种新的估算哪一种都没能构成对货币论解释的真正挑战。我与施瓦茨以及当代的研究者们，可能也过高地估计了名义通货紧缩的真实效应。正如阿尔弗雷德·马歇尔在许多年前就已指出的，“货币幻觉”趋向于引致这种过高的估算。在《美国货币史》一书中，我们说这种过高的估算是就 1873—1879 年的美国大萧条而言的。然而，我发现我们很难完全漠视当代学者对构成叶孔嘉的估算基础的不完全和不充分的总体统计所做的评价。[①] 另外，用它来假定中国的价格具有充分弹性，所以通货紧缩
对真实数值只有微不足道的影响，也颇为可信。 186

罗斯基的结论是，尽管白银的出口同样存有疑问，但货币的供给是增加的。他构建了两个可相互替代的货币总额，其中包含了对货币白银总量的不同估算。从 1931 年到 1935 年，两种货币总

① 本章所谈及的价格下跌对经济的效应，引证的是几位当代学者稍早时候的言论（Salter，1934；Young，1971，扬格，1971 所引证的 Rogers）。稍后一些的另一种说法是汤良礼的说法（T'ang，1936）。关于 1931 年英国放弃金本位制之后的时期，他是这样说的：“下跌的价格使情况更加恶化，因为农民和工人们发现，他们的支出，如贷款利率、税赋等依然处于较高水平，他们的收入正在减少，房租、工资等等的下降则大大慢于价格的下降。尽管价格下降，但按固定收入雇用的工人的情况则有所改善，但大多数工薪阶层却由于危机被赶出了就业队伍，这就极大地减少了那些依然保有职位的人的利益。经济状况在持续恶化”（第 51 页）。汤良礼就几年之后的情况这样写道：“1932—1933 年的衰退对产业的影响，通过失业人口的激增而表现出来……1934 年的情况仍然不佳。价格下降最初影响的是制造业工人和自有土地的农民，农业雇工和其他工人则由于较低的生活成本而仍然拥有工作。但随着经济条件的恶化，农业雇工和工人的工资都在下降，苦难在进一步延伸”（第 60 页）。另一位就此发表意见的当代学者是扬格，虽然他的书很晚才出版（Young，1971，第 208—211 页，第 220—223 页）。

额分别增长了23%和20%——完全归功于“国内现代银行”和“外国银行”急剧增加的存款。尤其值得质疑的是，这类存款是否与国内的非金融活动相关联。现代的国内银行和外国银行集中于上海，主要是为上海金融界及国内和国际金融界的交易活动及流动性需求提供服务。这些银行与国内非金融活动的非相关性，通过罗斯基对外在于银行体系的货币与全部货币供给的比率的估算得到证实。货币的减少使货币从1931年占全部货币总额的47%或55%，下降到1935年只占全部货币总额的33%或41%。对于中国这种欠发达的国家来说，即使这种最初的比率就让人难以置信，最后那个更低的比率就更让人难以置信了。① 相反，从1931年到1935年，银行体系外的货币在排除了国内银行和外国银行的存款后，大约是货币总额的80%。对于一个处于中国这样的经济和金融发展阶段的国家来说，这一数据更为可信。②

187 包括硬币和银行纸币以及本土银行存款在内的货币总额进一步紧缩，从1931年到1935年下跌11%和9%，到1933年至1935年下跌13%和11%——所以，严重衰退始自于美国脱离金本位制并开始白银购买计划之后。③ 我的结论是，相对于国内非金融经

① 美国在南北战争之后也没有达到这么低的比率水平，当时美国的人均真实收入大约是1933年中国人均真实收入的10倍。1952年之前的法国，也没有达到过这么低的水平(Saint Marc，1983，第38—39页)！

② 根据国际货币基金组织的估计，1988年欠发达国家的百分比，印度为60%，叙利亚和墨西哥为62%，乍得为65%，扎伊尔和尼泊尔为68%，也门民主共和国是74%，中非共和国是78%。

③ 下降到一个更小的总额的估算可能有些过度，因为罗斯基没有考虑支持银行纸币的白银储备的下降可能性。但即使最大可能地考虑到这一减少，也只能使1931年到1935年的货币有微不足道的增加，并仍然会使1932年到1935年的货币总额减少3%和2%。

济活动，货币供给确实如我和施瓦茨所认为的那样。

张邦华（P. H. K. Chang，1988）根据不同但却相关的理由，在对同一时期情况的更详细的分析中，也不同意布兰特和萨金特的解释，即，“他们很难解释 1934 年和 1935 年白银出口的突然增加，……中国通货紧缩的时间与中国白银出口的情况并不相符”（第 73—74 页）。他不同意我们的解释，一是因为他错误地相信我们的解释与布兰特和萨金特所依据的新的估算相矛盾；二是因为“我们忽略了白银流出中国的真实原因”（第 69 页）。

张邦华指出：“美国支持白银价格的决定，以及中国对通货紧缩和白银出口［张邦华认为有些过度］的强烈反感，都清楚地表明了银本位制的最终终止……［这］就促使中国那些持有白银的人往国外输出白银，”因此增强了政府对这一问题的担心，并最终脱离了银本位制（第 43 页）。

张邦华对白银出口时间的解释似乎是有说服力的。针对美国
提高白银价格决定的后果产生的恐惧所作的投机反应，会因政府 188
禁止白银出口的决定，以及随后建立纸币本位制的决定而引发一连串反应。我们在《美国货币史》中所强调的效应也会带来相同的结果，但恐怕要花很长时间才能产生出这一结果。

这些解释之间的差别，对全面解释中国在 1931 年和 1936 年所发生的事情非常重要。但在这里值得强调指出的是，这三种解释都一致认为：(1)美国白银价格上涨导致了中国剧烈的通货紧缩；(2)在政府禁止白银出口之后，大批白银通过合法和非法的渠道被输出国外；(3)当代学者认为通货紧缩是伴随着严重萧条的经济状况一起发生的——不管是出于货币幻觉，还是出于他们所掌

握的比后来高度综合的、局部的和不准确的统计数据更合理的第一手资料;(4)无论是名义上的通货紧缩,还是伴随真正重大衰退的通货紧缩,都导致了普遍的不确定性和不满;(5)这些现象通过一条途径或另一条途径,迫使中国放弃了银本位制,并以纸币本位制取而代之;(6)经由货币"改革"建立的制度安排,促成了恶性通货膨胀。

由此可知,对 1932 年到 1936 年事件的不同解释,都符合这一结论,即美国白银购买计划是恶性通货膨胀提前发生的原因,而且也是这一通货膨胀比其应该具有的更严重的原因,如果白银价格不是上升得如此猛烈的话。从这方面讲,白银购买计划为共产主义运动在中国获得最后胜利做出了贡献。

第八章　通货膨胀的原因与治理 189

> 要颠覆现存社会的基础，再没有比搞坏这个社会的货币更隐秘且更保险的方式了。这一过程引发了经济规律的破坏性一面中隐藏的全部力量，它是以一种极少数人才能弄明白的方式做到这一点的。
>
> 约翰·梅纳德·凯恩斯(1920，第236页)

中国的恶性通货膨胀就是凯恩斯这一名言的突出例证。如果蒋介石政权能够避免通货膨胀，并更好地管理金融和货币政策，将通货膨胀保持在一位数或较低的两位数范围之内，或是美国在20世纪30年代采取了不同的白银政策，那么，中国今天很有可能会是一个完全不同的社会。

战争与革命是大多数通货膨胀的前奏(progenitors)。西方最早的历史事件中就有大陆币与美国革命，以及指券(assignats)和法国革命——这两种纸币最终都变得几乎一文不值。

多数早期的通货膨胀之所以没有出现恶性通货膨胀，只有一个简单的原因。只要货币是由硬币组成(无论是黄金、白银、铜、铁 190
或锡)，通货膨胀的产生要么是由于新发现了贵金属，要么是技术创新降低了提炼金属的成本，要么就是降低了货币的成色——即用“贱”金属替代了“贵”金属。新发现或技术创新必然导致货币数量的适度增长——导致不会像恶性通货膨胀那样每月产生两位数的通货膨胀率。在降低成色的条件下，不管金属有多“贱”，仍然要耗费某种东西进行生产，这一成本就是对货币数量的一个限制。正如福雷斯特·卡佩在一篇很吸引人的文章中所指出的（Capie，1986，第117页），罗马历时一个世纪之久的通货膨胀，导致了罗马帝国的衰落，使价格水平“从公元200年的100点上升到5000点……换句话说，每年以3%和4%的比例增长”。这一限制是由白银，即最初的货币，和铜，即最终的货币的相对价格确定的。其含义为，银与铜的价格比大约为50：1——大约与1960年的市场比价相同（自那以后，白银价格相对于铜的价格急剧上涨，这一比价现在更高了）。

通货膨胀现在已成了我们熟悉的领域，更别提在纸币广泛使用之后才出现的恶性通货膨胀了。纸币的数量可以按可忽略不计的成本无限递增；所需的只是在同一张纸上印上较大的数字而已。

按照《中国货币信用小史》的作者杨联陞的说法，第一张有记录的“真正的货币”，“于11世纪早期……出现于[中国的]四川”（Yang Lien-sheng，1952，第52页），该书的副标题是“小史”，时间范围涉及两千年。这种真正的纸币持续使用了大约一个多世纪，
191 但最终抵挡不住由通货膨胀引起的过量发行的致命诱惑，杨联陞写道：“最初，是为了满足军事开支的需要。”他还记录了在以后五个世纪中中国不同地方与不同朝代一系列的纸币发行情况，每次

发行都经过一个相同的循环期，最初是稳定而温和的过度发行，然后是大量的滥发，最终则是放弃。直到19世纪，才有中国广泛发行纸币的记录。

纸币只是在18世纪在西方获得广泛使用。我相信，纸币的发行开始于1719—1720年约翰·劳的“密西西比泡沫”，正如《大英百科全书》(1970)所记，当时“银行券的超量发行引发了不断增长的通货膨胀以及商品价格的成倍增长”（参见 Hamilton，1936）——最先是以百万计，后来是数十亿，再后来成了价格成百万亿增长的恶性通货膨胀。

以前的几十年间，我所知道的所有通货膨胀都是战争和革命的结果。但现在的情况不再是这样。玻利维亚、巴西、阿根廷以及以色列都在和平时期出现过恶性通货膨胀——就在我撰写本书的时候，恶性通货膨胀仍在巴西和阿根廷持续。可能也还有其他我们不知道的情况。正如我们所知，个中原因是，战争和革命不再是政府借助于印钞机来为自己的活动筹资的唯一原因，甚至不是主要原因。

无论通货膨胀的近因是什么，通货膨胀都是一种疾病，一种危险的有时是致命的疾病，一种如果不及时治理，会毁掉整个社会的疾病，就像中国的情况一样。第一次世界大战之后，俄国和德国的恶性通货膨胀，在一个国家为共产主义运动奠定了基础，在另一个国家为纳粹主义奠定了基础。巴西1954年出现的年增长率 192
100%的通货膨胀，导致了军人政府的产生。比这严重得多的通货膨胀导致了1973年智利阿连德政府的倒台和1976年阿根廷庇隆政府的倒台，两国都由军政府接管了政权。20世纪80年代巴西和阿根廷再次发生的通货膨胀再次引发了不成功的“改革”，政府的更迭和资本的外逃，增加了经济的不稳定性。

没有一个政府愿意承担制造通货膨胀的责任，哪怕是非恶性通货膨胀。政府官员总是能够为通货膨胀找出种种理由——贪得无厌的企业家，得寸进尺的工会，挥霍无度的消费者，阿拉伯酋长们，恶劣的气候，或是任何貌似有理的事情。毫无疑问，企业家是贪得无厌的，工会也在得寸进尺，消费者是有些挥霍浪费，阿拉伯酋长们也确实在提高石油价格，气候也常常极为恶劣。但所有这些因素可以造成个别商品的价格上涨，不会造成价格的普遍上涨。这些因素也可能造成通货膨胀率的一时涨落，但不能造成持续的通货膨胀，原因很简单：所有这些被指控的罪犯，没有哪一个拥有印刷机，没有哪一个能凭借印刷机印出那些装在我们口袋里称为货币的纸片，也没有哪一个可以合法地授权会计在会计账簿上记入与那些纸片等值的账目。

通货膨胀并不是资本主义的现象。社会主义国家南斯拉夫的通货膨胀率在所有发生通货膨胀的欧洲国家中，当属最高之列；瑞士是一个资本主义的堡垒，其通货膨胀率在欧洲国家当属最低之列。通货膨胀也不是共产党治下的现象。中国在毛泽东领导下几
193 乎没有通货膨胀；苏联几十年来也几乎没有通货膨胀，虽然当下(1991 年)正处于通货膨胀急剧上升的过程中；意大利、英国、日本和美国——都是资本主义国家——在最近的 20 世纪 70 年代，都经历了严重的通货膨胀。在今天的世界，通货膨胀就是一种印钞机现象。

承认严重的通货膨胀无论在何时何地都是一种货币现象，只

是理解通货膨胀的原因并提出治理通货膨胀对策的开始。更根本的则是：为什么现代政府如此急速地增加货币的数量？为什么政府知道通货膨胀有潜在的危险，还要制造通货膨胀？

通货膨胀的近因

在转而讨论这些问题之前，值得再稍稍谈一下上面那个命题，即通货膨胀是一种货币现象。尽管这个命题的意义非常重大，尽管大量历史事实证明这个命题是正确的，这一命题仍然遭到广泛的否认——从很大程度上说，这是因为政府试图掩盖自己制造通货膨胀的责任，所以到处制造烟幕。

如果能够买到的货物和服务的数量——简而言之就是产量——能够与货币的数量以同样快的速度增加，那么，价格会趋于稳定。价格甚至于还有可能持续下跌，因为人们的收入增多以后，都会希望以货币的形式保存更多的财产。通货膨胀是在货币数量明显增加，而且增加的速度超过产量的增加时发生的，每单位产量的货币数量增加得越快，通货膨胀率越高。在经济学中，也许没有哪个命题比这个命题更确定的了。

产量受到可利用的物质资源和人力资源的限制，也受到知识水平和运用知识的能力的限制。产量充其量也只能缓慢地增长。194
在过去的一个世纪里，美国的产量每年平均增加约3%。日本即使是在第二次世界大战后经济增长最迅速的年代，每年产量的增长也只是在10%左右。商品货币的数量也受到同样的物质上的限制，不过正如16世纪和17世纪新世界的贵金属热和19世纪的黄金热等例子所表明的，商品货币的增长速度有时比一般产量的增长速度快得多。但现代货币的形式——即纸币和簿记项目——是不受制于这种物质限制的。

第一次世界大战后德国发生恶性通货膨胀的时候，流通货币**平均每月**增加了300%以上，这种状况持续了一年多，物价也以同样的速度上涨。第二次世界大战后匈牙利发生恶性通货膨胀时，流通货币**每月平均**增加12000%以上，这种状况持续了一年，而且价格上涨甚至更甚，每月上涨近20000%（参见Cagan，1956，第26页）。

在1969年到1979年美国发生温和的通货膨胀之时，货币数量平均每年增加9%，价格每年平均上涨7%。在这十年中，产出的平均增长率为2.8%。这一比率大体上是上面两个百分比之间的差额。

正如这些例子所表明的，货币数量的增长倾向于远远超过产量的增长；正是因为如此，我们在讲到通货膨胀是一种**货币**现象
195 时，没有附加任何有关产量的限定条件。这些例子还向我们表明，货币增长率与通货膨胀率并不完全相符。然而，就我所知，历史上还没有这样的先例：一场严重而持久的通货膨胀，不伴随着大致相等的货币增长速度；也没有这样的例子，货币数量的急速增加，不伴随着大致相等的通货膨胀率。

这里的几张图表（图8：1—5）表明了这种关系的普遍一致性。图中，实线表示有关国家每单位产量的货币数量，记录的是不同时期中每年的情况。另一条线是价格指数——或是价格平减指数，

或是消费者物价指数。[①] 为便于比较，两条线都用平均值在整个时期中所占的百分比来表示。另外，纵坐标是一个对数，这就是说，相同的距离表明了同等百分比的变化。原因非常简单，对价格来说，重要的是百分比的变化，而不是绝对变化。价格增加1美元所引起的价格变化，对一件初始价格为1美元的商品比对一件初始价格为100美元的商品价格的影响要猛烈得多；价格为100美元的商品必须倍增至200美元，才能产生出可供比较的变化。不同图表中的标度并不是相同的，但从与相同的通货膨胀率相一致 196
的相同的斜率来说，它们是可以进行比较的。[②]

每张图表中的两条线必然具有相同的平均水平，但如果数字计算精确的话，两条线并不一定在任何一年都一样，或具有相同的形态。比如说，一条线可能从头至尾都是上升的，另一条则在下降。但在每一个图表中——不同时期中具有截然不同的货币和经济政策的不同国家——两条线在不相同的时候，也很少相互过分偏离，而明显具有相同的形态。但很少完全重合。

图8-1和图8-2是美国和英国的情况，时间涵盖了整整一个世纪，是为了表示尽管环境发生了巨大变化，但这一关系是如何

① 对美国和英国来说，价格指数是指内含估算真实国民收入的价格平减指数，对德国、日本与巴西来说，价格指数指消费者价格指数。除巴西以外，所有国家的货币都类似于美国指定的M2；巴西的货币则类似于美国所指定的M1，这是1989年可以获得的全部数据。对美国和英国来说，产出就是真实国民收入，其他国家的产出则是真实国民生产总值。美国与英国的数据取自弗里德曼和施瓦茨（Friedman and Schwartz，1982，表4.8和表4.9），1975年以后的数据则是根据官方数据推知。其他国家的数据来自国际货币基金组织每年出版的《国际金融统计》中发布的数据，巴西的数据来自巴西中央银行1989年度报告。

② 使所有图表中的纵向标度与横向标度相等就能得出这一结果。

持久(第三章更详细地涵盖了这一时期的稍早阶段)。1931 年之前,两国采用的都是金本位制(英国 1915 年到 1925 年除外),并通过固定汇率联系在一起,这有助于解释两国在第二次世界大战之前的形态如此相似的原因。对这两个国家来说,两次世界大战的年份尤为引人注目,显示出货币的迅速增长。两次世界大战之间也有非常有意思的差别,在第一次世界大战期间,价格的上升与货币的增加大体相等;在第二次世界大战期间,价格上涨比货币增长稍慢,而且时间更长,直到 20 世纪 50 年代末期都没能赶上货币的增长。这种差别部分是因为统计错觉(statistical illusion)。在第二次世界大战中,对价格管制和配额的更多依赖,使价格上升受到抑制并延长。

197

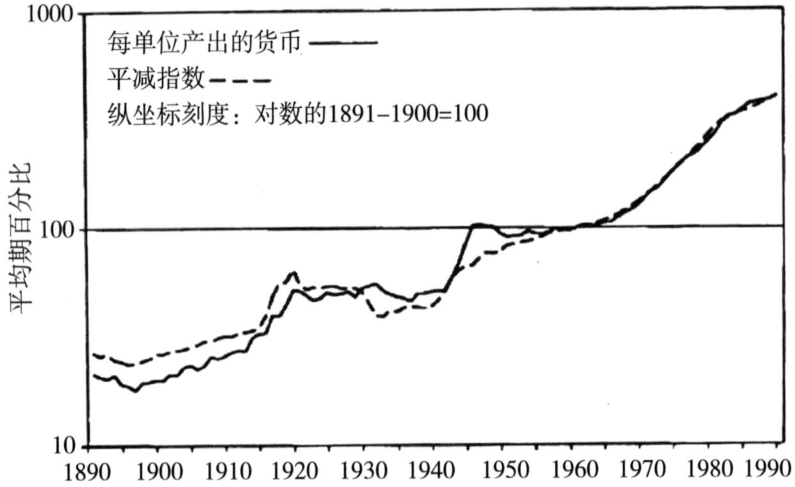

图 8-1 1891—1990 年美国一个世纪的货币与价格

在第一次世界大战之前和两次世界大战之间,除了美国在大萧条时期价格急剧下跌之外,其他时候的价格都相对稳定。第二次世界大战之后的时期,这些情况却极为不同,它表明在和平时期,价格上涨率赶上或超过了战争期间的上涨率。另外，与战前相比，货币和价格水平线相互更紧密地靠在了一起(或许只是因为数据更准确)。

总之，在美国，1990 年的价格水平是 1891 年的初始水平的 15 倍；在英国，1990 年的价格水平是 1891 年的初始水平的 50 倍。两国的差异多存在于第二次世界大战期间及战后，其时，金本位的联系不再存在，所以不能将两国价格联系到一起。20 世纪上半叶(1891—1940 年)，美国的通货膨胀率平均每年都在 1%以下，英国 198
则在 1.6%左右。在 20 世纪下半叶，两个国家的通货膨胀率都涨了 4 倍，美国每年平均为 4%，英国平均为 6.4%。

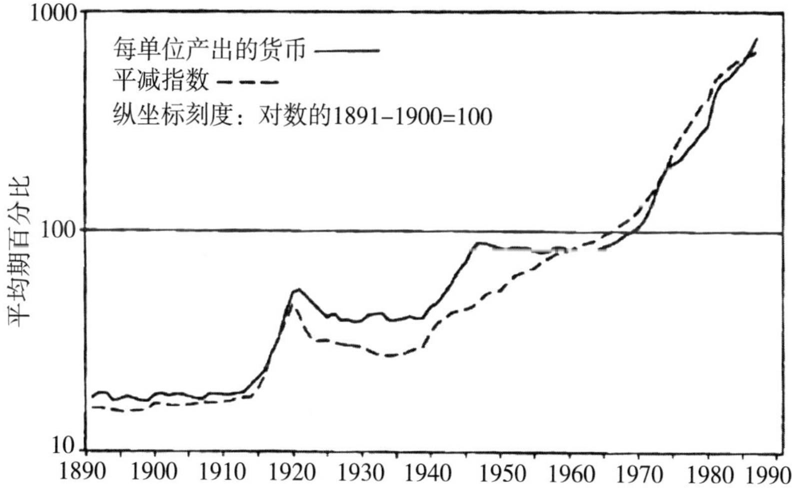

图 8 - 2　1891—1990 年英国一个世纪的货币与价格

德国和日本的图表(图 8 - 3 和图 8 - 4)涵盖的时间更短，只涵盖了从 1961 年到 1990 年的 3 个十年。在这两个国家，货币的增加比价格的上涨更为迅速：在德国，货币每年增加 4.8%，价格每年上涨 2.7%；在日本，货币每年增加 7%，价格每年上涨 5.7%。

在这两个国家中，产量和金融活动的急剧增长都引发了对每单位产出的真实货币余额的更大需求（周转速度下降）。如我们在图 8 - 1 中所见，同样的现象稍早时候也出现于美国。尽管日本和德国都被认为是通货膨胀相对较低的国家，但两国的通货膨胀率都确实高于第二次世界大战之前金本位制国家的通货膨胀率。

199

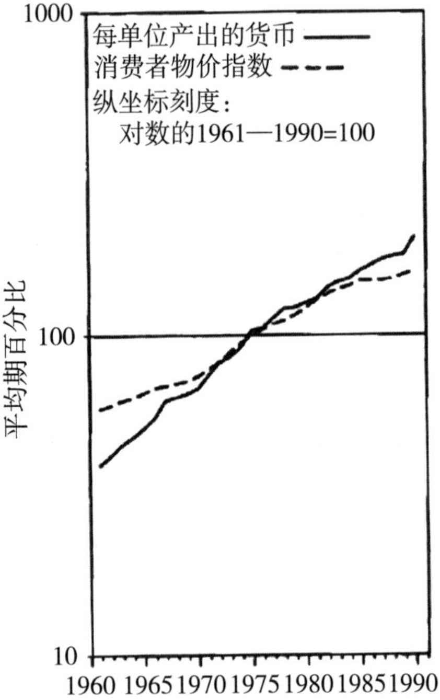

图 8 - 3 1961—1990 年德国三十年的货币与价格

巴西的图表（图 8 - 5）涵盖的是一个更短的时期，只涵盖从 1965 年到 1989 年的 1/4 个世纪，这主要是由于数据有限。巴西数据表明的是一种恶性通货膨胀的现象，其期末的价格水平是初期价格水平的约 600 万倍，即每年平均 86.5%的通货膨胀率。这是复利率功效！正如图表所显示，这一时期的通货膨胀是在加速发展，在最后的几年里，每个月的通货膨胀率都高于整个时期的平均通货膨胀率。而且还无法预见其终结点。我们没有 1990 年的货币和产量数据，但我们的估算是，1989 年和 1990 年的价格翻了 30 倍。迄今为止，反复进行的意在结束恶性通货膨胀的所谓货币改革，都以失败而告终。但或早或迟总有一次会成功。如果不放弃自己的本币，采用一种替代货币，没有哪个国家在巴西这种恶性通货膨胀的情况下可以继续运行下去。

200

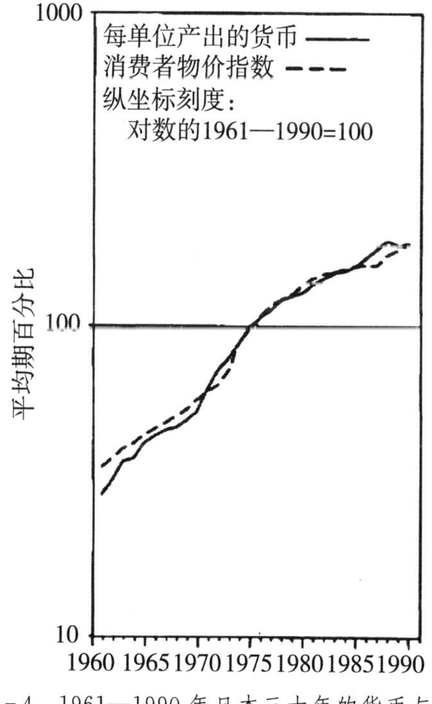

图 8-4　1961—1990 年日本三十年的货币与价格

正如图表所示，货币与价格明显在一起移动。但这给我们提出了一个问题，即哪个是因哪个是果的问题。价格上涨是由于货币数量的增加，还是货币数量的增加是由于价格的上涨？大量的历史事件将何为因、何为果的问题，区分得清清楚楚。

201

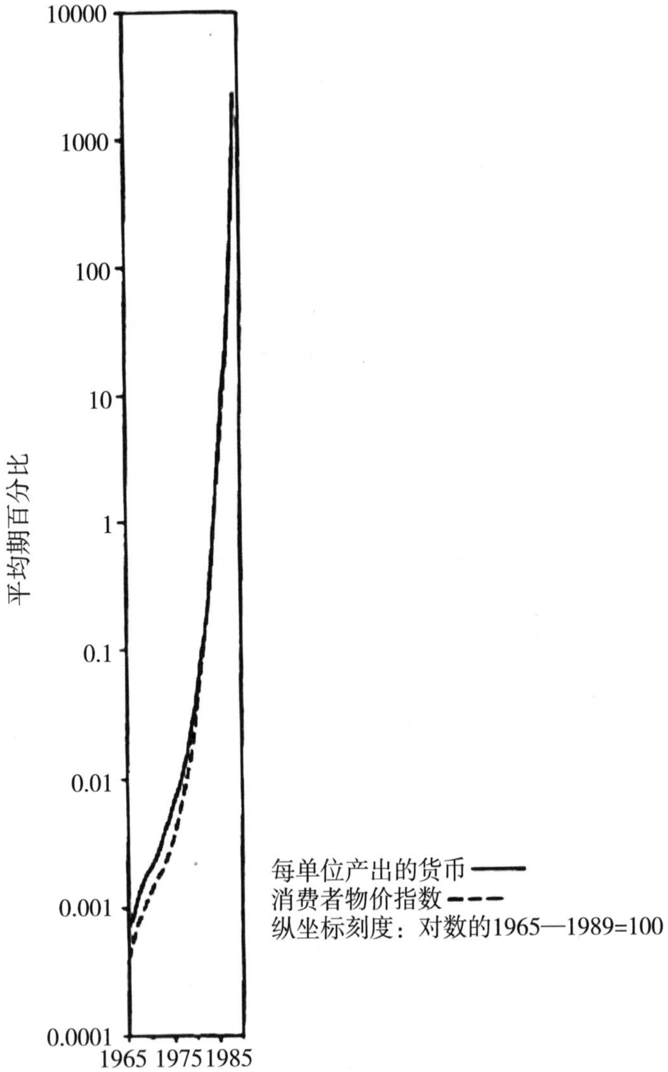

图 8－5　1965—1989 年巴西二十五年的通货膨胀

一个绝好的例子是美国的南北战争。当时南方主要依靠印刷 202
机来资助战争。在这一过程中，从 1861 年 10 月到 1864 年 3 月，通货膨胀平均每月为 10%。为了制止通货膨胀，南方邦联实施了货币改革："1864 年 5 月，货币改革生效，货币存量减少，一般价格指数急剧下降……尽管由于当时支持联邦政府的北方军队的侵入，军事上濒于失败，对外贸易减少，政府陷入混乱，南方邦联军队士气低落。但货币存量下降对价格产生的重大影响，甚于所有这些强大的力量"（Lerner，1956，第 172 页）。这样的例子还有很多很多。在大量的通货膨胀中，货币是因（或是近因），价格的上涨是果。

这些图表和结论排除了许多被广泛接受的关于通货膨胀的解释。工会是人们喜欢指认的替罪羊。人们指责工会运用垄断力量强求提高工资，而这会使成本增加，物价上涨。如果真是这样，那么，为什么日本和巴西的图表所表现的关系与英国、德国和美国相同呢？在日本，工会的力量微不足道；在巴西，工会只有得到政府的默许，才能存在，而且还要受到严密的控制；而在英国，工会比其他任何国家的工会都要强大；在德国和美国，工会的力量也很强大。工会可以为其会员提供有用的服务，也可以通过限制别人的就业机会造成许多损害，但他们并不制造通货膨胀，工资的增加超过生产率的增加，这是通货膨胀的结果而不是通货膨胀的原因。

同样，商人也不制造通货膨胀。通货膨胀严重的国家的商人， 203
肯定不会比通货膨胀轻微的国家的商人更贪婪，一个时期的商人也不会比另一个时期的商人更贪婪。那么为什么通货膨胀在某些地方、某些时期，比在别的地方、别的时期厉害得多呢？

人们偏爱的另一个对通货膨胀的解释，特别是企图推卸责任的政府官员经常给予的解释，是说通货膨胀是从国外输入的。如我们在第三章中所说，在那些大国的货币通过金本位制联系在一起的时候，这个解释常常是正确的。那时，通货膨胀是一种国际现象，因为许多国家都使用相同的商品作为货币，任何能使这种商品货币的数量更快增长的事情，都会影响到所有这些国家。但近几年来，这一解释显然并不正确。如果这一解释正确的话，为什么不同国家的通货膨胀率不同？20 世纪 70 年代早期，日本和英国的通货膨胀率每年达 30%以上，而美国的通货膨胀率则在 10%左右，德国的通货膨胀率不到 5%。在某种意义上，通货膨胀是一种世界范围现象，因为它同时发生在许多国家——正如高额政府开支和巨额政府赤字是世界范围的现象一样。但从某种意义上说，通货膨胀并不是一种国际现象，因为每个国家都缺乏单独控制自己通货膨胀的能力——正如高额政府开支和巨额政府赤字不是由每个国家控制之外的力量所造成的一样。

较低的生产率是另一个常见的对通货膨胀的解释。但让我们来看一下巴西的情况。20 世纪 60 年代和 70 年代，巴西产出的增长
204 率在世界上属于最高之列，而其通货膨胀率也属于最高之列。对于一个国家的长远经济福利来说，没有什么比提高生产率更重要的了。如果生产率每年增长 3.5%，二十年后产量就能增长一倍；如果每年增长 5%，十四年后就可能增长一倍——差别相当大。但是生产率对通货膨胀只起极微小的作用，货币才起主要作用。

那么，阿拉伯酋长们和石油输出国组织呢？他们确实给世界多数国家强加了沉重的负担。20 世纪 70 年代石油价格的急剧上

涨，减少了人们所能得到的货物和服务的数量，因为每个国家都必须出口更多的货物和服务以支付石油的进口。产量的减少提高了价格水平。但这只是一次性效应（one-for-all effect）。价格水平的提高并没有对通货膨胀率造成更持久的影响。在1975年石油危机之后的五年中，德国和日本的通货膨胀降低了，德国的通货膨胀从每年的约7%降低到不到5%，日本的通货膨胀从每年30%以上降低到不到5%。在美国，通货膨胀在石油危机之后的一年里达到了顶峰，约为12%，1976年降低到5%，然后在1979年又上升到13%以上。这些大不相同的经历能用所有国家共同遭受的一次石油危机来解释吗？德国和日本都是100%地依靠进口石油，可是他们在降低通货膨胀率方面，却比只有50%的石油是依赖于进口的美国，或是已经成为一个石油生产大国的英国做得好得多。

现在，我们回到基本命题上来。通货膨胀主要是一种**货币现象**，是因货币数量比产量更迅速地增长而造成的。货币数量的作用是主要作用，产量的作用为次要作用。许多现象都可以使通货膨胀率发生暂时的波动，但只有当它们影响到货币增长率时，才会产生持久的影响。

货币为什么会过度增长？ 205

通货膨胀是一种货币现象这一命题虽然重要，但它只是解答通货膨胀的原因和治理通货膨胀的开始。这一命题之所以重要，是因为它将指引我们找出根本的原因并圈定可能的对策。但这一命题只是解答问题的开始，因为更深一层次的问题是，货币为什么会过度增长。

不论以白银为货币还是以黄金为货币会出现什么情况，就今天的纸币来说，只有政府自身才能制造过度的货币增长，从而制造通货膨胀。

在美国，从20世纪60年代中期到70年代末期——最近的加速通货膨胀时期——货币的加速增长有以下三个相关的原因：第一，政府开支的急剧增长；第二，政府的充分就业政策；第三，联邦储备体系推行的错误政策。

如果政府用征税或向公众借款的方法来增加开支，那么，较高的政府开支将不会招致货币增长率加快，因而也就不会带来通货膨胀。在这两种情况下，政府开支增多，而公众开支减少。然而，从政治上说，增税是一种不得人心的做法。我们许多人欢迎政府增加开支，但很少有人欢迎增加税赋。政府向公众借款也是一种政治上不得人心的做法，它会引发人们对逐渐增加的政府债务的抵制，并使私人储蓄从投资转向为政府赤字提供资金。

政府增加开支的唯一其他途径，就是增加货币数量。美国政
206 府可以做到这一点，它可以让美国财政部，即政府的一个部门，向政府的另一个部门，即美国联邦储备体系出售公债。① 联邦储备

① 关于联邦储备体系究竟是一家政府机构，还是一家私人机构，存在非常多的困惑。这种困惑引出了一大堆具有“奇思妙想”的阴谋论文字。

联邦储备体系的理事会由7名成员组成，所有这7名成员都需经总统提名并由参议院同意任命的。很明显，这是一个政府机构。

困惑的出现是因为12家联邦储备银行是联邦特许股份公司，每家银行都有自己的股东、董事和总裁。每家银行的股东都是储备银行所在地区的成员银行，他们有权选举9

体系要么用新印刷出来的联邦储备券来支付公债，要么在自己的账簿上为美国财政部记入一笔存款，以此支付公债。于是，财政部可以用这笔现金，或是用可以向联邦储备体系提取现钱的支票来偿付账款。当这笔新增加的高能货币被其最初的接收人存入商业银行时，这笔钱就成了商业银行的储备，并成为可以更大量地增加货币数量的基础。

从法律上讲，财政部能够直接出售给联邦储备体系的债券数额是有限制的。但人们轻易就能绕开这一限制：即财政部将债券出售给公众；联邦储备体系又从公众那里购买债券。其效果与直接出售的效果相同，只不过联邦储备体系是通过中介手段将债券 207
集中起来——这一付款过程就是一个烟幕。

用增加货币量的方法资助政府开支，对于总统和国会议员来说，这是最富有政治吸引力的办法。他们能借此增加政府开支，并给他们的支持者和选民们一些"甜头"，而且他们无需为了这笔开支而提议或投票决定征收新的赋税，也无需向公众借款。

(接上页)名董事中的 6 名。余下的 3 名董事则由联邦储备体系理事会任命。每家成员银行都需要购买等同于其资本和净资产的 3%的股票额。因此，名义上，联邦储备银行由私人拥有。

然而，支付在股票上的股息被限制在 6%的水平上。任何超过成本的额外收入都要转交给美国财政部(1989 年将近 20 亿美元)。每家地区银行的董事会都可以提名银行管理层的官员。但是，联邦储备体系理事会拥有否决权，实际上，理事会在提名地区银行总裁一事上，常常起着主要作用。

最后，联邦储备体系中最重要的政策机构不是理事会本身，而是公开市场委员会，公开市场委员会是由 7 名理事加上 12 家银行总裁组成。但是，仅有 5 名总裁拥有表决权，所以，保证了联邦储备体系理事会的最终控制权。

简而言之，联邦储备体系实际上是一个政府机构，但在名义上却将自己笼罩在私人拥有的地区银行之烟幕中。

美国近年来货币增加较快的第二个原因，是它试图实现充分就业。对于数目众多的政府计划来说，这个目标倒是值得称道的，但其结果却不甚令人满意。充分就业这个概念的含义，比其表面上的含义要复杂、含糊得多。

另外，政府在采取过于雄心勃勃的充分就业的政府政策方面，也存在不对称的问题。凡是认为有助于增加就业的措施，都具有政治上的吸引力。凡是认为会增加失业率的措施，在政治上都不具有吸引力。

就业与通货膨胀的关系是双重的。首先，人们认为政府的开支有助于增加就业，而政府的税收会减少私人开支，因而会增加失业。在这种情况下，充分就业政策强化了政府在不增加税收的情况下增加支出，甚至在降低税收的同时增加支出，并通过增加货币数量来弥补其由此产生的赤字的趋势。其次，联邦储备体系可以采用不资助政府开支的办法来增加货币数量。可以采用的方法
208 是，用新制造出来的高能货币买进政府已发行的政府债券，从而增加货币量。这一做法可以使银行能够发放更大量的私人贷款，人们认为这一做法有助于增加就业。在要求实现充分就业的压力下，联邦储备体系的货币政策与政府的财政赤字政策一样，都具有制造通货膨胀的倾向。

这些政策都没有实现充分就业，而是产生出通货膨胀。正如詹姆斯·卡拉汉首相在 1976 年 9 月对英国工党全国代表大会发表的大胆的讲话中所说的："我们过去经常认为，我们可以用削减税收和增加政府开支的办法来增加就业，度过衰退时期。现在我非常坦率地告诉你们，这种抉择已不复存在；如果说它过去存在过

而且起过作用，那也只是靠了给经济注射更大剂量的通货膨胀，而下一步紧跟而来的就是更高水平的失业。这就是过去二十年的历史。”

美国近年来货币数量大量增加的第三个原因，就是联邦储备体系执行了错误的政策。联邦储备体系有权控制货币数量，并且口头上赞成这个目标。它的行为有一点点像莎士比亚《仲夏夜之梦》中的狄米特律斯一样，他躲避爱着他的海伦娜，却去追求爱着另一个人的赫米亚。联邦储备体系没有把心思放在它可以加以控制的货币数量上，而是把心思放在它无权过问的利率上。其结果是在两条战线上都遭到失败：货币和利率都在大幅波动。这种波动同样具有造成通货膨胀的倾向。联邦储备体系牢牢记住了它在1929年到1933年犯的灾难性错误，当时它放任货币数量减少了
1/3，因此将一场严重的衰退转变成了一场灾难性的萧条，联邦储 209
备体系在纠正货币增长率下滑时非常迅速，但在纠正货币增长率向上攀升时则反应迟钝。

金融界人士也相信联邦储备体系可以控制利率，这一信念也传给了财政部和国会。其结果是，每发生一次衰退，财政部、白宫、国会和华尔街都会呼吁联邦储备体系“降低利率”。在经济扩张时期，对均衡的要求也会为联邦储备体系提升利率提供口实。

第二次世界大战结束以来，较高的政府开支、充分就业政策以及联邦储备体系着迷于利率的后果，就像处于上升坡道上的过山车一样——尽管在20世纪80年代情况或许有些暂缓（参见第十章，出于某种乐观的原因）。通货膨胀升升降降。截止到1980年，每一次上升都使通货膨胀达到较前次顶峰更高的水

平，每一次下降都使通货膨胀超过前一次的低谷。在这一过程中，政府开支在国民收入中所占的比重不断增加，政府税收在国民收入中所占的比重也在不断增加，但是，税收的增加不像开支增加得那样快，在这种情况下，赤字在国民收入中所占的比重也在不断增加。

这种情况并不只是发生在美国，也不只是近几十年才有的事情。自远古以来，当权者，无论是国王、皇帝，还是议会，都试图用增加货币数量的办法作为进行战争所需资源的手段，或是作为建立不朽功绩或达到其他目的的手段。他们经常受到这种诱惑，但每当他们真的这样做时，通货膨胀就会接踵而至。

210 政府从通货膨胀中获得的收益

用增加货币数量的方法为政府开支融资，看起来就像在变魔术，像是在凭空变出东西来。举一个简简单单的例子，政府要建造一条道路，但用新印制出来的联邦储备券支付筑路的费用。表面上看，好像大家都得到了好处，筑路工人得到了工资，他们可以用这笔工资购买食物、衣服以及住房。这期间没有人缴纳更多的税赋，但在以前没有路的地方却出现了一条道路。是谁真正为这条道路付了钱呢？

答案是，所有手上持有货币的人都为这条道路付了钱。新近印制出来的货币因为被用来招收工人筑路，而不是用来雇用工人从事其他生产性活动，致使物价上涨。新增加的货币进入了流通过程，从筑路工人手中转到了他们向之购物的卖主手中，又从这些卖主转到了其他人手中，如此等等，从而使物价的上涨得到了维持。高涨的物价意味着，人们口袋里、保险箱里或银行里的钱，现在只能买到比原来少的东西了。为了在手上持有一定数量的钱，能够买到与原来所能购买的一样多的东西，人们将不得不节省开支，用自己收入的一部分来抵补这个差额。如我们在第二章中所见，这笔新印制出来的货币等于是对货币总额征收的一笔税赋。新近印制的联邦储备券事实上是付给这笔税赋的收据。

与这笔税款相对应的实物，是用来筑路的资源所能另外生产的商品和服务。那些为了维持原有货币的购买力而节省开支的人，放弃了这些商品和服务，因而使政府能够把这些资源用于筑路。

通货膨胀还可以通过自动提高实际税率的办法间接地增加政 211
府收入。截至 1985 年，由于个人的货币收入随着通货膨胀而增加，收入也被推上了较高的纳税档，税率也随之而提高。但《1981 年联邦税收法案》极大地打压了这种“税档潜升”(bracket creep)的趋势，因为这一税法规定，从 1985 年开始，个人所得税档与通货膨胀指数挂钩，不过之前的某些后果依然如故，其原因是，这种指数化办法并没有推展到个人所得税构成中的所有因素。同样，公司的收入因为没有扣除足够的折旧费和其他成本，人为地膨胀起来。平均来说，20 世纪 80 年代中期之前，如果通货膨胀率为 10％而收入也增加 10％的话，联邦税收会增加 15％以上——这样，纳税人为了维持原有水平，就不得不越忙碌。这一过程使得总统、国会、州长和国会议员都摆出一副减税的姿态，而他们实际在做的只不过是让税赋不要一次增加得太多而已。每一年都进行削减税赋的讨论,但税赋却从来没有削减过。相反,如果我们计算正确的话,税赋实际上是在增加;在联邦一级,税收从1964年占国民收入的22%增加到1978年的26%,到1989年已增加到占国民收入的28%。尽管里根总统在1981年削减税赋,尽管有1986年的《税收改革法案》,在州和地方政府一级,税赋占国民收入的比重,已从1964年的11%上升到1978年的12%,到1989年已增加到14%。①

通货膨胀给政府带来收入的第三种方法,是为政府偿还——
212 如果你愿意的话,也可以称之为拒付——部分政府公债。政府借入的是美元,偿还的也是美元。但由于通货膨胀,政府偿还的美元所能购买的东西比它借入的美元所能购买的东西要少。如果在此期间,政府为债务支付的利息足以抵补债权人因通货膨胀而受到的损失,那政府并不能因为通货膨胀而得到纯收益。但对大部分公债来说,情况并非如此,储蓄券就是一个最明显的例子。假设,你在1968年12月购进一张储蓄券,并将这张储蓄券保留到1978年12月才去兑现。那么,你在1968年花37.5美元购进的这张为期10年、面值为50美元的储蓄券,到1978年兑现时,可以兑现64.74美元(因为在此期间政府提高了利率以在某种程度上抵消通货膨胀的影响)。但在1978年,你实际上要花70美元才能买到1968年你花37.5美元就可以买到的东西。事情到此并没有结

① 我用如果计算正确一词,是指这里包含所谓隐秘税(hidden tax)在内的赤字。所征引的数据是政府支出占国民收入的一个比例,相比于单纯以"税收"总额来衡量税负,这一指标更为准确。但这种更好的计算方法仍然很差劲。因为它不包括从预算数字中删掉了的政府行政开支(spending mandated by government)。

束，你取回的不仅仅只有 64.74 美元，还要为你得到的和付出的差额，即这 27.24 的差额多缴纳所得税，其结果是你要为借钱给政府的可疑特权埋单。

20 世纪 80 年代，在通货膨胀有所降低，同时财政部也调整了利率，以使利率能更加充分地反映通货膨胀的趋势的情况下，你的情况可能会好一些。假设你在 1981 年 5 月购买了一套 EE 美国储蓄债券，并将这套储蓄债券一直持有到 1991 年 5 月才去兑现。那么，你在 1981 年花 25 美元购买的为期 10 年、面值为 50 美元的储蓄债券，到 1991 年兑现时，可以兑现 56.92 美元。但在 1991 年，你要花上 41.38 美元才能买到你在 1981 年花 25 美元就能买到的东西。所以，你将获得 15.54 美元作为利息的购买力，实际上是一年 3.24％的真实回报率。但是，这并不是一笔净收益，因为你还要为你所得到的和你所付出的差额，即 31.92 美元的差额支付所得税。这笔税收将根据你的收入水平，吞噬掉你这笔菲薄的真实回报的 1/3 和 2/3。总之，你将因为将自己的钱借给政府使 213
用了 10 年，而实际上每年获得 1％到 2％的回报。这很难认为是一种可心的回报，但确实比以亏损告终要好些。

尽管联邦政府年复一年积累有大量赤字，而且美元债务也越积越多，但因为通货膨胀，债务的增加远远小于购买力的增加，而且在一段时期中，债务在国民收入中所占的比重实际上还在下降。从 1968 年到 1980 年十数年间，随着通货膨胀的累积，联邦政府累计赤字超过了 3400 亿美元，但其负债额却从 1968 年占国民收入的 32％下降到 1980 年占国民收入的 25％。从 1981 年到 1989 年，通货膨胀在不断下降，但累计财政赤字总额却超过了 14000 亿美元，债务攀升到了国民收入的 45%。①

通货膨胀的治理

要想治理通货膨胀，真是说起来容易做起来难。由于货币数量的过度增加是通货膨胀的唯一重要原因，因而降低货币增长率是对付通货膨胀的唯一方法。现在的问题不是了解该做什么，这非常容易——政府必须大幅度降低货币数量的增长。问题是，必须要有政治上的决心来采取必要的措施。通货膨胀这一顽疾一旦到了晚期，要想对付它就要花很长时间，而且会有痛苦的副作用。

214 可以举两个医学上的例子来说明这一问题的实质。一个例子是，一个年轻人得了血栓闭塞性脉管炎，这种病会阻断血液供应，会引发坏疽症。这个年轻人将因此失去自己的手指和脚趾。医治的方法说起来非常简单：停止抽烟。但这个年轻人缺乏戒烟的意志，他的烟瘾太大了。他的病症在某种意义上是可以医治的，但在另一种意义上则无法医治。

另一个更能说明问题的例子介于通货膨胀和酗酒之间。当酒鬼开始喝酒的时候，他首先会感到非常痛快，等到第二天早上醒来时则会感到头痛恶心，他会不由自主地通过“以酒解酒”的方法来减轻自己的宿醉。

通货膨胀的情况与此相似。当一个国家开始发生通货膨胀的

① 文中征引的债务数据通常都会使人产生误解，因为里面包括由联邦机构和联邦储备体系所欠的债务。比如说，1990 年 6 月，总债务是 3233 万亿美元，但净债务是 2207 万亿美元，少了 1/3。

时候，最初的效果似乎不错。增加的货币数量使任何有办法得到更多货币的人——当今主要是政府——可以在不减少别人花钱的情况下，多花一些钱。就业机会也会因此而增加，生意也会兴隆起来，差不多每个人都非常欢喜。这是最初的情况。也是好的结果。但随后，增加的开支开始使物价上涨，工人们会发现，他们的工资虽然按美元计算有所提高，但买到的东西却在减少；企业家则发现他们的成本在上升，在这种情况下，除非他们能够更快地提高价格，否则销售额的增加并不会给他们带来预期的利润。坏的后果这时才开始出现：物价上涨，需求缺乏弹性，通货膨胀与经济停滞同时发生。与前面所说的酒鬼一样，这里的诱惑就是更快地增加货币数量，增加货币数量就产生了我们在前面提到的美国已经坐上了的过山车。在这两种情况下，不是越来越加大酒量，就是越来越加大货币数量，以求用此办法给那个酒鬼或经济相同的"刺激"。

酗酒和通货膨胀相类似，医治的办法也相同。治疗酗酒的办 215
法简单来说就是戒酒。但这种方法难以做到，因为这样一来是不良效应在前，好的结果在后。刚刚戒酒的人开始会感到很难受，然后才会出现快乐的状态，才不会不可抗拒地想再喝一杯。通货膨胀的医治也是这样。放慢货币增长速度在开始的时候会带来痛苦的副作用：经济增长率降低，失业率暂时偏高，而且通货膨胀率在一段时间内也不会降低多少。治理的好处要在一年或两年之后才能显现，即通货膨胀率降低，经济健康成长，出现没有通货膨胀的经济迅速增长的潜在趋势。

20 世纪 80 年代的情况是这一结果的明显例证。1980 年，美联储艰难地踩住了货币刹车，随之而来的是一场严重衰退，接下来就是通货膨胀的急剧下降。1982 年年底，美联储又改变了做法，开始增加货币增长。经济在短时间内重新恢复，并开始了“二战”后历时最长的一次经济扩张。坏的效果先来，好的结果后到。国家则因为采用了这种治理方法而受益匪浅。

酒鬼和有通货膨胀的国家难以戒瘾的一个原因，就是这种治理所带来的痛苦的副作用。但是还有另外一个原因，至少在患病的早期阶段，这是一个至为重要的原因，即缺乏真正的戒瘾的愿望。嗜酒者非常享受品酒的过程，他根本不愿意承认自己是酒鬼，甚至不愿私下承认是酒鬼，他也不认为他需要进行治疗。通货膨胀的国家与酒鬼的情况相同。这些国家往往相信，通货膨胀只是
216 暂时的现象，不是什么大不了的事情。通货膨胀通常是由异常的或外部的情况造成的，它会自行消失——但这种情况从来没有出现过。

另外，我们多数人都喜欢通货膨胀，本质上，我们都喜欢看到我们所**购买**的东西价格下降，或至少是价格不再上涨。但我们更高兴看到我们所**出售**的东西的价格上涨——不管这件东西是我们生产的物品，还是我们所提供的劳务，还是我们的房产或我们所拥有的其他东西。在第三章和第五章我们已经看到，对通货膨胀的渴望如何激发了平民党人，并引发了对白银自由铸币的支持。更晚近以来，农民们常常抱怨通货膨胀，但他们却聚集到华盛顿，要求提高自己的产品的价格。我们大多数人都以这样或那样的方式做着同样的事情。这就是我们国家的通货膨胀热持续如此之久——从 20 世纪 60 年代初期一直持续到 80 年代初期——的原因，这也是通货膨胀现在仍然是一个威胁的原因。

通货膨胀具有如此之大的破坏性，原因之一就是在某些人得到了很多好处的时候，另一些人却在吃苦头；社会被划分成胜者和败者。胜者认为，发生在他们自己身上的好事，是他们自己的远见、谋略和积极主动的自然结果。他们把那些不好的事情，诸如他们所购买的东西的价格上涨，看成是由他们控制不了的外部力量造成的。差不多我们所有人都会说反对通货膨胀，但我们的意思通常是，我们反对所有会发生在我们身上的坏事。

比如说，从 20 世纪 60 年代到 70 年代，几乎每一个拥有房产的人都因通货膨胀而得到了好处，因为房产的价值在这段时间内急剧上涨。如果房产拥有者是靠抵押贷款购买的房产，那他的利率通常都低于通货膨胀率。结果，他只需付出称之为“利息”和称之为“本金”的钱，就实际上付清了贷款。举一个简单的例子，我们假设利率和通货膨胀率都是一年 7%，如果你借了一笔 1 万美元的抵押贷款，而且只付利息，那么，一年之后，这笔贷款的购买力只 217
相当于一年前的 9300 美元。换句话说，你的欠款少了 700 美元——这正好是你所付出的利息的数目。实际上，你使用了这 1 万美元，但你没有为此付出任何东西(由于在计算你的所得税时要除去这笔利息，所以你实际上还有所得——你还因为借钱而获得了报酬)。对于房产拥有者来说，因为他自己的房屋价值还在迅速上涨，所以这种效果实际上非常明显。另一方面，对于那些为储蓄信贷协会、互助储蓄银行及其他机构提供资金，使这些机构能够发放抵押贷款的小储户来说，却是一种损失。这些小储户没有其他好的选择，因为政府严格限制了这些机构付给其储户的最高利率——据说，这样做是为了保护储户。这一损失最终会以储蓄和贷款行业的崩溃而在国家层面上暴露出来，并伴随有加给纳税人的负担。

因为高额政府开支是造成货币过度增长的一个原因，所以减少政府开支是有助于减少货币增长的一个因素。在这里，我们也变得有些相互矛盾。我们都愿意看到政府开支下降，只要不是削减对我们有利的开支就行；我们都愿意看到赤字减少，只要是靠征收别人的税来减少赤字就行。

随着通货膨胀的加速发展，或迟或早它都会对社会机体造成严重损害，并带来大量的不公和痛苦，而且会形成一种真正的公众意愿，要对通货膨胀采取某种措施——就像我们在 20 世纪 80 年代看到的发生在美国的情况那样。通货膨胀发展到什么程度，才会出现这种情况呢？这就要看有关国家以及这些国家的历史了。在德国，公众意愿在通货膨胀率还较低的时候就会产生，原因是德国在第一次世界大战和第二次世界大战后都有过可怕的通货膨胀
218 的经历；在英国、日本和美国，公众意愿只有在更高的通货膨胀率水平上才能产生。

治理的副作用

在美国采取治理通货膨胀的措施之前，以及更晚近以来，我们一再被告知，我们必须面对的真正的选择是选择较高的通货膨胀率还是选择较高的失业率。为了治理通货膨胀并保持较低的通胀率，我们必须甘于忍受无定期的缓慢的经济增长以及较高的失业率。然而，在 20 世纪 60 年代和 70 年代，虽然美国的经济增长放

慢了，平均失业率也上升了，但与此同时，通货膨胀率却越来越高。我们二者兼而有之，既有较高的通货膨胀率，又有较高的失业率。其他国家也有类似的经历；这是怎么回事呢？

答案是，缓慢的经济增长和较高的失业率并不是治理通货膨胀的方法，而是治理奏效时所产生的副作用——止如我们在1980—1983年所看到的那样。许多政策在阻碍经济增长和增加失业的同时，还会提高通货膨胀率。这就是美国所采取的某些政策的真实情况——即零星的物价和工资管制，以及政府对企业干预的增加，都会伴随着政府越来越大的开支和货币数量的急剧增加。

另一个医学上的例子也许可以说明治理通货膨胀的方法与副作用之间的区别。比如你患上了急性阑尾炎，医生建议你做割除阑尾的手术，但他又告诉你，动完手术后你需要卧床休息一段时间。你拒绝手术，但你选择在床上躺一段时间，你把这当成痛苦较少的一种治疗方法。人们也许觉得这非常愚蠢可笑，但从各个方面来看，这都与将作为治疗方法的失业和作为副作用的失业混为一谈是一样的。

治理通货膨胀的副作用是非常痛苦的，所以，重要的是要懂得 219
为什么会产生副作用，并想方设法减轻副作用。产生副作用的根本原因在于，变化的货币增长率“干扰了”由价格体系传递的信息。这种干扰使经济行为人作出了不适当的反应，这种不适当的反应需要花点时间才能克服。

首先，让我们考虑一下当货币开始膨胀性增长时会发生什么情况。对于商品劳动或其他劳务的出售者来说，他根本无法将用新创造的货币来偿付的较高的开支与其他任何开支区分开来。比如说,零售商人会发现,他们可以按原先的价格出售更多的商品了,他们最初的反应就是向批发商订购更多的商品,而批发商又转而向制造商订购更多的商品,如此这般下去。如果对商品需求的增加是以其他需求的减少为代价的——比如说是以政府开支的减少为代价,而不是货币膨胀性增加的结果——则对一种商品订购的增加,会伴随着对另一种商品订购的减少。某些商品的价格会上涨,另一些商品的价格会下降,但是,物价的平均水平没有理由发生变化。

如果增加的需求是起因于新创造的货币,情况就会完全不同了,对多数商品和服务的需求会同时增加。总的支出(以美元计)增多了。但是,零售商人并不知道这一点。他们还是像平常一样,在一开始的时候保持平常的销售价格。在他们确信他们还能进货之前,满足于多卖出一些商品。但是现在,零售渠道订货的增加并没有被政府渠道订货的减少所抵消。由于订货的增加导致了对劳
220 动和原料的需求相应增加,工人和原料生产者最初的反应会与零售商的反应一样——加班加点增加生产,因为他们相信,社会对他们提供的东西的需求增加了,所以也提高了价格。但是这一次,这里没有任何抵消物,没有与增加的需求大体相当的减少的需求,没有与上涨的价格大体相当的下跌的价格。这种情况在开始时不甚明显。在一个动态的世界中,由于某些价格的上升,某些价格的下降,需求总是在发生变化。总需求增加的一般性信号往往与反映相对需求变化的特殊信号混在一起。正是由于这一原因,货币增长率加快的副作用看起来像是经济繁荣和就业人数增

多。但信号迟早将通过由于货币增长率的改变而产生的干扰而出现在人们眼前。

这一信号一旦出现，工人、制造商和零售商都会发现自己受骗了。他们对自己销售的那一点点东西的需求增加做出反应时，误以为这需求的增加是专对他们的，因此这种增加不会对他们购买的许多东西的价格产生很大的影响。如果他们发现自己错了，他们会进一步提高工资和价格——不仅仅是对需求的增加做出反应，而且把他们购买的东西的价格上涨也计算在内。经济因此而陷入价格—工资螺旋上升的过程中。但这一过程本身是通货膨胀的结果，而不是通货膨胀的原因。如果货币的增加没有进一步加速，最初对就业人数和产量的刺激，将会转向反面；就业人数和产量都会因为工资和价格的上涨而趋于下降。最初的兴奋之后，继之而来的就是宿醉的不适。

发生这些反应是需要时间的。如我们在第二章末尾所陈述 221
的，在过去一个多世纪里，美国、英国和其他一些西方国家，平均来说大致要 6—9 个月时间，货币的增加才会在经济中发挥作用，使经济和就业人数增长。再要 12—18 个月时间，货币的增加才会明显影响到物价水平，产生或加速通货膨胀。对于这些国家来说，这段滞后的时间之所以如此之长，是因为除了在战争期间之外，这些国家在多数时间里，其货币增长率和通货膨胀率并没有发生什么重大的变化。第二次世界大战爆发前，英国的批发价格同二百年前的批发价格差不多，美国的批发价格则与一百年前的相似。对这些国家来说，第二次世界大战后的通货膨胀是一种新现象。在这些国家中，通货膨胀率时高时低，但没有同一方向的长期趋势。

许多南美洲国家就没有这么幸运了。在这些国家里，货币增长对经济产生影响所需要的时间要短得多——至多只要几个月的时间。如果美国不予以治理（至少是在一段时间内，我们希望是在长时间内）近来通货膨胀率大幅度变化的倾向，产生经济影响的时滞在美国也将会缩短。迄今为止，美国似乎并没有打算治理。

放慢货币增长率后所出现的情况与上面所叙述的情况一样，只是方向相反而已，开支的最初减少会被认为是对某些特定产品的需求的减少。经过一段时间后，开支减少将导致产量和就业人数的减少。再经过一段时间后，随着就业人数的增加和产量的提
222 高，通货膨胀就会减缓。酒鬼通过一段最难熬的、痛苦的抑制期，最后完全断了喝酒的念头。

上述所有调整过程都是由货币增长率和通货膨胀率的**变化**引起的。如果货币增长率比较高，而且比较稳定，这样，价格逐年上涨，比如说上涨10%，则经济也许能够与此相适应。大家都会预期到这个10%的通货膨胀率，因而工资会每年上涨10%，高于原来应该上涨的水平；利率也会高于原来应有的水平，上涨10个百分点。为了弥补放债人因为通货膨胀而遭受的损失，税率也将按通货膨胀率进行调整，诸如此类。

这样的通货膨胀不会有什么大的危害，但也没有任何用处。它只是使经济事务不必要地复杂化。更重要的是，这种情形如果发展下去，局面就有可能不太稳定。如果制造10%的通货膨胀率在政治上是有利可图的，而且也是行得通的，那么，通货膨胀率如果达到10%，人们就会得寸进尺，进一步提高通货膨胀率到11%、12%或15%。实际上，零通货膨胀率才是政治上可行的目标，使

通货膨胀率达到10%并不可行。这是经验所下的结论。

减轻通货膨胀的副作用

就我所知,历史上还没有任何这样的例了:通货膨胀不经过一段经济增长放缓和失业率高的时期而结束。我就是根据这一经验断定,我们没有办法避免治理通货膨胀时产生的副作用。

但是,减轻这些副作用,并使这些副作用温和一些,还是有可能的。

减轻这些副作用的最主要的办法,就是事先宣布一项政策,并加以贯彻实施,使之取信于民,用这种方法**逐渐而平稳地**降低通货膨胀率。这种办法也能够使通货膨胀更温和一些。但这种办法不 223
能缓和严重的通货膨胀,更不能缓和恶性通货膨胀。在严重通货膨胀和恶性通货膨胀情况下,只有休克疗法(shock treatment)才较为合适,因为病人病情太重,无法撑过长期的治疗过程。

之所以要逐渐降低通货膨胀率,并要事先予以宣布,是为了给人们时间,以便他们做出调整,而且还要劝导他们作出这些调整。许多人是根据他们对通货膨胀率的**预期**而订立长期合同的——合同的种类有雇佣合同,有借贷合同,也有关于从事某项生产或建设的合同。这些长期合同使我们很难迅速减少通货膨胀,因为,如果我们迅速降低通货膨胀率的话,会使许多人遭受严重损失。但如果给出一定的时间,这些合同将会期满,或者会重新修订,或者会重新谈判条件,到那时,人们会对合同进行调整,以使合同适应新的情况。然而,逐渐降低通货膨胀的经济优势也会部分或全部地受到政治劣势的抵消。危机可能会引发人们支持休克疗法的政治意愿。但在一个长期的调整过程中,这种政治意愿可能会被瓦解。

另外一种已经被证明行之有效的缓和治理通货膨胀不良副作用的方法,就是在长期合同中增加所谓通货膨胀的自动调整条款。最常见的例子是许多工资合同中载明的生活费用调整条款。这种合同规定,小时工资将按通货膨胀率或通货膨胀率的一部分增长,比如说按2%的比率增长。如果采用这种方法,如果通货膨胀率较低,按美元计价的工资增加额也较低;如果通货膨胀率较高,按美元计价的工资增加额也较高。但无论在哪种情况下,工资都具有同样的购买力。

224 另一个例子是关于租赁合同的。租赁合同可以不规定固定租金的数额,而是规定租金逐年按通货膨胀率调整。零售商店的租赁合同常常规定租金按商店总收入的一个百分比来进行计算。这种合同表面上没有调整条款,但实际上却包含有这种条款,因为商店的收入会随着通货膨胀率的上升而增加。

举一个贷款合同的例子。贷款一般是按固定年利率在一个固定时期内必须偿还的、一笔固定数目的资金。比如说,一笔为期一年、按10%利率计算的1000美元的贷款。另外一种做法是不把利率规定为10%,而是规定为4%再加上一个通货膨胀率,这样,如果通货膨胀率是5%,利率就是9%,如果通货膨胀率是10%,利率就会是14%。与此相类似的另一种方法是,不把要偿还的钱数规定死,而是规定要按通货膨胀率进行调整。还是用我们上文所举的简单的例子来说明,借方所欠的数额是1000美元加上通货膨胀率再加上4%的利息。如果通货膨胀率是5%,借方所欠的数额将是1050美元加上4%的利息;如果通货膨胀率是10%,借方所欠的数额就是1100美元加上利息。

除了在工资合同方面,调整条款在美国运用并不普遍。然而,在20世纪70年代和80年代初期,调整条款的应用范围正在扩大,尤其表现在抵押贷款的可变动利率上。在一个相当长的时期内,在差不多所有的通货膨胀率都很高,通货膨胀率变化很大的国家中,这一条款都得到了广泛的应用。

这种调整条款可以缩短货币增长率放慢后调整工资及物价所 225
需要的时间,使用这种方法可以缩短过渡期,并且减少中间的副作用。但是,调整条款虽然有用,却不是万应灵药。要让所有合同都这样调整是不可能的(例如,纸币就不可能这样调整),而且这样进行调整的代价也很高。使用货币的最大好处就在于能够便宜而且有效地进行交易,但应用调整条款将会减少这种好处。最好是没有通货膨胀,也不需要调整条款。

就调整条款而言还存在一个例外。在联邦政府部门里,调整条款是一个很可取的永久性措施。社会保险、其他退休福利、联邦雇员的工资,包括国会议员的工资以及其他许多政府开支项目,现在都按通货膨胀率自动进行调整。然而,这里也有两个很明显的难以忍受的缺口:某些税收项目,比如说资本收益、利息支付以及政府债务。如果按照通货膨胀率来调整个人所得税和公司所得税结构,那么,物价上涨10%也将使税率提高10%,而不是像现在这样,税率的提高平均在10%和15%之间。这将减少提高税收的情况,政府也不再为征税进行讨论了。这种做法也会结束“无代表权纳税”(taxation without representation)的现象,还会减少政府对货币扩张的兴趣，因为政府从通货膨胀中得到的收入将会减少。

通货膨胀的政府借贷也是如此。美国政府自己制造了通货膨胀，这种通货膨胀使得最近几十年来购买政府长期公债成了非常不上算的投资。因此，政府在发行公债的活动中，应该采用调整条款，以表明政府对公民的公平和诚实。

226 价格和工资管制有时候也被人们当成治理通货膨胀的一种方法。近年来，事情已经逐渐明朗，工资和价格管制已经不能用来治理通货膨胀，所以又有人极力主张用它来减轻治理通货膨胀的副作用。据说，价格和工资管制之所以能够起到这种作用，是因为这种管制可以使公众相信，政府是在认真地对待通货膨胀；这种方法也会转而降低人们在订立长期合同时对未来通货膨胀率的预期水平。

从这一目的出发来采用价格和工资管制将产生相反的效果。因为价格和工资管制会扭曲价格结构，并降低价格体系运行的效率。由此而产生的结果是，产量下降并增加治理通货膨胀的副作用，而不是减轻治理通货膨胀的副作用。价格和工资管制还会浪费劳动，因为它一方面歪曲了价格结构，另一方面，大量的劳动要花在建立、执行和逃避管制这一方面。不管这种管制是强制的还是标榜为“自愿的”，后果都一样。

实际上，价格和工资管制几乎总是用来作为货币政策和财政政策这种约束措施的替代政策，而不是用来补充这种措施。这种经验使得参与市场活动的人，将价格和工资管制政策的实施当作表明通货膨胀正在上升而不是在下降的信号；因此而导致他们预期的通货膨胀率正在上升，而不是在下降。

价格和工资管制政策在实施后的一个短时期里，常常被人们认为是有效的。因为名义价格这一计入价格指数的价格被压低了，这主要是由于有如此之多的提高价格和工资的间接方式——比如降低产品的质量、取消服务、给工人升职，等等。但是，在这些规避管制的简便方法用尽之后，价格结构便扭曲得越来越厉害，管制的压力达到了顶点，不利的影响也越来越严重。最后是整个计 227
划归于垮台。最后的结果是加重通货膨胀，而不是减轻通货膨胀。回想一下四千年来的历史，价格和工资管制的实施，没有哪一次不是由政治家和选民们的目光短浅所造成（Schuettinger and Butler，1979）。

促进价格稳定的制度改革

价格水平一而再再而三地升升降降，引出了大量的文献提供并分析了以制度改革为目标、以促进价格稳定为目的的建议。我本人建议的重点主要是确保货币数量会按一个相对稳定的比率增长的方法。①

最近，罗伯特·赫策尔（Robert Hetzel）提出了一个十分巧妙的建议，这一建议可能比我本人早先那个就结构改变所提出的建议，在政治上更具有可行性，这一建议保证它能非常有效地遏制政府通货膨胀的偏好。他的提议是：

> 财政部应该要求通过立法，将自己所发行的债券从原来

① 我最早的系统性分析见于《货币稳定计划》（*A Program for Monetary Stability*，1960）一书。我最近的分析见于“20 世纪 80 年代的货币政策”（Monetary Policy for the 1980s，1984）。

按期约发行划分成本金债券和指数债券两部分。指数债券的利率和本金支付与价格指数挂钩。财政部应该按相等的数量发行这两种形式的债券。

228 关于本金债券的市场收益,可以用现钞进行支付。这笔钱是真实收益(经过通货膨胀调整)与投资者所预期的通货膨胀率之和。至于指数债券的市场收益,其利息支付按美元固定购买力支付,比较而言,这也应该是一笔真实收益。这两种债券之间的收益差,可以用来衡量投资者所预期的债券有效期内的通货膨胀。(Hetzel,1991,第 A14 页)

为了解释他的提议,赫策尔写道:

货币政策行动与通货膨胀之间的长期滞后,意味着我们很难将具体的政策行动与通货膨胀率联系在一起。预期通货膨胀的变化表明了本金债券和指数债券之间收益差的变化。这种变化是通过市场所预期的现行货币政策行动(或无行动)的通货膨胀效应,对货币政策的直接而持续的评估。

对预期通货膨胀的市场量度将会形成对通货膨胀政策的遏制。美国联邦储备委员会通过市场评价通货膨胀的行为,会使本金债券的收益立即上升,并使本金债券收益和指数债券收益之间的收益差增大。本金收益的持有人会承受资本损失的痛苦,而指数债券的持有人不会有此痛苦。事实上,所有在未来按美元现金接受支付的贷款人,都会感到威胁。将预期通货膨胀的增加与具体的货币政策行动联系在一起的便利性,将会鼓励贷款人施加压力,这一压力抵消政治压力,换取短期

> 产出收益的价格稳定性。(Hetzel,1991,第 A14 页)

同样重要的是,对预期通货膨胀的市场量度,会使我们有可能监督美联储当前的行为,并使美联储负起责任来。当前,由于赫策 229
尔所说的美联储的行为和市场反应之间的“长期滞后”,做到这一点有些困难。而且,市场量度也应该为美联储提供信息,以使它更能掌握这一过程,但现在还不具备这一点。

如果要对赫策尔的建议进行补充的话,应该是通过一项立法,要求美联储将两种利率之差保持在低于一个具体的量的水平。比如说,低于 3 个百分点。这就会使货币政策有一个比现行任何法律都更具体的法律指南。最近有很多立法提案要求美联储以零通货膨胀为政策目标。这个目标倒是非常可取,但这样一种要求并不能有效地把握或是实施——这里还是因为“长期滞后”这一问题。这种滞后使人们只能追究现任货币当局的继任者的罪责(或失败)。如果是根据两种利率之差而做的要求,这一问题就不会出现。

任何这种要求都必须伴有对失败所做的明确的惩罚——比如从现任职位调离,或是对补偿金额的扣除。

实例研究

日本新近的经验提供了一个治理通货膨胀的极好范例。1973 年以前,日本一直实行的是钉住美元的货币制度。1971 年,由于美国总统尼克松关闭了黄金窗口,实行了浮动汇率制度,日元一直存在极强的升值压力。为了抵消这一压力,日本央行使用新创造

的货币来购买美元,这就增加了货币的供给。从原则上来说,日本
230 可以用出售日元面值的债券的方法来冲销增加的货币供给,但他们没有这样做。结果,货币数量开始以越来越快的速度增长。到了 1973 年年中,货币的年增长率已经达到了 25%以上的水平。[①] 正如我们从图 8-6 所看到的那样,大约在两年之后才发生了相应的通货膨胀。但在 1973 年初,通货膨胀已经开始急剧上升。到 1975 年,已经达到了年 20%以上的水平。

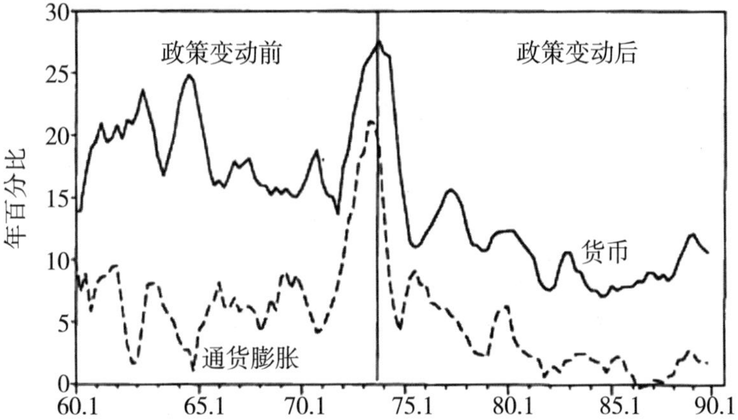

图 8-6 两年之后,日本货币政策对通货膨胀的变动效应

(季度数据:1960 年 1 月—1990 年 4 月)

注:货币数据比通货膨胀数据早两年。

通货膨胀的急剧增长使货币政策发生了根本性的转变。货币政策的重点从日元的国外价值——汇率——转到它的国内价
231 值——通货膨胀。货币增长急剧下降,从年增长 25%以上,一直减少到 10%和 15%之间。增长率一直在这一水平上保持了五年

① 感谢铃木淑夫(Yoshio Suzuki)提供了日本经济的最新数据。

之久，其间只有一些小小的例外。（由于同期日本的经济增长率很高，货币增长率保持在这个幅度内可以使物价基本稳定。对美国来说，保持价格稳定的货币增长率是3%—5%。）

在货币增长率开始下降之后约18个月，通货膨胀也跟着下降，但直到两年半之后，通货膨胀率才降到两位数以下。随后，通货膨胀率在大约两年的时间里基本保持稳定，尽管这两年内货币增长率略有上升。随后，随着货币增长率开始了新的下降，通货膨胀率开始迅速地趋向于零。

图中通货膨胀的数字是扣除通货膨胀因素的指数，也就是总产出的价格指数。批发价格的情况要好一些。实际上，1977年年中之后，批发价格也下降了。第二次世界大战后，日本工人从生产率低的部门转向了生产率高的部门，比如汽车制造业和电子工业，这就意味着服务的价格比商品的价格上涨得更快。因此，相对于批发价格来说，消费品价格有所上升。

图8-6中有两件事情值得一提。第一，货币增长在货币政策发生变动之前，比之货币政策变动之后，不仅更快一些，而且波动性也更大一些。第二，由于有两年的时滞，在货币政策发生变化之后，通货膨胀的走势趋向于与货币增长相同，甚至还在缩小两者之间的波动幅度。与货币增长相同，在货币政策发生变化之后，通货膨胀率也更低一些，波动也减小了。虽然我们没有在图上显示，但在货币政策波动之后，产出的走势也比货币政策变动之前的波动性更小了一些。

日本并没有逃脱治理通货膨胀所产生的副作用。在货币增长速度放慢之后，日本也经历了一段产出增长放慢、失业增加的过

232 程，尤其是在1974年之前。在通货膨胀还没有对放慢了的货币增长率作出明显的反应之前，1974年末经济达到了低点。然后生产开始了恢复，接着经济开始增长，虽然增长率比20世纪60年代的繁荣期要低一些，但仍然相当可观。每年增长5%以上。如图中所示，1983年以后，货币增长开始缓慢向上爬行。因此，在1985年之后，又开始了通货膨胀。

在通货膨胀率下降的过程中，日本任何时候都从未实行过价格和工资管制。而在通货膨胀率下降的同时，日本正在为适应石油价格的上涨而进行调整。

结论

我们对通货膨胀的了解可以简单地归纳为以下五点：

1. 通货膨胀是一种货币现象，通货膨胀起因于货币数量的急剧增加，而不是产出的急剧增长(尽管致使货币增加的原因多种多样)。

2. 在当今世界上，政府决定——或者能够决定——货币的数量。

3. 治理通货膨胀的办法只有一个，即放慢货币数量的增长率。

4. 通货膨胀的发展需要时间(是以年进行量度，而不是按月进行计算)，通货膨胀的治理也需要时间。

5. 让人难受的治理通货膨胀的副作用，是不可避免的。

从1960年到1990年，美国曾经五次提高了货币增长率。每一次货币数量以更大幅度增长后，都是经济首先得到扩张，随后便出现通货膨胀。为了制止通货膨胀，货币当局每一次都是采用放慢货币数量增长的办法。货币增长下降之后，紧跟而来的就是一 233 场经济萧条。再往后，通货膨胀率下降，经济开始好转。到目前为止，这一发展顺序同日本从1971年到1975年的经历是一样的。不幸的是，在20世纪80年代之前，美国并没有表现出日本人的那种耐心，把约束货币增长的过程延续足够长的时间。相反，美国政府对衰退的反应有些过分，采用的是加速货币增长的办法，因而开始了又一轮的通货膨胀，使这个国家遭受了更高的通货膨胀率和更高的失业率的折磨。最后，在80年代，美国的通货膨胀表现出了某种持久性。1982年末，在货币数量更急剧的增加之后，经济扩张随之而至，1987年，在此次通货膨胀的增长达到前一次的顶点之前，美联储开始实施货币收缩，尽管此次通货膨胀的上升还没有超过80年代中期已经达到的低点。美联储再一次意图紧缩货币，并要求将通货膨胀永久地控制在较低的水平上。像我（在1991年7月）说过的那样，我们大家又经历了一场经济萧条，这场衰退似乎已经结束，或是在结束的边缘，尽管通货膨胀并没有被打压下去。

我们已经被一种虚假的两分法所误导：要么就是通货膨胀，要么就是失业。这种选择是一种错觉。真正的选择是，我们要么选择较高的通货膨胀带来的较高的失业率；要么选择治理通货膨胀所带来的暂时的副作用。

234 # 第九章　智利与以色列：相同的政策，相反的结果[1]

智利在1979年、以色列在1985年都为了同样的目的而采取了同样的货币政策。对于智利来说，政策的采用是个灾难，但以色列却取得了卓越的成功。这两个事件极其恰当地证明了，在不同的情况下，相同的货币行动可导致截然不同的结果。这一事件也有助于说明，两种表面相同的货币本位，即钉住汇率和统一货币之间的根本差异。

智利

1970年11月，萨尔瓦多·阿连德(Salvador Allendo)政府开
235 始执掌智利政权，1973年9月，奥古斯托·皮诺切特(Augusto Pinochet)将军推翻其政府并以军事集团取而代之，当时皮诺切特接掌的是一个年通货膨胀率超过500%的满目疮痍的经济。在皮诺切特政权执政的初期，军官们被赋予了制定经济政策的重

---

① 我要感谢丹·格雷塞尔(Dan Gressel)和阿诺德·哈伯格(Arnold Harberger)为我提供了有关智利的资料，感谢海姆·巴凯(Haim Barkai)和迈克尔·布鲁诺(Michael Bruno)为我提供了以色列的资料。

任，他们用增发货币来弥补政府赤字，直接导致了通货膨胀的进一步加剧。[1]

1974 年，皮诺切特意识到要抑制通货膨胀就必须采取一些激进的措施。于是，他决定依照一群从芝加哥大学毕业，被称为“芝加哥男孩”的经济学家的改革计划，进行一项激进的改革。1975 年，他任命其中的部分经济学家为其内阁成员。这些经济学家开始了大刀阔斧地对政府开支和冗员的精简，对阿连德政府接管的企业重新私有化，并取消了政府对价格、工资以及进出口的控制。这些政策变化使得货币增长大幅下降，通货膨胀也随之骤然减速。由 GDP 平减指数可以看出，通货膨胀在 1975 年时已降到了 1974 年 694% 236
的一半(即 342%[*])，而到 1979 年时降至不到 46%。在这个艰难的过渡时期过去之后，实际收入下降了 13%，但随后经济便繁荣起来。从 1975 年至 1980 年，年平均实际增长达到 7.5%。由于智利的通货膨胀率要高于美国以及其他工业化国家，这导致了智利比索的贬值，其汇率在 1979 年 6 月之前也一直变化不定。

1979 年 6 月，正如我在开篇时提到的，智利财政部作出了一

① 皮诺切特是 1973 年 9 月执政的，用消费者价格指数衡量的通货膨胀率(按上年同期数据)，在 1974 年 4 月达到了顶点。

用最简单的话来说，1973 年的政府支出达到了国民生产总值(GDP)的 44%，显性税赋收入为 GDP 的 20%，留下了一个国民收入 24%的缺口。在这段时期中，政府向公众借款的能力或向海外借款的能力，基本上都已荡然无存。为政府赤字融资的唯一来源就是货币创造。另外，在通货膨胀期间，公众已经学会了如何充分利用政府创造的货币，所以，货币存量下降到只占 GDP 的一小部分，大约为 GDP 的 3%或 4%左右。要靠对货币存量征税来为占国民收入 24%的赤字融资，则需征收 600%—800%的税。1974 年的平减指数比 1973 年高了 700%。

* 原文如此。——译注

个重大决定，让智利比索钉住美元，即按照智利中央银行合意的美元与比索的交换比率确定一个汇率。政府这么做是希望能巩固在削减通胀时已经取得的战果，并能为将来进一步缩减通货膨胀奠定良好的基础。

智利政府之所以有这种期盼，其依据是大家都熟知的：智利一旦采取钉住汇率制，就能为其抑制过多的货币增长提供外部纪律。只要智利政府承诺实行固定汇率制，就放弃了独立控制货币数量的权利，这样就能更好地使智利与美国的价格保持一致（这里用有点过于简单的方式说明这一条件）。这种想法在两年内得到了实现。1980 年和 1981 年，通货膨胀分别下降到 29％和 12％，产出则分别增长了 8％和 6％（见图 9－1）。固定汇率制度的维持与大批外汇的涌入相辅相成，这一点在 1981 年尤为突出（Harberger，1984，表 1）。

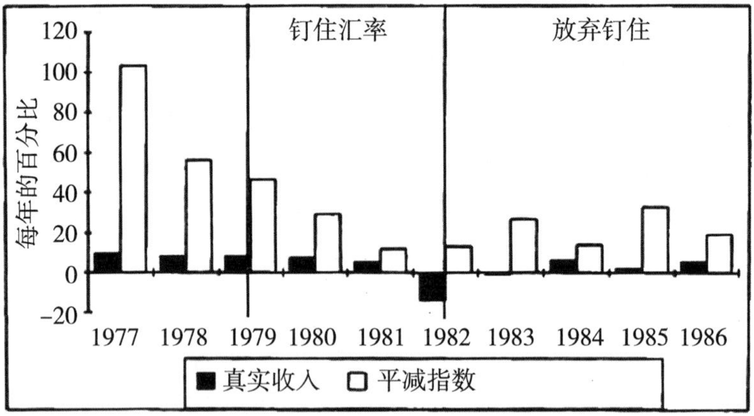

图 9－1 智利：1977—1986 年真实收入与平减指数的同比变化百分比

来源：智利中央银行，1986。

237 不幸的是，智利实行钉住汇率后不久，美国为遏制 20 世纪 70

年代的通货膨胀,开始采取严格限制货币发行的货币政策。美国的通货膨胀在1980年达到顶峰,随后开始急剧下降,与此同时也开始了持续至1982年末的严重衰退。美国政策变化的同时,美元的外汇价值也开始大幅增值——1980年至1981年增值18%,1981年至1982年增值13%,1982年至1985年进一步发展为23%。如果智利继续任其汇率波动,就必须让智利比索在保持对其他外汇稳定的同时相对于美元贬值,以抵消美元升值的影响。但正如他们当时的决定,他们放弃了这种选择。智利只能让其货币紧跟美元,相对于其他外币升值。更糟糕的是,石油的美元价格从1979年到1981年翻 238
了一番,而智利主要出口产品铜的美元价格却在1980年到1981年间下降了25%有余,1980年到1982年更是下降了近40%。

美元升值、石油价格的成倍增长以及铜价跌幅近半的多重冲击,对智利经济来说是当头一击。由于比索价格和工资的居高不下,对除美国外的其他国家来说,以这些国家货币表示的智利商品价格变昂贵了,而这些国家除石油之外的其他商品的比索价格却下降了。更有甚者,美国经济的衰退减少了其对智利商品的需求。为阻止外汇储备的流出,智利中央银行采取了限制性的货币政策。为了经济的持续增长,名义价格和工资就必须大幅降低,但价格和工资却没有足够的弹性来做到这一点。① 实际上,由于某种程度

① 另外,正如哈伯格所强调指出的那样,就充分调整而言,贸易条件的改变以及资本流入的急剧下降,需要真实工资的下降,但这一条因为法律的限制而受到阻碍。然而,资本流入的减少就其本身而论,至少在某种程度上,是智利比索钉住美元以及美元升值的结果。毫无疑问,钉住汇率制度在1980年和1981年鼓励了大量的资本流入。但美元的升值从另一个方面对资本流入产生了影响,因为对非美元的外国投资者来说,在智利投资的吸引力减小了。再加上,美元升值对智利国际收支以及国内经济状况的影响,都使人产生了比索将对美元贬值的恐惧,这一恐惧也阻止了美元投资者的信心。

上保守的指数化的推动，名义工资和价格仍在攀升。这样一来，智利就陷入了严重的衰退之中，这一衰退甚至比美国的衰退还严重得多：实际产出在 1982 年下降了 14%，1983 年又下降了 1%（见图 9-1）。

239 1982 年，时任智利财政部长的塞尔吉奥·德·卡斯特罗(Sergio de Castro)迫于政治及经济压力递交了辞呈，采取钉住汇率制度就是他的决定。这种钉住汇率制最终于 1982 年 8 月被取消，并开始允许比索对美元贬值。这种做法的负面影响一直持续到 1983 年，但从 1984 年起经济开始以每年 6%的速度复苏。

即使智利没有采用比索钉住美元的政策，由于世界总体经济情况的影响和油价、铜价的变化，智利仍会经历一场衰退。然而，这种衰退会远不如实际发生的那样严重。智利为其钉住汇率制度付出了昂贵的学费。

以色列

智利在成功地把通货膨胀率从高达三位数的增长降到较低的两位数后，开始采取钉住美元的汇率政策，并希望通过这种货币政策来达到最终抑制通货膨胀的目的。

以色列则把钉住美元的汇率制作为其最初抑制通货膨胀改革方案的一部分。在 1985 年实施经济稳定计划之前，以色列 1985 年第二季度的年通货膨胀率已高达 500%。以色列经济稳定计划的主要方面包括：“谢克尔(shekel)对美元贬值 20%并新汇率固定在这一水平；预算赤字特别是津贴大幅减少。对工资和价格的临时冻结也作为对收入政策的补充开始实行”(Barkai,1990a,第147—148页)。加强这项政策效果的动力是“大力收紧货币政策……以达到期望的效果:紧缩货币政策只是作为权宜之计,并 240
同时允许实行限制性财政政策……以达到预期目标,相应地,允许用财政费用来维持流动性的下行压力”(Barkai,1990a,第151页)。从这些方面来看,以色列的改革与智利在1975年为抑制恶性通胀最初所采取的政策非常类似。

两者最大的区别是,以色列的改革同时包括了钉住货币制度和工资与价格的暂时性冻结,这些步骤都是为了增加人们对政府降低通货膨胀的信心,因此可在向低通胀过渡的过程中使问题缓和不少。以色列的这次改革取得了空前的成功。年通货膨胀率由最初1985年第二季度的500%降到了1986年前两季度的18%,而1986年总体上则为20%(Barkai,1987;Bruno and Meridor,1990)。[1] 改革引起了明显但不很严重的经济衰退,这种衰退非常短暂而且在1986年至1987年间经济就迅速恢复起来。但是接下来,改革的时滞反应又导致了持续两年的更严重的衰退(Bruno and Meridor,1990)。

谢克尔钉住美元的政策对以色列改革的成功功不可没,因为导致智利钉住汇率厄运的两种情况在以色列却幸运地得到了相反的结果。1985年初,美元的外汇价值达到最高点,随后在1985年

① 巴凯在另一篇文章(Barkai,1990)中对以色列、阿根廷和巴西在大约相同时期中进行的改革做了比较。以色列的改革是成功的,其他两国的改革则失败了。这两国只是暂时降低了通货膨胀。他将这种差别归为以色列所强制实施的紧缩货币政策以及对政府赤字的缩减。这是与其他两个没有这样做的国家形成对比的一点。

到1990年间的贬值幅度恰好抵消了1980年到1985年的升值幅
241 度。另外，石油的美元价格在1981年达到顶峰后，就开始逐渐下降并一直下降到1985年，而在1985年又骤然下降。美元的贬值意味着谢克尔也相对于其他货币贬值，这就鼓励了出口并抑制了进口，从而减少了国际贸易的逆差。又因为以色列是石油进口国，所以以色列还能在石油的美元价格下降中受益匪浅。

以色列的钉住美元政策只持续了13个月。1986年8月，谢克尔开始转而钉住以色列几大贸易伙伴的一篮子货币，并紧跟此定期贬值政策，以弥补以色列近20%的通货膨胀与其他较低通胀的贸易伙伴间的通货膨胀率之差。[①] 然而，在谢克尔钉住美元的这13个月中，美元也急剧贬值。截止到1986年8月，美元已从1985年的最高峰贬低了32%。[②]

我们永远不能低估运气对个人和国家命运的作用。

为何钉住汇率制度是一项不可靠的政策？[③]

智利和以色列的例子很好地解释了，两种表面上相似但本质上不同的汇率安排的差别。

这样一种安排就是统一货币：美元是美国50个州和巴拿马的
242 通用货币；英镑则是苏格兰、英格兰和威尔士，早先还有爱尔兰的

① 谢克尔于1987年1月、1988年12月、1989年1月、1989年6月以及1990年9月，分别贬值12%、5%、8%、4%和10%。

② 基于美国联邦储备理事会“美元对十个工业国家货币的平均权重交换价值”。

③ 这一节主要依据弗里德曼的研究(Friedman，1989)。

统一货币。

港币是一个稍稍复杂的例子。1972 年前，港币通过货币局制度（currency board）与英镑保持一致。这一制度时刻准备按固定汇率将港币兑换成英镑，并备存一笔相当于已发行的港币现钞英镑价值的英镑储备。在 1983 年货币改革后，港币则通过一个类似的货币局机制与美元挂钩。

同样，在第一次世界大战前的金本位制度下，英镑、美元、法郎以及马克都只不过是某一固定数量的黄金的不同名称而已，所有这些货币构成了一个统一的货币区。

统一货币区的主要特征是它至多只能有一个具有货币创造能力的中央银行——“至多”是因为一种纯商品货币是不需要中央银行的。美国的联邦储备体系拥有 12 家地区银行，但只有一个中央当局（公开市场投资委员会）有权创造货币。苏格兰和威尔士没有中央银行。香港将其货币与美元挂钩时，赋予货币局以中央银行的权力，而在中国的天安门事件前，香港当局也曾试图把货币局转变成中央银行。中国发生的事情带来的为数不多的好的影响，使 243
这个计划终成泡影。

严格地说，在统一货币制度下，不同区域货币之间固定兑换比率的维持是严格自动的，根本不需要货币当局或其他机构的干预。纽约的 1 美元在旧金山仍是 1 美元，苏格兰的 1 英镑在威尔士也仍旧是 1 英镑，但这或许会因为运输或转账费用而有所增加或减少——就像在 19 世纪晚期的金本位制下，美元与英镑的兑换比率仅仅由于黄金运输成本而略略偏离 4.8865 美元（由此产生了所谓的黄金输送点）。同样，7.8 港币从本质上来说就是 1 美元的另一种说法,只会由于交易成本而些微增加或减少一个量。香港货币局只需信守以 7.8 港币兑换 1 美元的承诺,而无须进行任何金融操作以保持这一比率,反之亦然。由于香港货币局拥有的美元储备等同于港币现钞发行量的价值,它能够很容易地达到这一目的。

智利和以色列采用的是另一种方式:两国的货币汇率按约定价值(agreed value)挂钩,汇率则依靠各国中央银行适当改变(人们喜欢用"调整"的说法)国内货币政策加以维持。

许多欧洲共同货币的支持者认为,一种钉住汇率制度,比如现在的欧洲货币体系(EMS)是向统一货币迈进的一步。我确信这种观点是严重错误的。在我看来,汇率制度的两个极端,即真正的统一货币或浮动汇率制,都要好于将不同国家的货币钉在一起的
244 汇率制度。在当前的情形下,一国中央银行不可能仅为考虑要把货币汇率固定在一定水平上,就允许调整其政策。为了国内的经济目标,当局时时都有运用货币政策的压力。这种压力有时是不可抵抗的。如果这种情况发生,货币汇率体系立刻就不稳定了。

智利与香港的政策差异可以说是与这种现象相似的例子。可以理解的是,智利中央银行在 1982 年时不能、也不愿采取激烈的通货贬值政策,即使这样才能固定比索汇率。同样,以色列自从让谢克尔在 1985 年钉住美元和在 1986 年钉住一篮子货币后,也只能一而再再而三地使其货币贬值。另一方面,香港在 1983 年将其货币钉住美元后就省去了这种麻烦。香港通过调整价格和工资,就调整了港币相对于其他非美元货币的进一步升值。这个例子并不能很精确地说明问题,因为美元大部分的升值时间都发生在港币与其挂钩之前。

通过政府控制资本流动和外汇管制，以及国际贸易限制可以维持固定汇率。但是，到目前为止，大量事例都说明了这至多只是权宜之计，而且通常会使小问题变成大危机。

这确实是 1971 年前布雷顿森林体系下的经验，在当时的情况下，汇率经常会发生大幅的变动。这个体系的运行是有条件的，那就是美国奉行适度的不通货膨胀政策，并且对其他国家的资本流动和汇率管制采取不干预政策，该体系就可以发挥作用。

对于欧洲共同市场的一系列货币安排：欧洲支付同盟、“蛇形” 245
机制和如今的 EMS[欧洲货币体系]，也是同样的。这些货币安排没有一个可以在汇率危机和汇率动荡中幸免于难，而且许多都已分崩离析。EMS 运行得还算差强人意，因为德国承担起了美国在布雷顿森林体系中的角色，而且德国奉行适度的不膨胀货币政策，还要承受其他成员国的资本流动及外汇管制的压力。我对 EMS 仍有质疑，因为如果德国不愿遵循这些政策，EMS 就会崩溃，而东德与西德的统一就很可能会导致这一后果。

EMS 在近年内对其成员特别是法国降低通胀有功，许多观察家都因此很看好 EMS。毋庸置疑，法国的反通胀政策确实得益于其 EMS 的成员地位，也就是说得益于与其挂钩的德国马克较为稳定。但是，通货膨胀的降低本来就是一种全球现象，绝不仅仅局限于 EMS 的成员。

在我看来，全球范围通货膨胀降低的原因在于布雷顿森林体系的终结，这使得一种史无前例的世界货币体系得以运行。据我所知，在世界史上这是第一次所有主要国家的货币都是不兑现货币——这不像过去单个国家常常做的那样，只是应对危机的一种

临时性措施，而是一种可持续的永久性货币体系。世界上所有国家都开始了一次未知的旅程。可以想象得到，在这段旅程的前十
246 年中，许多事情都可能发生，尤其是世界性的通货膨胀。这次全球性通货膨胀的爆发推翻了通货膨胀与失业间存在一种平衡关系的简单想法，减少了通货膨胀带来的财政收入，增加了公众对通货膨胀的厌恶。从政治上说，大幅降低通货膨胀的政策被证明是对国家有利的。这种现象发生在 EMS，也同样发生在日本、英国、美国以及世界上很多国家，那些陷入困境的国家除外（进一步的讨论见第十章）。

1987 年，英国一度用几个月的时间效仿智利和以色列，当时的财政大臣尼格尔·劳森（Nigel Lawson）在英镑相对于马克有升值趋势时，试图以 1∶3 的比例让英镑钉住西德马克。这种做法使得货币量急剧增长，货币量的增长致使这项尝试早早了结，留下的只是通货膨胀和高利率的苦果。

1990 年，英国再次决定加入 EMS，并有效地将英镑钉住了德国马克，尽管围绕已确定的中心值有一个±6％的较大浮动范围。当时，英国的通货膨胀率居高不下，尽管远低于以色列实行货币改革计划时的水平，但其 13％的通货膨胀率却远高于德国、法国、日本和美国的水平。英国加入 EMS 的动机与智利和以色列把各自货币钉住美元的动机相同，都是为了增加反通胀政策的信誉。与智利和以色列一样，英国这么做的结果也取决于其货币所钉住的
247 货币的未来的情况。如若马克能像 1985 年后的美元那样运行，英国就会像以色列一样获得成功。但是，从马克过去的情况看来，虽然不能完全排除这种可能，但这种可能性也是微乎其微，因为德国

还担负着振兴前东德的沉重财政压力。另一方面,如果德国一直保持低度通货膨胀,并使马克继续保持对其他主要货币的强势,英国就更可能重蹈智利的覆辙,只是不会那么严重罢了。不会那么严重的原因是,马克相对于美元和日元的升值机会不会太多,不会像美元在1980年到1985年间相对于马克、英镑和日元的升值机会那样多。但是,如果马克有了轻微升值的机会,我推断英国将会停止钉住汇率或采取新的中心汇率。

对于在欧洲共同市场建立单一货币的想法,有着诸多议论。当今的许多提议都建议在最终统一货币和建立单一中央银行之前,先分阶段渐进。在这些过渡阶段,允许保留各自的中央银行来管理钉住汇率。

一个真正的统一货币市场是非常有意义的。但要在今天不存在统一货币的情况下做到这一点——就像在今天的欧洲这样——假如这个统一货币是一种纯粹的商业货币,或所有的货币中有一种是商业货币,又假如这一统一货币是一种不兑现货币或部分兑现货币,那就必须取消现在所有的中央银行。

在欧洲,要建立一个单一的中央银行,最显而易见的选择就是在EMS中起主导作用的德意志联邦银行(Bundesbank)。但如果那样不但要取消英格兰银行、法兰西银行、意大利银行及其他国家银行,就连它们转为受德意志联邦银行管理的分支银行的可能性都要被排除。另一种可能的选择就是设立一个国际清算银行,这 248
样一来,德意志联邦银行也会被取消。这些可能的选择能否真正实行还很难说,都还只不过是说说而已。

在我看来,将这种由有管理的钉住汇率制度联系在一起的国家央行体系作为通向真正统一货币的一个台阶，是一个完完全全的海市蜃楼。即使能够这样，取消各国中央银行之后的操作仍然不会比之前有中央银行的操作更容易。还有一种设想就是让各国中央银行组合成一个银行集团，仿照单一中央银行运行，但我仍认为这和前面的想法一样，不切实际。

四十余年前（1950 年），我做了几个月美国马歇尔计划的顾问，为共同市场的先驱——舒曼煤钢联营体规划前景。我当时的结论是，欧洲要作为一个单一的、相对自由的市场实现真正的经济统一，只有与自由浮动汇率体系结合才有成功的可能。（如果没记错的话，我没有基于政治原因来考虑统一货币。）

从那时起，经验不仅使我更深信这个结论，也使我更加质疑自由浮动汇率制度在政治上的可行性。即使意图再好，中央银行也总会是狗拿耗子。尽管如此，我仍然认为，人为操纵的浮动汇率好于固定汇率，虽然不一定比统一货币更可取。

第十章　纸币不兑现条件下的货币政策 249

我们在第二章中看到，世界货币体系是一种史无前例的货币体系。在这一货币体系中，世界上每一个主要货币都直接或间接地实行不兑现纸币本位制——说它直接，是指汇率是有弹性的，尽管可能是因为操纵才具有弹性；说它间接，是指货币是与另一种不兑现货币联系在一起的（比如说，1983 年之后的港币）。这种货币体系的最终结果如何，还是一个未知数。

这一货币体系是第一次世界大战后零零散散出现并逐渐形成的。从那时起直到 1971 年，世界上多数国家实际上都实行的是美元本位制，而美国，虽然表面上实行的是金本位制（除了 1933—1934 年的一段短暂的时期），实际上实行的是与政府钉住黄金价格的计划相结合的不兑现本位制。布雷顿森林协议大体上就是对这种情势的认可，尽管它口头上承认黄金的作用并对汇率变化的规定表示支持。

在美国，有两个重要的里程碑标志着黄金货币功能的渐变： 250
(1)1933 年禁止私人拥有黄金，(2)1965 年减少联邦储备存款的黄金准备金。1971 年，尼克松总统关闭了黄金窗口，这就取消了黄金与美元之间的正式联系，清除了美国实行金本位制的虚假表象，肯定了正在发展的一个过程。登录在中央银行账簿上的黄金存量已经成了往昔时代的遗存，尽管这里只存有一星半点儿的可能性，即在未来的某一天，黄金还有不仅仅是账面上的存量的可能。虽然某种程度上有点荒谬，但 1974 年美国撤销私人拥有黄金的禁令，确实是得益于黄金货币功能的终结。

美国在 20 世纪 60 年代急剧增长的通货膨胀，促成了尼克松总统的行动。反过来，对布雷顿森林体系安排的终结，使通货膨胀在 70 年代在美国和世界大多数国家都在继续且加速发展。

毫无规律且变化无常的通货膨胀激发了人们进行货币改革的兴趣。通货膨胀使人们注意到了货币当局的糟糕表现，并大大强化了人们对诸多学者就先前的政策所做结论的信任（包括我和安娜·J. 施瓦茨的《美国货币史》）。

另外，美国的通货膨胀使名义利率上升，名义利率的上升使政府通过 Q 条款对银行所能支付的利率的管制，从轻微转变为极大地阻碍了信贷市场的有效出清。其中的一个反应就是货币市场共
251 同基金的发明。这是使中小储蓄者可以从高市场利率中获利的一种方式。货币市场基金为金融制度的创新提供了一个进入契机，金融创新极大地推动了银行管制的放松，以及随之而来的放弃对银行支付利息的管制，并同时放松了约束银行和其他金融机构的活动的规制。从总体上来看，撤销对美国金融体系的管制为时已晚，也过于有限了，以致根本不能阻止如传统上所定义的银行作用的急剧衰减。这些银行现在在信贷市场所占的份额大大少于它们以往所占的份额。它们的地位现在已经被一些非银行机构，如西尔斯—罗巴克百货公司（Sears Roebuck）、美国运通公司（Ameri-

can Express)和美林公司(Merrill Lynch)等所取代。

一个特别值得一提的通货膨胀和随之而来的放松管制的后果,就是储蓄和贷款危机给储蓄与贷款的联邦存款保险强加了一个沉重的负担,并因此而给纳税人增加了负担,甚至还威胁到了联邦存款保险公司的偿付能力。[1]

无规律可循的通货膨胀以及高企而变动不定的利率在其他国 252
家也有相似的发展过程。因此,在全世界范围内都存在要求放松管制的压力。

这里值得强调的是,现在的情况几乎是史无前例的。正如我们在第二章和第八章所见的,纵观有文献记载的历史,商品货币一直是一种规则。只要占据主导地位的货币是硬币或金银,急剧增长的通货膨胀实际上根本不可能发生。货币贬值的程度受到已有的贵金属的实际数量值与作为合金铸币的贱金属的实际数量值之比的约束。现在这种情况所引致的纸币的发明和广泛使用,使近

---

① 在联邦存款保险公司(FDIC)和联邦储蓄和贷款保险公司(FSLIC)成立后的头三十年里,商业银行或储蓄和贷款机构的失灵很少发生。储蓄者在银行承担的过高风险中没有什么损失,权益所有者则有损失。因此,只要存在大量的对权益风险的缓冲方法(equity cushion),所有者(或对于共同基金及经理人)就有极大的动机去避免过高的风险。

20 世纪 70 年代加速上涨的通货膨胀促使利率上涨,利率上涨减少了银行与储蓄和贷款机构的资产净值,因为银行与储蓄和贷款机构都是根据需求借款,依据时间贷款。储蓄和贷款机构尤其脆弱,因为它们的资产基本上是由长期固定利率的抵押贷款所组成的。一旦净资产减少,银行就有从事风险活动的动力。这就是"做得好,银行赚;做不好,纳税人赔"的说法的含义。因此,20 世纪 70 年代末期,出现了大量的商业银行破产的情况,储蓄与贷款机构的破产出现了灾难性的激增。

从 1970 年开始,货币的增长受到了约束,因此而避免了通货膨胀的急剧上升,尽管这时缺少保险安排,但每年破产的银行和储蓄及贷款机构的数量,仍然只是按一位数增加。

来已经产生的激增的通货膨胀，有了技术上的可行性。

欧文·费雪于1911年用这些历史事件对过去的经验进行评价时写道："不兑现纸币对于使用它的国家来说，始终是一个灾难"（Fisher，1929，第131页）。费雪写这句话以来的世情确实与他的概括相符。我们都可以看出这一时期一系列的纸币灾难：紧随第一次世界大战和第二次世界大战而来的恶性通货膨胀；在许多南美国家和世界其他国家，尤其是许多欠发达国家的急剧上升的通货膨胀和恶性通货膨胀；以及最近以来，即20世纪70年代以来的世界性通货膨胀的经历。

253 硬币本位制的终结，以及如费雪所说的，每个国家都有一种"不兑现纸币"的世界货币体系的出现，引出了经济学文献中两个截然不同的流派，一派是学术的，另一派是大众的。学术派的观点研究货币改革，以及政府在提供经济学家所谓外存货币（outside money）方面所发挥的作用，换言之，货币并不是一种付款承诺（promise to pay），而只是一种货币——即金本位制下面值与实值相符的金币，以及现行美元本位制下联邦储备体系的纸币和存款。大众派的观点有点危言耸听，且赞同硬通货（hard money），尤其是，所有的观点都基于一个主题，即费雪的概括仍然继续适用，也就是说，除非或直到主要国家再次实施商品本位制，这个世界将不可避免地走上恶性通货膨胀之途。

意味深长的是，这两派的观点之间没有交点。按我的看法，学术派的观点在很大程度上回避了大众派观点所提出的问题：产生现在这个史无前例的货币体系的条件，是否伴随着与早先的纸币本位完全一样的变化发展之路？本章后面的部分将就这一问题提出一些探讨性的和初步的评论。

正如我们在第八章中所指出的那样，通货膨胀一直是一种有吸引力的替代收入来源，因为事实上不用任何人进行投票表决，政府就可以利用它征收税赋，用凯恩斯的话来说，“它是以一种极少数人能弄明白的方式做到这一点的”(Keynes，1920，第 236 页)。然而，公众广泛支持商品本位制的存在，起到了监督通货膨胀的作用。的确，在那些更先进的国家中，恶性通货膨胀和上升较快的通
货膨胀相对较少的原因，就是公众舆论。在和平时期和没有大规 254
模国内骚乱的条件下，公众总能够对政府施加压力，让政府保持货币的可兑换性，或者，如果可兑换性已暂时取消，就施加压力让其回到再度可兑换的情形。

现在，在改革货币和财政体系时，我们所面临的重要挑战就是要找到一种具有与纸币兑换成硬币相同功用的替代方法，这样才能维持住对政府的压力，让政府克制自己，不要把通货膨胀作为收入来源。换句话说，我们必须为价格水平找到一个名义上的锚，以替代货币商品的实物约束。

我们无法评论费雪在 1911 年的概括，即“不兑现纸币对于使用它的国家来说，始终是一个灾难”的说法是否会在未来的十年仍适用。但最近以来，像阿根廷、玻利维亚、巴西、智利、墨西哥以及以色列，这些国家的经验都支持费雪的说法。然而，所有这些国家都不是高度发达的国家。这些国家与费雪所思考的那种国家更相似，倒不见得与今天那些更发达的国家有什么共同之处。那些更发达的国家，如日本、美国以及欧共体国家的经验，则为人们更加乐观提供了理由。今天，在这些国家中，政府在不征收显性税的情

况下获取资源供政府使用的压力，与以前同样强烈。然而，削减纸币通货膨胀的政治吸引力这种反压力也已经很大。信息革命大大减少了获取信息的成本，并使预期能够更迅捷且准确地对经济动
255 荡，包括政府的政策变动做出反应。因此，与以前相比，公众以及金融市场都对通货膨胀更敏感，也更熟悉。

诚如第八章所指出的，通货膨胀用三种方式为政府提供了资源：第一，政府的货币发行形成了对基础货币存量的隐性通胀税；第二，由于没有对通货膨胀进行调整，至少是没有对某些收入税基础的内容，或收入税篮子进行调整，通货膨胀能够未经投票表决就增加显性税；第三，由于现行利率中并没有包括对未来通货膨胀的足够补贴，通货膨胀会降低按现行利率标准发行的未偿债务的真实价值。近来的经济、政治和金融情势的发展，大大损害了上述三种收入来源的效力。

就第一种来源来说，美国的数据就表明了这种趋势。从19世纪中叶直到大萧条时期，美国的基础货币或称为高能货币，一直占国民收入的10％左右，接着在1946年突然上升到峰值25％左右。从这时起，基础货币对国民收入的比例一直在下降。1990年下降到约7％。在一个政府的税收和支出已经达到国民收入的30％和50％——有时候会更多——的现代社会中，这一份额可能是三种来源中最不值一提的量。就算通货膨胀不会减少基础货币对国民收入的比例（毫无疑问会减少这一比例），一般来说，基础货币每年10％左右的增长率，为美国政府带来的收益，仅仅是国民收入1％的7/10而已。除了通货膨胀以外，更进一步的金融创新似乎会进
256 一步减小基础货币与国民收入之比，并使这种收入来源的效能更

不值一提。我相信其他许多国家都出现了同样的趋势，因此，对这些国家来说，这三种收入来源的重要性也都减小了。

收入的第二个部分——税档潜升——似乎变得比第一个来源更重要了。在最近几十年中，这一点在美国确实如此。通货膨胀将低收入和中等收入的人群降到了永远不能就显性税进行表决的个人所得税档次。

税档潜升的一个后果是在政治上出现了要求个人所得税按通货膨胀的时间进行指数化的压力，但在很大程度上，这并不能完全消除这一收入来源。[1] 我不太了解其他国家这方面的情况，但我猜想，无论在什么地方，只要存在实实在在的高涨的通货膨胀，就存在实实在在的对个人所得税结构指数化的压力。

第三种收入来源一直以来就极为重要。第二次世界大战结束之时，用联邦债券形式筹措的资金已经达到了年国民收入的106%。到1967年，尽管官方财政预算中不断出现赤字，但联邦债券已经下降到国民收入的32%左右。自那时以来，联邦债券随着赤字的持续存在和增加而增加。但即便如此，一般也只占国民收入的46%左右。经济的真实增长可以部分解释赤字比例的下降，但通货膨胀一直是主要原因。通货膨胀将债券发行的正的名义利率转变成了事后的负的真实利率(参见第二章图2-1)。

金融市场的发展极大地削弱了这些收入来源。对政府来说， 257
市场压力使其很难按较低名义利率发行长期债券。在20世纪70

① 通货膨胀对个人所得税最重要的附带效应起因于无法就通货膨胀对资本收益和利率进行调整。名义资本收益和名义利息所得都取决于税收，而不取决于真实资本收益和真实利率所得的名义价值。这里也存在对公司所得税的附带效应。

年代的通货膨胀时期，联邦债券的平均到期期限大幅缩短，比如按市场利率计息的公共债务从 1946 年的九年零一个月，缩短到 1976 年的两年零七个月。在 20 世纪 70 年代后期和 80 年代早期的几次波动之后，平均到期率随着通货膨胀的降低而增加，所以，上述时长略略有些增加，在 1990 年增加到六年零一个月。除非是在战争期间，否则，要通过未曾预期到的通货膨胀，将短期债务的正的名义利率转变成负的真实利率，比将长期债务的正的名义利率转变成负的真实利率，要困难得多。再加上，对短期债务这样做比对长期债务这样做，获利也会少些。从历史上看，在公众的认知仍然只反映超常时期内相对稳定的价格水平作用的情况下，几十年既高企且又波动不定的通货膨胀，使政府要在任何具体时期中制造任何量度的无预期通货膨胀，比之十年或二十年前，要更加困难。

在英国，政府现在发行的是可就通货膨胀进行调整的债务。对于这种债务，政府无法从事后的负的真实利率中获利。很长一段时间以来，美国一直有人提议财政部发行类似的证券，但到目前为止，美国财政部一直不愿意发行这种证券。然而，如果通货膨胀在美国再次高企且动荡不定的话，发行购买力证券的压力毫无疑问会增强。

或许，几十年相对稳定的长期价格水平会再次使资产持有人
258 认为，名义利率就等同于真实利率。但今天的情况肯定不是这样。

总的来说，人们已经很少再将货币扩张作为一种政治上的选择。在选民已经对通货膨胀非常敏感的条件下，眼下从政治上讲，建立一种让当前这种不兑现纸币本位成为费雪的概括之特例的货币安排，是非常有利的。

最近的经验为我们这种观点提供了某种支持。由于美国、英

国、日本以及其他发达国家在19世纪和20世纪的大多数时间里已经采用的这种本位制，20世纪70年代的通货膨胀情况更严重（虽然与世界其他许多国家的情况相比要温和一些）。这种严重的通货膨胀足以产生一种政治压力，导致西方世界采取反通货膨胀政策，采取遏制货币增长，并接受大量暂时性的失业以避免持续通货膨胀的政策。

在美国，通货膨胀已经从两位数下落到较低的一位数水平。美联储反复说道的要将通货膨胀从1983年的水平进一步降低到3%—5%水平的打算，获得了朝野的广泛支持。

如我们在第八章所见，日本提供的范例可能给人的印象最为深刻。20世纪70年代初期，日本的通货膨胀水平已经超过了20%。日本政府和日本银行的反应非常迅速且有效，很快就使货币增长率大幅度下降，并持续维持一个相对稳定的货币增长率。结果，日本不仅将通货膨胀率降到了一个较低的水平，而且还逃过 259
了一直困扰其他许多国家的通货膨胀反复。

德国提供的是一个完全不同的例子，即一国经历如何改变通货膨胀选择的政治吸引力的例子。纵观整个战后时期，德国一直趋向于使自己的通货膨胀水平低于美国、英国以及其他多数西方国家的通货膨胀水平。原因明显是因为“一战”后恶性通货膨胀的长期后果。这一后果也因为“二战”后的遏制型通货膨胀（suppressed inflation）经历而进一步强化，“二战”后的经历使当时的货币制度完全瘫痪，并使德国求诸以货易货交易。

同样，英国在经历了一段时间的两位数通货膨胀之后，也成功地降低了通货膨胀，尽管在降低通货膨胀的同时还伴随着失业率的上升。这种情况对法国也是如此，对欧洲共同市场中通过欧洲货币同盟将其货币挂钩的其他国家也是如此。

通货膨胀之政治获利性的明显下降，是承诺降低通货膨胀的缘由，但这种情况远远不能确保费雪的概括就过时了。政府常常在短期压力下，按一种具有长期有害后果的方式来行事。20 世纪 80 年代早期，以色列就提供了一个突出的例子。以色列在把通货膨胀当成一种收入来源的情况下，不断实施货币扩张政策；实际上，在以色列的特殊情况下，通货膨胀或许是对政府资源的耗竭，而不是政府收入的来源。然而，正如我们在上一章中所读到的那样，1985 年，以色列也采取了结束通货膨胀的严厉步骤。

不过，将不兑现纸币作为收入来源的诱惑是否会引致以下情
260 况的出现，即是否会最终迫使这个世界回归商品本位制——或许是某一种金本位制——仍然是一个悬而未决的问题。有希望的替代方案是，在即将到来的几十年中，发达国家将在发展货币和财政机构及各种政策安排方面取得成功。这些机构和安排将有效遏制通货膨胀倾向。这就会在较长时间内再次为这个世界提供一个相对稳定的价格水平。

只有在接下来的几十年中随着历史的展开，我们才能获得最后的答案。答案会是什么，关键取决于我们能否从历史事件中成功地汲取教训，比如从本书所研究的历史事件中汲取教训。自从对货币和货币结构的系统分析首次出现以来，这样一种汲取教训的学习过程已经持续了几个世纪。随着世界的商业投机活动进入了迄今为止还未曾探索过的领域，这一学习过程也进入了一个全新而紧迫的阶段。

第十一章　跋 261

我们的研究过程涵盖了一个极为宽广的空间和时间——从古罗马和古希腊一直到现代的以色列和智利，在古代和现代之间也花费了一点时间。尽管我们只是仔细地研究了其中的几个片段，但还是间接地接触到了其他许多事件。

我对货币现象潜心研究了将近半个世纪，对货币所起到的普遍作用、对一些相对简单的关于货币的建议的普适性、对大部分公众甚至货币当局在理解和应用这些建议上的困难，怀有深刻的印象。我深信本书的读者也会和我一样，对这一切印象深刻。

第一次世界大战结束时的法国总理、凡尔赛条约的设计者之一乔治·克列孟梭曾经说过："战争是不能拿来开玩笑的，不能仅仅交给军人。"我化用他的话说一句："货币是不能拿来开玩笑的，不能仅仅交给央行的银行家们。"

货币是经济中的一个非常重要的因素，甚至货币结构中出现的一个微不足道的变化，也会对经济产生深远而预料不到的后果，262
但在很大程度上，货币又是一个看不见的因素。比如说，在《1873年铸币法》中删掉了一行字，就把一个国家的政治和经济搞糟了几十年——实际上是近乎决定了国家的发展方向。苏格兰的发明家和南非的矿工们可以终结美国一位冉冉上升的政坛新星的政治生涯;为抚慰美国一小部分有影响力的议员而采取的行动,对中国是否最终成为共产党国家也能产生影响。由两个不同的国家作出的相同的货币决策,却能导致相反的结果,因为两个相同的决策是时隔六年作出的——在一种情况下是一场灾难,在另一种情况下却是一种成功。货币制度的变化会使整个世界在适应这一变化的制度之前,要在一个动荡不定、同时又是一个未知的货币之海上航行至少几十年的时间,而且手上没有任何大家认可的、值得信任的航海图来指引未来的航程。可供说道的远远超出了本书所涉及的这些历史事件。

也许最重要、论证最翔实但又被乖谬地否决的命题是:“通货膨胀无论在何时何地都是一种货币现象。”[①]如果不能说几千年的话,几百年来,一些学者和政界人士都已熟知这一命题。但这无法阻止政府当局经受不住诱惑,用货币贬值的方式来抢百姓的钱——无代表权纳税,同时他们还理直气壮地否认他们正在做这样的事情,把由此造成的通货膨胀归因于其他魔鬼的化身。

263 这不是古代的历史。人们只需回溯到 20 世纪 80 年代的美国和其他发达国家的历史就行了。经不住诱惑就是阿根廷、巴西、尼加拉瓜以及一连串拉美国家陷入绝境的原因。最近展示最充分的恶性通货膨胀发生在玻利维亚,幸运的是,该国现在已经在改革货币制度了。但他们也付出了很大的代价。他们丧失了生产能力,陷入了贫困,降低了生活水平。我猜想,这个世界将在接下来的几

① 我相信,我第一次公开发表这一论述是在 1963 年(Friedman,1963),后又在 1968 年重刊(1968,第 39 页)。

十年中频繁遭遇通货膨胀及恶性通货膨胀事件。

货币数量的急剧增加会产生通货膨胀，货币数量的急速减少也会导致通货紧缩。在本书中，我们并没有直接讨论这一问题。但某些通货紧缩事件我们还是有所涉及。比如 1873—1879 年美国的大萧条。19 世纪 90 年代初期的不景气岁月，以及 1929 1933 年的经济大紧缩，这一紧缩使富兰克林·罗斯福入主白宫，并为 20 世纪 30 年代的白银购买法案创造了条件。

为什么人们在决定政策时往往漠视这些论证翔实的关于货币的主张呢？其中一个原因是，这些事情出现在个人面前和出现在社会之中的差别。如果你去市场上购买草莓，你可以按照标价想买多少买多少，你影响的只是零售商的存货。对你个人而言，价格是固定的，数量是可变的。但是，如果每一个人都突然获得可以用来购买草莓的一美元，对于整个社会来说，在一个给定的时间内的全部草莓的数量也是一个固定的量。在初始价格水平上，需求数量的突然增加可能只需提高价格就能够满足，因为提高的价格足以减少相对于既定供给量的需求量。对整个社会来说，这一数量是固定的，但价格是可变的——正好与个人所面对的情况相反。 264

这种差别在大多数情况下都一样。在我们一直讨论的货币领域中，你作为一个个人可以持有你意欲持有的任何数量的现金。这一数量只受你财富水平的限制。但在任意一个时间里，一个社会的现金总额都是固定的，如果现金被定义为货币数量的话，这一现金总额基本上是由美联储决定的。如果现金的定义更宽泛，那么，现金的数额就由美联储和银行共同决定。你只有在其他什么人持有的现金数额更少一些的情况下，才可以持有更多的现金。但是，在你个人的情况中，没有任何东西能使你认识到这一点。

作为一个个人来说，收入的增加总是一件好事。在这里，你可以不管收入增加的最终来源是你增强的生产力，还是政府印制出来的钞票。但对于社会整体来说，这两种来源差别极大：正如我们在第二章关于直升机的那个故事中所说的，第一种来源是一种裨益，第二种来源则是一种祸害。

对于个人来说，从他们的个人经验进行推断，相信对他们合适的事情对社会也会合适，这是自然而然的。我相信，混淆的真正根源就在流传最广的经济学谬论中——不管是关于我们正讨论着的货币的理论，还是关于其他经济现象或社会现象，情况都是一样。

把好事和坏事算到个人头上，把任何坏事归为某些人的恶意，是人的天性。但是，良善的意图也会像碰到无形的魔鬼一样，因为误解而受挫。矫正的办法在于解释，而非指责。

正确理解一般经济关系，尤其是货币问题的重要性，两个世纪
265 前，来自讷莫尔地区的法国国民议会议员彼埃尔·S.杜邦就予以了生动而清晰的阐述。在针对增发指券的提案所做的讲话中，他说：“先生们，人们非常轻易地跟着激烈的讨论就假定了恶意的意图，这是一种不良习惯。对于人们的意图，我们还是要宽容以待，我们应该相信这些意图是良好的，很显然，也的确是好的，但我们不能对那种前后不一的逻辑或荒谬的推论予以宽容。糟糕的逻辑学家犯下的不自觉的罪，比坏人蓄意犯下的罪，要多得多[1790 年 9 月 25 日]”(引自 Friedman，1977，第 471 页)。

参考文献

Bagehot, Walter. *Lombard Street*. London: H. S. King, 1873.

——. *Some Articles on the Depreciation of Silver and on Topics Connected With It*. London: H. S. King & Co., 1877. Reprinted in *The Works of Walter Bagehot*, vol. 5, edited by Forrest Morgan. Hartford, Conn.: The Travelers Insurance Co., 1891.

Banco Central de Chile, Dirección de Estudios. *Indicadores económicos y sociales 1960-1985*. Santiago, Chile: Central Bank of Chile, 1986.

Barkai, Haim. "Israel's Attempt at Economic Stabilization." *Jerusalem Quarterly*, Summer 1987, pp. 3-20.

——. "The Role of Monetary Policy in Israel's Stabilization Effort." In *Transcript of the Symposium on American-Israel Economic Relations* (held June 5-7, 1988). New York: American Israel Economic Corporation, 1990. (a)

——. "The Role of Monetary Policy in Israel's 1985 Stabilization Effort." Working Paper WP/90/29. Washington: International Monetary Fund, April 1990. (b)

Barnes, James A. "Myths of the Bryan Campaign." *Mississippi Valley Historical Review* 34 (December 1947): 367-400.

Barnett, Paul S. "The Crime of 1873 Re-examined." *Agricultural History* 38 (July 1964): 178-81.

Brandt, Loren, and Sargent, Thomas J. "Interpreting New Evidence about China and U. S. Silver Purchases." *Journal of Monetary Economics* 23 (1989): 31-51.

Bruno, Michael, and Meridor, Leora (Rubin). "The Costly Transition from Stabilization to Sustainable Growth: Israel's Case." Discussion Paper 90. 01. Jerusalem: Bank of Israel, January 1990.

Bryan, William Jennings. *The First Battle*. Chicago: W. B. Conkey Co., 1896.

Cagan, Phillip. "The Monetary Dynamics of Hyperinflation." In *Studies in the Quantity Theory of Money*, edited by Milton Friedman. Chicago: University of Chicago Press, 1956.

Capie, Forrest. "Conditions in Which Very Rapid Inflation Has Appeared." In *The National Bureau Method, International Capital Mobility and Other Essays*, edited by Karl Brunner and Allan H. Meltzer. Carnegie-Rochester Conference Series on Public Policy, vol. 24. Amsterdam: North-Holland, 1986.

Carothers, Neil. *Fractional Money*. New York: Wiley & Sons; London: Chapman & Hall, Ltd., 1930.

Chang, Kia-ngau. *The Inflationary Spiral*. Cambridge: Technology Press of Massachusetts Institute of Technology; New York: Wiley; and London: Chapman & Hall, Ltd., 1958.

Chang, P. H. Kevin. "Commodity Price Shocks and International Finance." Ph. D. dissertation. Massachusetts Institute of Technology, 1988.

Chou, Shun-hsin. *The Chinese Inflation, 1937-1949*. Foreword by C. Martin Wilbur. New York and London: Columbia University Press, 1963.

Commager, Henry. "William Jennings Bryan, 1860-1925." In *There Were Giants in the Land*. Introduction by Henry Morgenthau, Jr. New York and Toronto: Farrar & Rinehart, 1942.

Culbertson, John M. M*acroeconomic Theory and Stabilization Policy*. New York: McGraw-Hill, 1968.

Deane, Phyllis. "New Estimates of Gross National Product for the United Kingdom, 1830-1914." *The Review of Income and Wealth* 14(June 1968): 95-112.

Dowd, Kevin. "The Mechanics of the Bimetallic Standard." Unpublished Discussion Paper. Nottingham, England: University of Nottingham, April 1991.

Drake, Louis S. "Reconstruction of a Bimetallic Price Level." *Explorations in Economic History* 22(April 1985):194-219.

Edgeworth, Francis Y. "Thoughts on Monetary Reform." *Economic Journal* 5 (September 1895):431-51.

Encyclopaedia Britannica, 11th ed. (1910). S. v. "Gold."

Encyclopaedia Britannica, 1970 ed. S. v. "Panic."

Feavearyear, Albert. *The Pound Sterling*. 2d ed., revised by E. Victor Morgan. Oxford: The Clarendon Press, 1963.

Fetter, Frank W. *Development of British Monetary Orthodoxy, 1797-1875*. Cambridge: Harvard University Press, 1965.

——. "Monetary Policy." In *Monetary and Financial Policy*, by Frank W. Fetter and Derek Gregory. [Dublin]: Irish University Press, 1973.

Fisher, Irving. "The Mechanics of Bimetallism." *Economic Journal* 4 (September 1894):527-37.

——. *Appreciation and Interest*. American Economic Association Monograph, 1st ser., vol. 11, no. 4. Cambridge, Mass.: American Economic Association, 1896.

——. *The Purchasing Power of Money*. New York: Macmillan, 1911. 2d ed. New York: Macmillan, 1913. New ed. New York: Macmillan, 1929.

Friedman, Milton. *A Program for Monetary Stability*. New York: Fordham University Press, 1960.

——. *Inflation: Causes and Consequences*. Bombay: Asia Publishing House, 1963. Reprinted in Milton Friedman, *Dollars and Deficits*. Englewood Cliffs, N. J.: Prentice-Hall, 1968.

——. *The Quantity Theory of Money and Other Essays*. Chicago: Aldine, 1969.

——. "Money." *Encyclopaedia Britannica*, 15th ed. (1974).

——. "Nobel Lecture: Inflation and Unemployment." *Journal of Political

Economy 85(June 1977):451-72.

——. "Monetary Policy for the 1980s." In *To Promote Prosperity: U. S. Domestic Policy in the Mid-1980s*, edited by John H. Moore. Stanford, Calif.: Hoover Institution Press, 1984.

——. "The Resource Cost of Irredeemable Paper Money." *Journal of Political Economy* 94, part 1(June 1986):642-47.

——. "Quantity Theory of Money." In *The New Palgrave: A Dictionary of Economics*, vol. 4, edited by John Eatwell, Murray Milgate, and Peter Newman. New York: Stockton Press, and London: Macmillan, 1987.

——. "The Case for Floating Rates." *Financial Times* (London), December 18, 1989.

Friedman, Milton, and Schwartz, Anna J. *A Monetary History of the United States, 1867-1960*. Princeton: Princeton University Press, 1963.

—— and ——. *Monetary Statistics of the United States*. New York: Columbia University Press, 1970.

—— and ——. *Monetary Trends in the United States and the United Kingdom*. Chicago: University of Chicago Press, 1982.

Froman, Lewis A. "Bimetallism Reconsidered in the Light of Recent Developments." *American Economic Review* 26(March 1936):53-61.

Furness, William Henry. *The Island of Stone Money: Uap and The Carolines*. Philadelphia and London: J. B. Lippincott Co., 1910.

Giffen, Sir Robert. *The Case Against Bimetallism*. London: G. Bell & Son, 1892. 4th ed. London: George Bell & Sons, 1896.

Greenwood, John G., and Wood, Christopher J. R. "The Chinese Hyperinflation: Part 1. Monetary and Fiscal Origins of the Inflation, 1932-45." *Asian Monetary Monitor* 1, no. 1(September-October 1977):25-39. (a)

—— and ——. "The Chinese Hyperinflation: Part 2. The Crisis of Hyperinflation, 1945-49." *Asian Monetary Monitor* 1, no. 2(November-December 1977):32-45. (b)

—— and ——. "The Chinese Hyperinflation: Part 3. Price Stabilization after the 1949 Revolution." *Asian Monetary Monitor* 2, no. 1 (January-February 1978): 27-34.

Hamilton, Alexander. Treasury Report on the Establishment of a Mint. January 28, 1791. Reprinted in *Documentary History of Banking and Currency in the United States*, vol. 1, edited by Herman E. Krooss. New York: Chelsea House Publishers, 1969.

Hamilton, Earl J. "Prices and Wages at Paris under John Law's System." *Quarterly Journal of Economics* 51 (November 1936): 42-70.

Harberger, Arnold C. "Chile's Devaluation Crisis of 1982," unpublished English version of "La crisis cambiaria chilena de 1982" in *Cuadernos de Economia* 21, no. 63 (August 1984): 123-36.

Hetzel, Robert. "A Better Way to Fight Inflation." *Wall Street Journal*, April 25, 1991, p. A14.

Hofstadter, Richard. *The American Political Tradition and the Men Who Made It*. New York: Alfred A. Knopf, 1948.

——. "William Jennings Bryan: 'Cross of Gold' Speech, 1896." In *An American Primer*, vol. 2, edited by Daniel Boorstin. Chicago: University of Chicago Press, 1966.

Hoover, Ethel D. "Retail Prices after 1850." In *Trends in the American Economy in the Nineteenth Century*. National Bureau of Economic Research Studies in Income and Wealth, vol. 24. Princeton: Princeton University Press, 1960.

Huang, Andrew Chung. "The Inflation in China." *Quarterly Journal of Economics* 62 (August 1948): 562-75.

Hughes, Jonathan. *American Economic History*. 2d ed. Glenview, III.: Scott, Foresman & Co., 1987.

Hume. David. "Of Interest" (1742). In *Essays, Moral, Political and Literary*, vol. 1 of *Essays and Treatises*. A new ed. Edinburgh: Bell & Bradfute, Cadell & Davies, 1804. (a)

——. "Of Money" (1742). In *Essays, Moral, Political and Literary*, vol. 1 of

Essays and Treatises. A new ed. Edinburgh: Bell & Bradfute, Cadell & Davies, 1804. (b)

Jastram, Roy W. *Silver: The Restless Metal*. New York: John Wiley, 1981.

Jevons, William Stanley. *The Coal Question*. London: Macmillan, 1865.

——. *Money and the Mechanism of Exchange*. London: H. S. King & Co., 1875. 9th ed. London: Kegan Paul, Trench, Trübner & Co., Ltd., 1890.

——. *Investigations in Currency and Finance*, edited by H. S. Foxwell and published posthumously. London: Macmillan, 1884.

Keynes, John Maynard. *The Economic Consequences of the Peace*. New York: Harcourt, Brace & Howe, 1920.

——. *A Tract on Monetary Reform*(1923). In *The Collected Writings of J. M. Keynes*, vol. 4, edited by E. Johnson and D. E. Moggridge. London: Macmillan, 1971.

Kreps, T. L. "The Price of Silver and Chinese Purchasing Power". *Quarterly Journal of Economics* 48(February 1934): 245-85.

Laughlin, James Laurence. *The History of Bimetallism in the United States*, 1886, 2d ed. New York: D. Appleton & Co., 1895.

Leavens, Dickson H. *Silver Money*. Bloomington, Ind.: Principia Press, 1939.

Lerner, Eugene M. "Inflation in the Confederacy, 1861-65." In *Studies in the Quantity Theory of Money*, edited by Milton Friedman. Chicago: University of Chicago Press, 1956.

Linderman, Henry R. *Money and Legal Tender in the United States*. New York: Putnam's, 1877.

Marshall. Alfred. *Official Papers*. London: Macmillan, 1926.

Marin David A. "The Impact of Mid-Nineteenth Century Gold Depreciation upon Western Monetary Standards." *Journal of European Economic History* 6(Winter 1977): 641-58.

Mises Ludwig von. *The Theory of Money and Credit*. Translated by H. F. Batson. New Haven: Yale University Press, 1933.

National Executive Silver Committee. *Silver in the Fifty-first Congrass*.

Washington: Gray, 1890.

The New Palgrave: A Dictionary of Economics, vol. 4, edited by John Eatwell, Murray Milgate, and Peter Newman. New York: Stockton Press, and London: Macmillan, 1987. S. v. "Walker, Francis Amasa."

Newcomb. Simon. "Has the Standard Gold Dollar Appreciated?" *Journal of Political Economy* 1(September 1893): 503-512.

Nicholson, J. Shield, *A Treatise on Money*. Edinburgh and London: W. Blackwood & Sons, 1888. 3d ed. London: Adam and Charles Black, 1895.

Nugent, Walter T. K. *Money and American Society, 1865-1880*. New York: Free Press, 1968.

O'Leary, Paul M. "The Coinage Legislation of 1834." *Journal of Political Economy* 45(February 1937): 80-94.

——. "The Scene of the Crime of 1873 Revisited: A Note." *Journal of Political Economy* 68(August 1960): 388-92.

Paris, James D. *Monetary Policies of the United States, 1932-1938*. New York: Columbia University Press, 1938.

Rawski, Thomas G. *Economic Growth in Prewar China*. Berkeley: University of California Press, 1989.

Reagan, John H. In U. S., Congress, Senate, *Congressional Record*, 51st Cong., 1st sess., 1890, 21, pt. 3: 2830.

Redish, Angela. "The Evolution of the Gold Standard in England." *Journal of Economic History* 50(December 1990): 789-805.

Ricardo, David. *The High Price of Bullion*. 4th ed., corrected. London: John Murray, 1811. Reprinted in *The Works and Correspondence of David Ricardo*, vol. 3: *Pamphlets and Papers, 1809-1811*, edited by Piero Sraffa. Cambridge: University Press (for the Royal Economic Society), 1951.

——. *Proposals for an Economical and Secure Currency*. 2d ed. London: John Murray, 1816. Reprinted in *The Works and Correspondence of David Ricardo*, vol. 4: *Pamphlets and Papers, 1815-1823*, edited by Piero Sraffa. Cambridge: University Press (for the Royal Economic Society), 1951.

——. Minutes of Evidence Taken before the Secret Committee on the Expediency of the Bank Resuming Cash Payments, March 4, 1819. (a) Reprinted in *The Works and Correspondence of David Ricardo*, vol. 5: *Speeches and Evidence*, edited by Piero Sraffa. Cambridge: University Press (for the Royal Economic Society), 1952.

——. Minutes of Evidence Taken before the Lords Committee Appointed a Secret Committee to Enquire into the State of the Bank of England, with Reference to the Expediency of the Resumption of Cash Payments at the Period Now Fixed by Law, March 24, 1819. (b) Reprinted in *The Works and Correspondence of David Ricardo*, vol. 5: *Speeches and Evidence*, edited by Piero Sraffa. Cambridge: University Press (for the Royal Economic Society), 1952.

Roccas, Massimo. "International Bimetallism Revisited." Paper presented at the Second Annual Congress of the European Economic Association, Copenhagen, Denmark, August 1987.

Rockoff, Hugh. "The 'Wizard of Oz' as a Monetary Allegory." *Journal of Political Economy* 98 (August 1990): 739-60.

Rolnick, Arthur J., and Weber, Warren E. "Gresham's Law or Gresham's Fallacy?" *Journal of Political Economy* 94 (February 1986): 185-99.

Saint Marc, Michèle. *Histoire Monétaire de la France, 1800-1980*. Paris: Presses Universitaires de France, 1983.

Salter, Sir Arthur. *China and Silver*. New York: Economic Forum Inc., 1934.

Schuettinger, Robert L., and Butler, Eamon F. *Forty Centuries of Wage and Price Controls*. Washington: Heritage Foundation, 1979.

Schumpeter, Joseph A. *History of Economic Analysis*, edited by Elizabeth Boody Schumpeter. New York: Oxford University Press, 1954.

Stewart, William M. "Silver the Money of the People." In *Papers and Addresses before the First National Silver Convention Held at St. Louis, November 26, 27 and 28, 1889*, edited and compiled by E. A. Elliott. St. Louis:

Buxton & Skinner Stationery Co. ,1889.

T'ang, Leang-Li. *China's New Currency System*. Shanghai: China United Press,1936.

Timberlake,Richard H. ,Jr. "Repeal of Silver Monetization in the Late Nineteenth Century." *Journal of Money, Credit, and Banking* 10(February 1978):27-45.

U. S. Bureau of the Census. *Historical Statistics of the United States, Colonial Times to 1970*. Bicentennial ed. Washington:Government Printing Office,1975.

U. S. Commission on the Role of Gold in the Domestic and International Monetary Systems. *Report to the Congress*. Vol. 1. Washington: Government Printing Office,March 1982.

U. S. Secretary of the Treasury. *Annual Report of the State of the Finances for the Fiscal Year Ended June 30, 1899*. Washington:Government Printing Office,1899.

——. *Annual Report for 1928*. Washington: Government Printing Office, 1928.

Walker,Francis A. "The Free Coinage of Silver." *Journal of Political Economy* 1(March 1893):163-78.

——. "Address on International Bimetallism,"Schoolmasters' Club of Massachusetts,Boston,November 7,1896. (a) In *Discussions in Economics and Statistics*,vol. 1,edited by Davis R. Dewey. New York:Holt,1899.

——. *International Bimetallism*. New York:Holt,1896. (b)

Walras, Léon. *Elements of Pure Economics*. Translated by William Jaffé. Homewood,Ill. :Irwin,1954.

Warren,George F. ,and Pearson,Frank A. *Prices*. New York:Wiley,1933.

—— and ——. *Gold and Prices*. New York:Wiley,1935.

White,Andrew Dickson. *Fiat Money and Inflation in France*. New York: Appleton & Co. ,1896.

Wignall,Christian. "The Fall of Silver: Part 1. China and the Silver Standard. "*Asian Monetary Monitor* 2, no. 4(July-August 1978):33-43. (a)

——. "The Fall of Silver: Part 2. The Last Years(1914-1935)." *Asian Monetary Monitor* 2, no. 5(September-October 1978):28-39. (b)

Yang, Lien-sheng. *Money and Credit in China*. Cambridge: Harvard University Press, 1952.

Yang, Peixin. *Inflation in Old China* (in Chinese). Beijing: People's Publishing Co., 1985.

Yeh. K. C. "Capital Formation in Mainland China, 1931-1936 and 1952-1957", Ph. D. dissertation. Columbia University, 1964.

Young, Arthur N. *China's Wartime Finance and Inflation, 1937-1945*. Cambridge: Harvard University Press, 1965.

——. *China's Nation-Building Effort, 1927-1937*. Stanford, Calif.: Hoover Institution Press, 1971.

索　引

（本索引所标页码为英文版页码，参见本书边码）

A

"Address on International Bimetallism"(Walker),《关于国际复本位制的演讲》(沃克),122,144

Alaska,gold strike in(1890s),阿拉斯加淘金热(19世纪90年代),40

Alcoholism,inflation compare to,酗酒,与之相比较的通货膨胀,214—215,221—222

Allende,Salvador,萨尔瓦多·阿连德,192,235;~被推翻,234

Arbitrage, and international exchange rates,套购,以及国际汇率,134,183

Argentina,Hyperinflation in,阿根廷,~恶性通货膨胀,191—192,254,263;~的货币改革,21

Assets,yield on,资产,~收益,25—27

Australia,gold strike in(1851),澳大利亚淘金热(1851),40,57,111,154

B

Bagehot,Walter,沃尔特·白芝浩:《白银贬值》,147—148;《伦巴第街》,14

Banking panic(1936),银行业恐慌(1936),6

Banking panics(1890s),银行业恐慌(19世纪90年代),76

Bank of France,法兰西银行,5—6

Bank of the United States,合众国银行,55—56

Barnes,James,on presidential campaign of 1896,詹姆斯·巴恩斯,论1896年总统竞选,107—109,114—115

Baum,Frank,The Wonderful Wizard of Oz,弗兰克·鲍姆:《盎司国的巫师》,64注

Belmont,August,奥古斯特·贝尔蒙特,76

Biddle,Nicholas,尼古拉·比德尔,55—56

Bimetallic standard,复本位制,54,56—58,60,72—73,76,78—79,104—105,117—119,131—133,155;白芝浩论~,147—148;美国铸币法(1873)的终结,60—61,105;~批评,129—130,137—138,142—148;确定的~,126—127;埃奇沃思论~,142,148;不兑现货币体系,129;费雪论~,137—139,143;汉密尔顿支持~,130—131,140;国际~(提议),121—123;杰文斯论~,142,145—148,151,156;~文献评论,137—139;马歇尔论~,141—142,148,185;尼科尔森论~,145;谢尔德论~,145;沃克论~,121,139—140,143—145;瓦尔拉斯论~,137,139,143

Bimetallic standard(hypothetical continuation of),复本位制(假设连续~),80—103;~下的金银比价,81—82;16:1估算,82—85,119,136;精确估算,85—

99,35∶1 估算,120
Bimetallism. 参见 Bimetallic standard
"Bimetallism Reconsideration"(Froman),《复本位制再思考》(弗罗曼),129
Bland-Allison Act(1878),《布兰德—艾利森法案》(1878),67,69,115—116
Bolivia,Hyperinflation in,玻利维亚,~的恶性通货膨胀,191,254,263
Bonds,government revenues from,债券,政府得自~的收益,212—213,257
Borah,William E.,威廉·E. 博拉,162
Boutwell,George,乔治·鲍特韦尔,63
Brant,Loren,on Chinese economic crisis,洛伦·布兰特,论中国经济危机,182—183,187
Brazil,Hyperinflation in,巴西,~的恶性通货膨胀,191—192,199—200,202—203,254,263
Bretton Woods agreement,布雷顿森林协议,15,50,128,244—245,249—250
Bryan,William Jennings,威廉·詹宁斯·布赖恩,40,56,162;第一次战役,124;~后来的政治生涯,108—109;~在 1896 年总统大选中,73,78,90,104,106—109,116,122—124,131,136,159,169
Business,blamed for inflation,商业,以及对通货膨胀的指责,202—203

C

Cagan,Phillip,菲利普·卡甘,180
California,gold strike in(1848),加利福尼亚,~淘金热(1848),40,57,65,111,154
Callaghan,James,詹姆斯·卡拉汉,208
Capie,Forrest,福雷斯特·卡佩,190
Cardenas,Lazaro,and Mexican,拉扎洛·卡德纳斯,~和墨西哥货币改革,170—171
Caroline Island,加罗林群岛,3,5
Case Against Bimetallism,The(Giffen),《反复本位制的情况》(吉芬),141—142
Cash balances,现金余额,~的成本,23—25,27,33;~作用和行为,20—30,33—36
Castro,Sergio de,塞尔吉奥·德·卡斯特罗,239
Central banks,中央银行,242—243
Chang,P. H. Kevin,张邦华,~论中国经济危机,182,187
Chang Kia-ngau,张嘉璈,~论通货膨胀,158,189
Chase,Salmon P.,萨尔蒙·P. 蔡斯,57 注
Chiang Kai-shek,蒋介石,逃离中国大陆(1949),179—180;~和通货膨胀,158,189;~对日本侵略的反应,173,177;攫取私人金银(1948),180,188
Chile,Hyperinflation in,智利,~的恶性通货膨胀,22,27,192,235,240,254;~的货币政策,234—239,243—244,261—262;固定比索对美元汇率,236—239,246;~铜的价格下降,238—239;~石油价格上升,238—239;~经济衰退(20 世纪 80 年代),238—239
China,中国,~的内战,177,179—181;~共产党政府消除恶性通货膨胀,180;~的通货紧缩,175,182—184,186—188;美国白银购买计划的经济效果,158—159,171—172,174—178,182—183,188,189,262;~浮动汇率制,172;脱离银本位制(1934),158,174—175,178;~的恶性通货膨胀,173,178—181,189,191;~的通货膨胀,158;~的通货膨胀率,192;~的银本位制,121—122,128,141,166—167,171
Civil war,and greenback inflation,内战,~和绿背通货膨胀,45,57—58,69,112—113,139—140,170
Clemenceau,George,乔治·克列孟梭,261
Cleveland,Grove,格罗弗·克利夫兰,107

Coinage Act(1792),《铸币法案》(1792),53—54
Coinage Act(1873),《铸币法案》(1873),15,58,78—79,115,117—118,129 注,131;～和行贿,61;终结美国复本位制,60—61,105;农场主对～的反应,71;～下的金本位制,62—63;林德曼论～,62　63,65;国会通过～,52;将银元从～中删去,60,62—64,73,81,116,262
Commager,Henry,亨利·康马杰,109
Commodities,商品,与～相关的货币,14—16,128—129,229,250;与～相关的货币供应,40,105,126,252,259—260;作为替代货币的～,12—13,259
Common Market,共同市场,245,248,254,259;拟议中的单一货币和中央银行,247—248
Comstock Lode,Silver strike(1859),康姆斯托克金银矿脉,淘银热(1859),40,154
Confederate States of America,美国南方邦联,202
Continental currency,大陆币,10—11,45,189
Copper,as monetary metal.作为货币金属的铜,172,190
"Crime of 1873",参见 Coinage Act(1873)
Currency,货币;也参见 Paper Monetary;作为替代商品的～,12—13;中断商品支持(1971),15—16,128—129,229,250;(拟议的)共同市场中的～,247～248;大陆币,10—11,45,189;与商品相关的～,14—16;钉住货币,236—248;统一货币,241—243;氰化法,40,104,110,112,123,262;产生通货膨胀,78,106

D

Darrow,Clarence,克拉伦斯·达罗,109
Deflation,通货紧缩,～的经济影响,70—71,114;～和银币自由铸造议案,113—116;金本位制和～,69—71,105—106,111—112
De Gaule,Charles,Monetary reform under,夏尔·戴高乐,～的货币改革,21
Democratic Party,supports silver Stantard(1932),民主党,支持银本位制(1932),161
Demonetization,非货币化,黄金的～,15—16;白银的～,167—169
Depreciation of Silver(Bagehot),《白银贬值》(白芝浩),147—148
Depression(1890s),萧条(19 世纪 90 年代),107
Depressions,萧条,货币供给和～,48—49
DuPont,Pierre S.,彼埃尔·S.杜邦,265

E

Edgeworth,F.Y.,F.Y.埃奇沃思,～论复本位制,142,148
Employment,就业,～和货币供给,205,207—209,231,233,258
Erhard,Ludwig,路德维希·艾哈德,13
Escalator clauses,调整条款,223　225;政府借贷的～,225
European Monetary System(EMS),欧洲货币体系(EMS),243,245—246
European Monetary Union(EMU),欧洲货币同盟(EMU),259
European Payments Union(EPU),欧洲支付同盟(EPU),245
Exchange rates,汇率,国际～,和套汇,134,183;金本位制和～,133—134,141

F

Farmers,reaction to Coinage Act,农民,对铸币法(1873)的反应,71
Farm Relief Bill(1933),Thomas amendment,《农业补贴法案》(1933)托马斯修正案,157,162—163
Feaveryear,Albert,阿尔伯特·费维耶,

149,152
Federal Tax Act(1981),《联邦税收法案》(1981),211
Fei,参见 stone money
Fetter,Frank,弗兰克·费特,150—151
Fiat monetary system,不兑现货币体系,42,45,69,131,168,245,247,249,252—253,259—260,265;~复本位制,129
First Battle,The(Bryan),《第一场战役》(布赖恩),124
Fisher,Irving,欧文·费雪,15—16,37—39,85 注,131—133,252—254,258—259;~论复本位制,137—139,143
Floating exchange rate,浮动汇率,243,248;中国的~,172
Forrest,Robert W.,罗伯特·W.福雷斯特,104
Forrest,William,威廉·福雷斯特,104
France,法国,避免恶性通货膨胀,135—136;~的复本位制,59 注,60 注,66,74,110,122,131—136,146,150,167;~的金本位制,87,110,135—136,146,154;~的金融改革,21,45;~革命,45,189,265
Franco-Prussian War(1870—1871),普法战争(1870—1871),66,110,134
Free coinage,自由铸币,~结束,60—61,65;~的意义,53—54
Free-silver issue,银币自由铸造提案,通货紧缩和~,113—116;政治上反对~,141;政治上支持~,104,107,216;1896年总统竞选中的~,73,77,104,106—109,114,116,118—119,122—125,131
Friedman,Milton & Anna Schwartz,米尔顿·弗里德曼和安娜·施瓦茨:《美国货币史,1867—1960》,48,76,182,185,188,250
Froman,Lewis,刘易斯·弗罗曼:《复本位制再思考》,129
Furness,William Henry III,威廉·亨利·福内斯三世:《石币岛》,3—5

G

Germany,德国,盟军占领~,12—13;~的金本位制,66,87,110,134—136,146,155;~的恶性通货膨胀,12—14,191,194,217,259;~的通货膨胀率,198—199,202—204,217,259;~的战后复兴,13
Giffen,Sir Robert,罗伯特·吉芬爵士:《反复本位制的情况》,141—142
Gold,黄金,~的非货币化,15—16;~的单一货币利用,97—98,127,138;罗斯福提出的法定价格,127
Gold-exchange standard,金汇兑本位制,123,128
Gold points,黄金输送点,60,134
Gold-silver price ratio,金银比价,53—57,59—60,65—67,72—76,116—120,167—168;基于~的银本位制效应,81—84;市场固定的~,127,131,133;英国的~,77—78;从法律上定义~,127,150;~的市场输送点,134,138;在(假定继续)复本位制下对~基本估计,81—82;~的政治成分,55—56,67—68,79,114—115,131,164—165
Gold standard,金本位制,5—6,120,140,155,242,260;西方国家采取的~,66,71,87,110—111,128,135—136,140,146,154,169;《铸币法》(1873)和~,62—63;~和通货紧缩,69—71,105—106,111—112;~的经济效果,42,118;工业化国家放弃~(20 世纪 30 年代),172,174,185;~和国际汇率,133—134,141;~和廉价铸币,152;雷迪什论~,149—152;~对银本位制,71—79,126—128,131,139—142,161—162
Gold strike,淘金热,~的经济效果,40—41,55,57,65,104—106,111—112,118,123,154

Goods and services, output of, 货物和服务, ～的产出, 货币供给和～, 193—195, 231, 236; 自然限制, 194

Government revenues, 政府收益, 来自债券的～, 212—213, 257; 来自通货膨胀的～, 210—213, 255—257, 259

Government spending, and money supply, 政府支出, ～和货币供给, 205—207, 209, 217

Great Britain, 英国, 试图让英镑钉住德国马克, 246—247; ～的复本位制, 59, 66, 131, 136, 149, 196; 脱离金本位制(1931), 172—173, 185; ～的金银比价, 77—78; ～的金本位制, 110, 135—136, 148—156, 196—197; ～的通货膨胀率, 193, 197—198, 202—203, 218, 221; ～的货币改革(17 世纪 90 年代), 43; 美国出售白银给～, 159

Greek coinage, as commercial standard, 希腊铸币, ～作为商业本位, 43—44

Greenback inflation, Civil War and, 绿背美钞膨胀, 南北战争和～, 45, 57—58, 69, 112—113, 139—140, 170

Greenback party, 绿背党, 69, 115

Greenback standard, 绿背本位, 105, 111, 114—115, 131

Gresham's law, 格雷欣法则, 43, 55

H

Hamilton, Alexander, 亚历山大·汉密尔顿, ～和 1792 年铸币法, 53—54; ～支持复本位制, 130—131, 140; 《财政部关于建立铸币厂的报告》(1791), 130

Hanna, Mark, 马克·汉纳, 108

Hetzel, Robert, on infation cure, 罗伯特·赫策尔, ～论通货膨胀的治理, 227—229

High Price of Bullion, The (Ricardo), 《金条的高价》(李嘉图), 152

History of Bimetallism in the United States, The (Laughlin), 《美国复本位制的历史》(劳格林), 141

History of economic Analysis (Schumpeter), 《经济分析史》(熊彼特), 137

Hofstadter, Richard, 理查德·霍夫施塔特, 107

Hong Kong, 香港, 港币钉住英镑, 242; 港币钉住美元, 242—243, 249; ～的货币政策, 242—244

Hume, David, 大卫·休谟, 28—29, 41

Hungary, hyperinflation in, 匈牙利, ～的恶性通货膨胀, 194

Hunt brother, silver speculation by, 亨特兄弟, ～对白银的投机, 169

Hyperinflation, 恶性通货膨胀, 135, 223, 253. 也参见 Inflation; 阿根廷的～, 191—192, 254, 263; 玻利维亚的～, 191, 254, 263; 巴西的～, 191—192, 199—200, 202—203, 254, 263; 作为极权主义原因的～, 191—192; ～的诸原因, 189—190; 智利的～, 22, 27, 192, 235, 240, 254; 中国的～, 173, 178—181, 189, 191; 继第一次世界大战而来的～, 11, 19, 123, 159—160, 167, 191, 194, 217, 252, 259; 继第二次世界大战而来的～, 11—13, 50, 165, 170, 194, 197, 217, 221, 252, 259; 德国的～, 12—14, 191, 194, 217, 259; 匈牙利的～, 194; 以色列的～, 191, 239—240; 254; 墨西哥的～, 254; 尼加拉瓜的～, 263; ～和纸币, 190—191; 俄国的～, 11—12, 191; 战争和～, 189, 191

I

Income, Nominal, 名义收入, 47

Income flow, 收入流, 20, 24, 30—31, 47

India, goes off gold standard, 印度: 脱离金本位制(1931), 172; ～的金本位制, 171; ～的银本位制, 122, 128, 141, 159, 166, 171

Inflation,通货膨胀,参见 Hyperinflation;~归咎于商业,202—203;~归咎于工会,202;~归咎于低生产力,203—204;~归咎于欧佩克组织,204;~的原因,48—49,118,189—209;~与酗酒比较,214—215,221—222;处理~的信贷对策,222—223;处理~的对策,213—226,229—233;导致~的氰化法,78,106;政府从~中得到的收益,210—213,255—257,259;赫策尔论~的治理,227—229;~作为进口问题,203;~作为货币现象,193—194,204—205,232,262—265;货币供给和~,189—195,202,205—209,219—222,229—233,235—237,258—259,264;20 世纪 70 年代的~,19,46,167;~和纸币,10—12,105,189,192—193,202;大众收益,216—217;对~的通行精算,255,258;~与价格和工资管制,226—227,235,239;~的主要原因,202—204;消除~的副作用,218—226,232,235—236

Interest rates,利率,联邦储备体系和~,208—209,229;货币供应和~,49—50

International Bimetallism(Walker),《国际复本位制》(沃克),144

International Money Fund,国际货币基金组织,128—129

Island of Stone Money,The(Furness),《石币岛》(福内斯),3—5

Israel,以色列,~的恶性通货膨胀,191,239—240,254;~的货币政策,234,239—241,243—244,246,259,261—262;将谢克尔钉住美元,239—241,246;~的油价下跌,241;(20 世纪 80 年代)~的衰退,240

Italy,意大利,~的通货膨胀率,193

J

Jackson,Andrew,安德鲁·杰克逊,56

Japan,日本,~通货膨胀的治理,230—232,258—259;(1931)~脱离金本位制,172;~的通货膨胀率,193,198—199,202—204,218,229—233;~侵略中国(1937),177—178;~占领满洲(1931),173

Jevons,W. Stanley,W. 斯坦利·杰文斯,~论复本位制,142,145—148,151,156;《货币与交换机制》,146 注

K

Keynes,John Maynard,约翰·梅纳德·凯恩斯,253

Knox,John Jay,约翰·杰伊·诺克斯,63

Kreps,T. J. ,T. J. 克雷普斯,160—161

L

Labor union,工会,因通货膨胀而受指责的~,202

Latin America,economic effects of U. S. silver purchase program on,拉丁美洲,美国白银购买计划的经济后果,158

Latin Monetary Union,拉丁货币同盟,66

Laughlin,James Laurence,詹姆斯·劳伦斯·劳格林,117;《美国复本位制的历史》,141

Law,John,约翰·劳,191

Lawson,Nigel,尼格尔·劳森,246

Linderman,H. R. ,H. R. 林德曼,~论《铸币法》(1873),62—63,65

Lombard Street(Bagehot),《伦巴第街》(白芝浩),14

M

MacArthur,John S. ,约翰·S. 麦克阿瑟,104

Mckinley,William,威廉·麦金利,~的政治生涯,104,107,110

Mckinley Tariff Act(1890),《麦金利关税法案》(1890),116

Mao Zedong,毛泽东,158,192
Marshall,Alfred,阿尔弗雷德·马歇尔,～论复本位制,141—142,148,185
Metallist Fallacy,金属货币论者的谬论,14—15
Mexico,墨西哥,～美国白银购买计划的经济后果,158,170—171;～的恶性通货膨胀,254;～的货币改革,170—171
Mises,Ludwig von,路德维希·冯·米塞斯,131
"Mississippi Bubble"(1719—1720),"密西西比泡沫"(1719—1720),191
Monetary History of the United States, 1867—1960, A (Friedman & Schwartz),《美国货币史,1867—1960》(弗里德曼和施瓦茨),48,76,182,185,188,250
Money,货币,～选择,16,27;～的性质,8—10,14,16—17,261;～生产作用,22
Money and Credit in China(Yang),《中国货币信用小史》(杨联陞),190—191
Money and the Mechanism of Exchange (Jevons),《货币和交换机制》(杰文斯),146 注
Money supply,货币供应,17—19,28—33,119—120;生产成本,190;～和需求,27,38—39,46;～和萧条,48—49;就业与～,205,207—209,231,233,258;联邦储备体系和～,205—210,215,233,264;作为政府垄断的～,18—19,42—45,126—127;政府支出和～,205—207,209,217;～和通货膨胀,189—195,202,205—209,219—222,229—233,235—237,258—259,264,235—237,258—259,264;～和利率,49—50;与商品相关的～,40,105,126,252,259—260;～的名义量与实际的量,19—22,32,34,46—47;～与货品和服务的产出,193—195,231,236;货币数量方程,37—39;税收和～,205
Morgan,J. P.,J. P. 摩根,76
Morgenthau,Henry,亨利·摩根索,176

N

National debt ratio,国民收入的债务比,256
National Democracy party,国家民主党,107
National silver party,国家白银党,104,107
Newcomb,Simon,西蒙·纽科姆,37,121
Newton,Isaac,伊萨克·牛顿,149
Nicaragua,尼加拉瓜,～的恶性通货膨胀,263
Nicholson,J. Shield,J. 谢尔德·尼科尔森,～论复本位制,145
Nixon,Richard M.,理查德·M. 尼克松,中断了货币与商品的联系(1971),15—16,128—129,229,250
Nugent,Walter,沃尔特·纽金特,63—64

O

O'Leary,Paul M.,保罗·M. 奥利里,56,64
OPEC,欧佩克,～因通货膨胀而受谴责,204

P

Paper Money,纸币,14—15;参见 Currency;法国大革命时期的指券,45,135,189,265;～和恶性通货膨胀,190—191;～和通货膨胀,10—12,105,189,192—193,202;～的引入,44—45,190—191;关于～的一般文献,253
Paper Money standard,纸币本位,57—59,174,176,252—253
Peel's Act(1819),《皮尔法案》(1819),149—150
Peron,Isabel,伊萨贝尔·庇隆,192
Pinochet,Augusto,奥古斯特·皮诺切特,推翻阿连德,234;～治下的激进经济改革,235
Pittman,Key,基·皮特曼,159,162
Pittman Act(1918),《皮特曼法案》

(1918),159—160
Populist party,平民党,104,107,216
Postage stamps, as substitute for low-value coins,作为低价硬币替代品的邮品,170
Presidential campaign of 1896,1896年总统大选,52,67;巴恩斯论～,107—109,114—115;布赖恩在～,73,78,90,104,106—109,116,122—124,131,136,159,169;～中的自由白银问题,73,77,104,106—109,116,118—119,122—125,131
Price and wage controls,价格和工资管制,通货膨胀和～,226—227,235,239
Prices,价格,～行为,21,25,29,31,33—36,38—39,41,43,45—48,50,112—116,195—200;新政通货膨胀和～,157
Productivity,low,blamed for inflation,生产力低下,因通货膨胀而受指责,203—204
Proposals for an Economical and Secure Currency(Ricardo),《一个既经济又安全的通货建议》(李嘉图),152—154
Purchasing power,购买力,12—13,15—16,19,22—25

R

Rawski,Thomas,on Chinese,托马斯·罗斯基,～论中国经济危机,183—184,186
Reagan,Ronard,罗纳德·里根,211
Redish,Angela,on gold standard,安吉拉·雷迪什,～论金本位制,149—152
Republican party, supports gold standard (1932),共和党,支持金本位制(1932),161
Resumption Act(1875),《恢复硬币支付法案》(1875),58,72,82,89,105,115
Resumption of specie payment(1879),恢复硬币支付(1879),45,58—59,67,72,105,111—112,118,131,136;(1876年,假设的～),82,85
Richado,David,大卫·李嘉图,59注;《金条的高价》,152;《一个既经济又安全的通货建议》,152—154
Roccas,Massimo,马西莫·罗卡斯,140
Rogers, James Harvey, on Chinese economic condition,詹姆斯·哈维·罗杰斯,～论中国经济状况,176—177
Rome,罗马,降低铸币成色,44;～的通货膨胀率,190
Roosevelt,Franklin D.,富兰克林·D.罗斯福,～提高法定金价,127;(20世纪30年代的)白银购买计划,92,122,157—159,162—168,181,183,187—188,263;～支持银本位制,161—162
Ross,E. A.,E. A.罗斯,123
Russia,俄罗斯,～恶性通货膨胀,11—12,191

S

Salter,Sir Arthur,阿瑟·索尔特爵士,～论中国经济状况,175—176
Sargent,Thomas,托马斯·萨金特,～论中国经济危机,182—184,187
Schuman Coal and Steel community,舒曼煤钢联营体,248
Schumpeter,Joseph A.,约瑟夫·A.熊彼特,《经济分析史》,137
Schwartz,Anna.参见 Friedman Milton
Scopes trial(1925),斯科普斯案(1925),109
Seignorage,铸币税,43,53注,62注,69,126—127,134,163,165
Seyd,Ernest,欧内斯特·塞德,～和白银的非货币化,61
Sherman,John,约翰·谢尔曼,58注,63
Sherman Silver Purchase Act(1890),《谢尔曼白银购买法案》(1890),67,107,116
Silver,银,～的非货币化,167—169;～的

国内存量，"国有化的"～(1934)，164；～的非货币用途，14—15，54，86—87，92，98，127，167，169；～的真实价格，168—169；塞德和～非货币化，61；～供给和需求，95—96，以人为价格进行的财政部收购，160，162—165；作为美国铸币的～，54—55；沃克论～的非货币化，63—64
Silver dollar，银元，从《铸币法案》(1873)中删除，60，62—64，73，81，116，262
Silver industry，treasury subsidizes，白银产业，财政补贴，157—162，165—166
Silver Purchase Act(1934)，《白银购买法案》(1934)，163—165
Silver Purchase Program(1930s)，白银购买计划(20世纪30年代)，92，122，157—159，162—172，181，183，187—188，263；～和中国共产党的成功，158—159，188，262；～和对拉美的影响，158；～和对世界经济的影响，158，166—167，169—172，174—176，178，183，188，189
Silver standard，银本位制，～的影响，论金银比价，81—84；～与金本位制，71—79，126—128，131，139—142；因～的政治动荡，69—71；罗斯福支持～，161—162
Silver strikes，淘银热，～的经济影响，40，154
South Africa，南非，～的淘金热(1886)，40，104—106，112，118，123，262
Southern states，南方诸州的淘金热(19世纪30年代)，55
Soviet Union，苏联，～的通货膨胀率，192—193
Spanish-American War，美西战争，110
Specie reserves，硬币储蓄，87—91
Stewart，William M.，威廉·M.斯图尔特，52
Stone money(Yap)，石币岛(雅浦岛)，3—7，9—10，14
Switzerland，瑞士，～的通货膨胀率，192
Symmetallic standard，金银合金本位制，142—143，155

T

Taxation，税收，～的税档潜升，211，256；～和货币供给，205
Tax reform Act(1986)，《税收改革法案》(1986)，211
Teller，Henry M.，亨利·M.特勒，52注
Thomas，Elmer，and amendment，埃尔默·托马斯，～和修正案，157，162—163
Totalitarianism，极权主义，作为恶性通货膨胀原因的～，191—192
Trade dollar，贸易美元，58注

U

Unified Currency area，统一货币区，参见Currency：unified
United States，美国，～银行规制的放松，251；～信贷市场，250—251；～脱离金本位制(1933)，174，185，250；～的金本位制，62—63，67，71，128，136，152，155，196—197，249—250；～的通货膨胀率，193—194，197—198，202—204，217—218，221，232—233；～确定的货币体系，53；～禁止私人拥有黄金(1933)，250；～的衰退(20世纪80年代)，237—238；～向英国出售白银，159
U. S. Constitution，美国宪法，～赋予的铸币权利，53
U. S. Federal Deposit Insurance Corporation，美国联邦储蓄保险公司，251
U. S. Federal Reserve System，美国联邦储备体系，5—6，16—17，166，242，258，～的权威，18—19，206注；～的建立，18；～和利率，208—209，229；～和货币供给，205—210，215，233，264
U. S. Treasury，美国财政部，～金增加，67；购买白银，67—69；～印刷白银证

书，166；按人为价格购买白银，160，162—165；对白银产业的补贴，157—162，165—166

W

Walker，Francis A.，弗兰西斯·A.沃克，《关于国际复本位制的演讲》，122，124；～论复本位制，121；139—140，143—145；～论白银的非货币化，63—64；《国际复本位制》，144

Walras，Leon，莱昂·瓦尔拉斯，～论复本位制，137，139，143

War，战争，～和恶性通货膨胀，189，191

Weston，George M.，乔治·M.威斯顿，52注

Wilbur，C. Martin，韦慕庭，～论中国通货膨胀，158—159

Wilson，Woodrow，伍德罗·威尔逊，108

World Economic Conference（1933），世界经济会议（1933），163

World War I，第一次世界大战，随后的恶性通货膨胀，11，19，123，159—160，167，191，194，217，252，259

World War II，第二次世界大战，随后的恶性通货膨胀，11—13，50，165，170，194，197，217，221，252，259

译 后 记

1996年秋天，我在北师大图书馆边上发现了一个卖英文原版书的书摊，邂逅了这本《货币的祸害》。因为是货币主义大师弗里德曼的著作，又是出版不久的新书(1992)，欣然携归。回家细细一读，就认定这本书值得向中国读者介绍。当然我这里说值得介绍并不是在对弗里德曼的理论进行评判，弗里德曼理论之高低自有诺贝尔经济学奖的评定。我的意思是，像这种将高深的理论与具体的历史事实结合起来并用浅显的语言进行阐述的著作，实在是不可多得。这是一本适合大众阅读的理论著作。

于是，我冒昧致函弗里德曼先生，向他询问该书的版权问题。弗里德曼先生回信说，版权问题归出版商管，他已经把我的信拷贝了一封转给了出版商，同时将出版商的地址和联系电话给了我。与美国的出版商打交道，说容易也容易，说难也难。几经周折，这本书的版权直到2003年总算拿了下来。

在翻译《货币的祸害》之前，我曾读过莫瑞·罗斯巴德(Murray N. Rothbard)论及货币的类似著作《政府在货币问题上的所作所为》(*What has Government Done to Our Money*)。罗斯巴德是奥地利经济学派的代表人物，以主张经济自由而闻名。弗里德曼也以主张经济自由著称于世(有《自由选择》为证)。两相对比而读，其结论耐人寻味。弗里德曼根据历史上的货币之种种进行理论推演，结论是：货币太重要了，所以不能仅仅由政府按照规则负责并由中央银行打理；罗斯巴德也是根据货币之种种进行理论推演，得出的结论却是：货币太重要了，所以必须交给市场。联想到哈耶克也主张货币的自由经营，奥地利经济学派式微之原因由此可见一斑。不过，两位大家讨论货币的著作都有一个共同的特点，就是让读者读完书后，不会再将权威人士的话奉为圣旨，也不会再轻易相信探讨货币的文章了。

《货币的祸害》是一本具体而微的货币史，读起来让人想起弗里德曼的另一部巨著、世所公认的弗里德曼最为深刻、亦属其一大成就的《美国货币史》。此书鸿篇巨制，内容精深，非专业人士，一般很难阅读。所幸弗里德曼先生写了这本《货币的祸害》，浓缩并浅释了该书的内容。

在这里我要向弗里德曼先生致谢。在本书开译之前，我又给他去了一封信，告诉他中文版即将出版的消息。弗里德曼先生非常友好地寄来一帧签名照片，就是大家在本书中看到的这帧照片。2006年春节前，我将翻译过程中碰到的问题一一罗列，并将我的理解一一对应记下，寄给弗里德曼先生，向他请教。我本来有些忐忑，毕竟弗里德曼先生年逾九旬，但考虑到这些问题之重要，不敢却步。然而让我惊讶并感动的是，春节过后就接到了弗里德曼先生的回信，信中不厌其烦地对这些问题做了详细的解释。看得出，弗里德曼先生依然思维敏捷，遣词用句还是那样具有活力。我衷心祝愿先生健康长寿。

这里还要感谢本书的责任编辑、商务印书馆的程秋珍女士，她仔细而耐心地审核了全文，并提出了宝贵的修改意见。在翻译本书的过程中，得到安明女士的大力帮助。我还要感谢我的学生张新、潘余涛和马钰弦，他们帮我打印了全文。我还要特别感谢商务印书馆的侯玲女士，没有她的帮助，或许本书的版权至今还拿不到，那样也就没有今天我和读者一起欣赏人类思想精华的这一刻了。

安佳

2006 年 3 月 8 日于北京

本书初版于 2006 年。今趁商务印书馆出版新版之机，对译文做了全面修订，此为修订本。特此说明。

安佳

2024 年 10 月

图书在版编目（CIP）数据

货币的祸害：货币史片段 /（美）米尔顿 · 弗里德曼著；安佳译. --北京：商务印书馆，2025. --（诺贝尔经济学奖得主著作译丛）. --ISBN 978-7-100-25105-1

Ⅰ. F821.9

中国国家版本馆CIP数据核字第2025WJ1925号

诺贝尔经济学奖得主著作译丛

货币的祸害

——货币史片段

〔美〕米尔顿 · 弗里德曼　著

安佳　译

商　务　印　书　馆　出　版

（北京王府井大街36号　邮政编码100710）

商　务　印　书　馆　发　行

北京市白帆印务有限公司印刷

ISBN 978－7－100－25105－1

2025年8月第1版　　开本880×1230　1/32

2025年8月北京第1次印刷　　印张8⅞

定价：55.00元